Umwelterziehung

Nachhaltigkeit und Umweltbildung

Deutsche Gesellschaft für Umwelterziehung e.V.

Axel Beyer (Hrsg.)

Nachhaltigkeit und Umweltbildung

2000

KRÄMER

Die deutsche Bibliothek - CIP-Einheitsaufnahme

Nachhaltigkeit und Umweltbildung

Axel Beyer (Hrsg.) - Hamburg - Krämer, 1998

ISBN 3-89622-022-5

2. Auflage 2000

Umschlaggestaltung: Verlag Dr. Reinhold Krämer

Druck: Difo-Druck, Bamberg

Printed in Germany

ISBN 3-89622-022-5

Inhalt

Nachhaltigkeit und Umweltbildung: eine Einführung

Axel Beyer

Von 1990 bis 1996 fanden 14 Weltkonferenzen der Vereinten Nationen statt, die sich mit sehr unterschiedlichen Themen von globaler Bedeutung beschäftigten (1). Bis heute ragt die „Konferenz der Vereinten Nationen zur Umwelt und Entwicklung“ (UNCED) aus dem Jahr 1992 in Rio de Janeiro mit über 15.000 Delegierten aus insgesamt 178 Staaten sowie 115 teilnehmenden Staats- und Regierungschefs als bislang bedeutendste internationale Konferenz heraus.

Naturgemäß können bei einer derartigen globalen Themenstellung nicht auf den ersten Ansatz hin harmonische Beschlüsse erwartet werden, und viele Hoffnungen an die UNCED wurden auch enttäuscht. So bleibt bei aller Kritik doch festzuhalten (2), daß durch die Tagung eine weltweite Diskussion zu Umwelt- und Entwicklungsfragen initiiert wurde, die bis heute ihre Dynamik beibehalten hat. Von den fünf Abschlußdokumenten der Rio-Tagung ragt die Agenda 21 (3) mit ihrem 40 Kapitel umfassenden Aktionsplan für das 21. Jahrhundert als politische Grundsatzerklärung heraus. In Kapitel 36 sind Anforderungen an Aus- und Fortbildung formuliert worden, die mit fast allen anderen Kapiteln der Agenda 21 in Berührung stehen, in ihrer allgemein gehaltenen Fassung aber der genauen Umsetzung bedürfen.

Für den deutschen Kulturraum hat die Deutsche Gesellschaft für Umwelterziehung e.V. anläßlich ihrer 15. Jahresversammlung 1996 in Schwerin unter dem Titel: „Nachhaltige Entwicklung - neue Perspektiven für die Umweltbildung“ Vertreter unterschiedlicher wissenschaftlicher und politischer Ausrichtung eingeladen, Konzeptionen zur Diskussion zu stellen. In Form einer Rede, in der die Konzeptionen vorgestellt wurden, und einer Gegenrede, die Platz zum Widerspruch, aber auch zur eigenen Positionierung ließ, wurden Vorschläge zur Umsetzung der Idee einer nachhaltigen Entwicklung im Bildungssystem ausgetauscht. Ergänzt wurden diese Beiträge durch Darstellungen von **Wilhelmi** und **Reichel**, die sich um eine Einordnung der Idee nachhaltiger Entwicklung in politische Bildungsstrategien bemühten. **Michelsen** faßte abschließend die Ergebnisse einer internationalen Vergleichsstudie zu den Umsetzungsmöglichkeiten der nachhaltigen Entwicklung in verschiedenen Bildungssystemen zusammen.

Die Fachtagung in Schwerin und die Publikationen wurden vom Bundesministerium für Bildung, Wissenschaft, Forschung und Technologie finanziell unterstützt, wofür ich mich an dieser Stelle noch einmal bedanken möchte.

Im folgenden wird versucht, die Aufsätze der Autoren in ihren zentralen Aussagen zu kennzeichnen und als Beiträge für die umweltpädagogische Debatte zu beleuchten.

De Haan sieht die Gefahr, daß aus der Debatte um den Transfer der Analysen und Konzepte zum *sustainable development* in pädagogische Handlungsorientierungen lediglich ein Querschnittsthema des Lehrens und Lernens, ein bloßes Additivum in der institutionalisierten Bildungslandschaft wird. Darauf läuft seiner Meinung nach die Entwicklung derzeit hinaus. Dem stellt er seine These gegenüber: Mit der Vision eines *sustainable development* ist eine Herausforderung an die Umweltbildung entstanden, die sie zu einem Paradigmenwechsel nötigt.

Das traditionelle Paradigma der Umweltbildung umfaßt nach **de Haan** drei Kategorien der Erkenntnis und des Handelns: Die erste stellt eine zerstörte, geschädigte oder bedrohte Umwelt fest und bietet entsprechende analytische, technische und politische Wege, Abhilfe zu schaffen. Die zweite Kategorie sieht Natur als zerstört, geschädigt oder bedroht an und bietet Strategien der Sensibilisierung, der Bewahrung, der Pflege an, um zu besseren Zuständen zu gelangen. Auch die dritte Kategorie geht von einer zerstörten, geschädigten oder bedrohten Umwelt aus, um als Abhilfe analytische Reflexion auf die Thematisierung der Umwelt in der eigenen und in fremden Kulturen sowie zukunftsoffene Modelle des anderen Umgangs mit der Umwelt anzubieten.

Für das neu zu findende Paradigma - nach **de Haan** - ist die zerstörte, geschädigte oder bedrohte Umwelt nur ein (aber wesentlicher) Teilbereich des Gesamtprojektes *sustainable development.* Zum neuen Paradigma gehören auch die Ungleichheit zwischen den hochindustrialisierten Ländern und den Entwicklungsländern. Daraus resultiert die Frage, wie denn nun Entwicklung und Wohlstand ohne Zerstörung und Gefährdung der Umwelt möglich sind. Somit umfaßt das neue Paradigma des *sustainable development* drei Bereiche: den klassischen der gefährdeten Umwelt, den der Gerechtigkeit zwischen den armen und den reichen Ländern und den der Entwicklung, der Wohlstandsmehrung ohne Naturzerstörung. Aus dieser Sichtweise resultiert die Erkenntnis, daß mit der gegebenen Umweltbildung allein keine angemessene Behandlung des neuen Paradigmas erfolgen kann.

Die aktuelle Umweltbildung geht nach folgendem Schema vor. Ein im allgemeinen Umweltdiskurs aufgebrachtes Thema (z.B. Treibhauseffekt) wird auf der Basis von - meist unreflektierten - Wertentscheidungen als bedeutendes Thema für institutionalisierte Lernprozesse identifiziert und aufbereitet. In bezug auf den Sustainability-Diskurs ist die gängige zentrale Wertentscheidung jene für intergenerationelle Gerechtigkeit. Dann greifen Didaktiker und Lehrende die Thematik auf und entwerfen Konzepte zur Umweltbildung, Unterrichtseinheiten, Projektwochen, Kurse etc. zu der jeweiligen Thematik. Im positiven Fall folgt man dabei den Maximen modernen Unterrichts (handlungsorientiert, partizipatorisch etc.). Lehrkräfte bauen die Unterrichtseinheit etc. in ihren Unterricht ein. Kritiker (Empiriker) behaupten sodann, daß Umweltbildung lediglich ein Additivum sei und eigentlich nur als Motor für neue Methoden des Lehrens und Lernens diene (Projektwochen, Multimedia, Runde Tische etc.). Diese sind ablösbar vom Inhalt. Umweltbildung als Methodenmodernisierungsvehikel. Umweltwissen hätte nur einen außerordentlich schwachen Einfluß auf das umweltadäquate Verhalten.

Unter diesen Prämissen ist der Einbau des Sustainable-Development-Diskurses in die Umweltbildung - nun unter dem Schlagwort "Bildung für nachhaltige Entwicklung" - ineffektiv und ausgesprochen problematisch, um so mehr, als es gesicherte Erkenntnisse im Sustainable-Development-Diskurs nicht gibt. Dazu kommt die Unsicherheit über die Frage, was denn nachhaltige Entwicklung eigentlich bedeutet.

Um mit der Wende zur *sustainability* nicht erneut falschen Begründungsmustern und Marginalisierung aufzusitzen, entwickelt **de Haan** einen neuen Ansatz, ohne den geschilderten grundlegend abschaffen zu wollen. Der Weg der Sondierung von Themen, Methoden und Zielen der Umweltbildung muß neuen Erfordernissen angepaßt werden. Der Diskurs um das *sustainable development* wird als Diskurs über einen kulturellen Umbruch wahrgenommen, der im Unterschied zur Bewegung der 60er Jahre (mit dem Ideal der Gleichheit) auf die Maxime der Gerechtigkeit abzielt. Wissenschaft erhält einen starken Wirklichkeitsbezug (Effizienz, Konsistenz).

Für die Förderung der Zielrichtung von Natur- und Technikwissenschaft bedeutet dies, daß mit dem Sustainable-Development-Diskurs Maximen entstanden sind, die eine enge Rückkoppelung mit den Grundentscheidungen der kulturell gewünschten inter- und intragenerationellen Gerechtigkeit verlangen.

Auch für den Sustainable-Development-Diskurs gilt das Wissen, daß Veränderungen als Top-Down-Strategie wenig nützen. Veränderungen werden nur wirksam, wenn sie attraktiv erscheinen und an den Alltag und schon bestehende Trends anschließen.

De Haan verfährt nach folgendem Verlaufsschema:

Sustainable development wird kulturspezifisch als bedeutsam im Umweltdiskurs wahrgenommen und von einem bestimmten Personenkreis als bedeutsames Thema für institutionalisierte Lernprozesse identifiziert. Bis hierher gilt also der traditionelle Prozeß. Nun wird aber ein anderer Weg eingeschlagen. Die Prämissen der Bedeutsamkeit des Sustainable-Development-Diskurses für den pädagogischen Kontext werden hinterfragt, z.B.: "Ist das Überleben der Menschheit unweigerlich in Gefahr, geht man nicht den Weg der *sustainability*?" "Muß Erziehung auf umweltgerechtes Verhalten zielen?" Oder: "Ist eine inter/intragenerationelle Gerechtigkeit nur mit einem *sustainable development* zu erreichen?" etc. Entscheidend dabei ist, die dem Diskurs zugrunde liegenden Wissenschaftskonzepte, kulturellen Leitbilder und Trends zu identifizieren. **De Haan** nennt in diesem Zusammenhang folgende Basistheoreme des Diskurses: Konstruktivismus als wissenschaftliche Grundorientierung, Leitbildforschung als analytisches Instrument, Reflexivität als kulturelle und wissenschaftliche Grundorientierung, intergenerationelle Gerechtigkeit als kulturelle Maxime, Individuierung und Partizipation als kultureller Trend.

Diese neu definierten Theoreme sollen - neben den spezifischen Themen des Sustainability-Diskurses - zur Basis für eine curriculare und strukturelle Reform des Bildungssystems gemacht werden. Grundlegende Wissenschaftstheorien, Werturteile des Sustainable-Development-Diskurses sollen mit kulturellen Trends und Veränderungsbestrebungen im Bildungssystem und mit Beispielen "guter Praxis" zusammengeführt werden, um eine pragmatische Idee von Bildung und Erziehung zu entwickeln.

Damit wird man den Ansprüchen, die von seiten der Bildung an die Struktur der Thematisierung kultureller Phänomene gestellt wird, eher gerecht als bei einer direkten Umsetzung von Themen aus der Nachhaltigkeitsdebatte in Unterrichtseinheiten. Es käme nicht mehr darauf an, in die bestehenden Lehrpläne noch den Hinweis einzubauen, auch das *sustainable development* sei mit dem Thema "Effiziente Verkehrsströme", "Energiesparen" als fächerübergreifendes Querschnittsthema aufzunehmen.

Am Ende des hier vorgeschlagenen Weges wäre zu formulieren, daß die konstruktivistische Weltsicht und die Individuierungsprozesse z.B. auch an den Themen behandelt werden können. Dieses Verfahren ist aber nur in Verbindung mit dem beschriebenen, traditionellen anzuwenden, will man den Diskurs um *sustainable development* in die Gesellschaft tragen.

De Haan widmet dem durch die Agenda 21 postulierten Verteilungsgerechtigkeitsideal eine längere Replik und lehnt die puristische Interpretation entschieden ab. Bei der Begründung der Verantwortlichkeiten und Orientierungen hinsichtlich des *sustainable development* sollte man sich keinesfalls auf das Glück künftiger Generationen stützen, das es erforderlich mache, den Status quo der Ressourcenvielfalt und -quantität zu tradieren. Das Plädoyer für Verteilungsgleichheit solle sich auf die heute lebenden Generationen und auf die heute herrschende Verteilungsungerechtigkeit beschränken. Alles andere ist mit zu vielen Unwägbarkeiten verbunden.

Mayer ist der Ansicht, daß die derzeit diskutierte Frage, was die Idee der nachhaltigen Entwicklung für die Umweltbildung bedeutet, ob sie neue Perspektiven eröffnet, anders gestellt werden müsse. Die Frage muß lauten, welche Bedeutung die Umweltbildung für das Leitbild nachhaltiger Entwicklung hat. Es zeige sich, daß das Leitbild der nachhaltigen Entwicklung auf die Umweltbildung als integralen Bestandteil angewiesen ist. "Umweltbildung ist somit nicht Instrument (oder nicht allein), sondern eine Bedingung der Möglichkeit nachhaltiger Entwicklung." Nach **Mayer** kann der Begriff "nachhaltige Entwicklung" nicht aus dem Gedankengebäude der Ökologie oder Ökonomie abgeleitet werden. Sie stellt vielmehr einen umweltethischen Imperativ dar, der wesentlich auf den Werten der Gerechtigkeit und der Verantwortung aufbaut (vgl. **de Haan**). Nachhaltige Entwicklung als gesellschaftliches Leitbild der Zukunft soll die Verbesserung der ökonomischen und sozialen Lebensbedingungen der Menschen mit der Sicherung der natürlichen Lebensgrundlagen in Einklang bringen. Das darin beinhaltete Gerechtigkeitspostulat soll sich auf einen Ausgleich zwischen ökonomischen, ökologischen und sozialen Interessen, zwischen den Bedürfnissen von Industrie- und Entwicklungsländern, sowie zwischen der gegenwärtigen Menschheit und zukünftigen Generationen beziehen. Die Verwirklichung dieser komplexen Ziele setzt aber einen intensiven Verständigungsprozeß voraus. Eben für diesen diskursiven gesellschaftlichen Prozeß der Konsens- und Entscheidungsfindung hat die Umweltbildung eine fundamentale Bedeutung.

Die globalen umweltpolitischen Erfordernisse (Retinität, Globalität, Intergenerationalität) müssen auf der Basis normativer Rahmenbedingungen (Gerechtigkeit und Verantwortung) formuliert werden. Diese müssen als umweltpolitische Ziele, als Regeln der Ressourcennutzung, als Umsetzungsstrategien und Instrumente konkretisiert und in praktisches Handeln umgesetzt werden. Nachhaltigkeit wird nicht in der genauen Befolgung bestimmter Rezepte, sondern durch diskursiv gestaltete Prozesse der Konsens- und Entscheidungsfindung erreicht. Daraus folgt wiederum, daß neben ökologischen und ökonomischen Aspekten auch die Strukturen und Prozesse sozialer Kommunikation und politischer Konstitution sowie lebensweltliche Elemente integriert werden müssen.

Für das Leitbild der nachhaltigen Entwicklung nimmt die Umweltbildung insofern eine wichtige Funktion wahr, als mit diesem Leitbild bisher vernachlässigte Dimensionen globaler Umweltpolitik sowie neue wissenschaftliche Konzepte verbunden sind, die nun in den öffentlichen Umwelt-Diskurs eingebracht werden müssen. Menschen aller Altersstufen müssen für den Umweltdiskurs und ein verantwortliches Umwelthandeln qualifiziert werden.

Auf der normativen Ebene sind Werte wie inter/intragenerative Gerechtigkeit, Zukunftsverantwortung und Retinität zu thematisieren; auf der deskriptiv-analytischen Ebene Konzepte wie natürliche Ressourcen, Umweltfunktionen etc.; auf der strategisch-instrumentellen Ebene Suffizienz, Effizienz, Ökobilanz etc. Hier setzt die Umweltbildung an, indem sie die verschiedenen Dimensionen des Leitbildes *nachhaltige Entwicklung* und die Umsetzungsstrategien an konkreten Themen für Lehr-/Lernprozesse ausarbeitet und das nötige Sachwissen zur Teilnahme am Umweltdiskurs und die Bewältigung konkreter Aufgaben vermittelt.

Die Bezugnahme auf die Idee nachhaltiger Entwicklung wird daher mit einer Erweiterung und Aktualisierung von Lerninhalten der Umweltbildung verbunden sein, insbesondere in Hinblick auf die Integration ökonomischer Bildungsinhalte. Um eine Zerfaserung zu verhindern, ist aber die Bestimmung eines Kerncurriculums für die Umweltbildung nötig. Die Umweltbildung hat dabei eine Abwägungsfunktion, eine Reflexionsfunktion und eine analytische Funktion wahrzunehmen. Im Rahmen der Abwägungsfunktion ist zu thematisieren, daß nachhaltige Entwicklung nicht allein wissenschaftlich zu fassen ist, sondern einer zeitspezifischen Interpretation und Gewichtung durch die Menschen unterworfen ist. Es können sich im Bereich der ethischen Dimension nachhaltiger Entwicklung generelle Probleme der Ethik und Moral auftun, die eine entsprechende Abwägung unterschiedlicher Prämissen, Werte und Handlungen notwendig machen. Ethische Erwägung muß sich auch auf empirische Fakten einlassen. Auch aus der Begründung moralischer Positionen kann sich ein Problem ergeben. So muß sich auch das Postulat der Gerechtigkeit der Frage stellen, wodurch Gerechtigkeit zu begründen ist. *Sustainable development* erreicht gerade deshalb einen allgemeinen Konsens, weil die Notwendigkeit eines nachhaltigen Umgangs mit der Umwelt mit dem Wert der Gerechtigkeit in und zwischen Generationen begründet wird.

Dennoch sind moralische Werte und Prämissen nicht frei von möglichen Dilemmata. Umweltbildung kann Hilfestellung bei der Abwägung moralischer Konflikte geben, indem sie eine Vielzahl von Punkten, Werten und Wertehierarchien thematisiert und reflektiert.

Ein Leitbild wie die nachhaltige Entwicklung ist eingebunden in einen kulturellen und zeitlichen Kontext. Sie ist also nicht voraussetzungslos, sondern geht von bestimmten, z.B. kulturell bestimmten Prämissen, Traditionen und Werten aus. Auch die Tugend der Gerechtigkeit bedarf der Konkretisierung in spezifischen Zusammenhängen bzw. Klärung der Frage, was verschiedene Kulturen, Staaten etc. darunter verstehen.

Umweltverantwortung ist damit keine feststehende, unveränderbare Eigenschaft, sondern ein dynamischer Prozeß, der immer wieder stimuliert werden muß. Es muß eine Rückbindung an die eigenen persönlichen Vorstellungen, Werte und Handlungsmöglichkeiten erfolgen. Dies bedeutet, daß die psychologische Dimension unseres Umgangs mit der Natur explizit zum Thema der Umweltbildung gemacht werden muß.

Die Vernetzung von Ökologie, Ökonomie und Sozialem verlangt, unterschiedliche Aspekte der eigenen Lebenswelt in ein kohärentes Persönlichkeitsbild zu integrieren, aus dem angemessenes Umwelthandeln erfolgen kann. Daher muß die reflexive Komponente der Umweltbildung stärker als bisher Beachtung finden. Handlungskompetenz im Sinne des Umgangs mit divergierenden Handlungsmöglichkeiten muß gefördert werden.

Darüber hinaus ist es erforderlich, die Umweltbildungsforschung zu intensivieren, soll Umweltbildung als Wissenschaft ihrer Rolle bei der Umsetzung der Leitziele nachhaltiger Entwicklung gerecht werden. Interdisziplinarität muß als Unterrichts- und Forschungsprinzip verwirklicht werden.

Die Rolle der Umweltbildung besteht vor allem darin, am Prozeß der Umsetzung mitzuwirken, das Leitbild mit Inhalten zu füllen und zu konkretisieren.

Reißmann entwickelt Leitziele einer nachhaltigen, umweltgerechten Entwicklung. Gleich zu Anfang nimmt er aus seiner Sicht eine Begriffsklärung vor. Es sollte seiner Ansicht nach nicht lediglich "nachhaltige Entwicklung", sondern "nachhaltige, umweltgerechte Entwicklung" heißen.

Das ökonomische Wachstumsmodell westlicher Prägung hat zwar zu Wohlstand und einer Erhöhung der Lebenserwartung für viele Menschen geführt, gleichzeitig läßt die derzeitige Globalisierung dieses Entwicklungsmodells aber auch seine "externen Kosten" deutlich werden. Es erscheint demzufolge, allen Erfolgen zum Trotz, als nicht zukunftsfähig. Zentrales Anliegen des Sustainability-Konzepts ist es nun, das Teilsystem *menschliches Wirtschaften* besser in das ökologische Gesamtsystem einzupassen. Neben dieser ökologisch-ökonomischen Dimension schließt das Konzept aber auch eine soziale und kulturelle Dimension ein (soziale Gerechtigkeit, individueller Anspruch auf Selbstverwirklichung und Lebensglück). Somit verbinden sich objektive Erwägungen mit ethischen Prinzipien. Leitziele, die sich aus den Sustainability-Konzept ergeben, sind: Naturverträglichkeit, ökonomische Tragfähigkeit, soziale Gerechtigkeit, kulturelle Identität, globale Zusammenarbeit.

Reißmann stellt die Hypothese auf, daß das Sustainability-Konzept zu einer gesellschaftlichen Vision von ähnlicher Bedeutung wie Ideen und Utopien des 19. und 20. Jahrhunderts werden könnte (Idee der Menschenrechte, des Wohlfahrtsstaates etc.). Ziele und Kriterien des *sustainable deve-*

lopment sind nicht wissenschaftlich ableitbar; sie enthalten normative Setzungen in der Tradition westlicher Utopien. Es beinhaltet Ideale des Christentums, des Humanismus, Liberalismus, Sozialismus, erweitert aber diese Ideen um die ökologische Dimension: die Idee der Naturverträglichkeit und der globalen Vernetzung und Partnerschaft. Das Sustainability-Konzept ist ein interpretationsbedüftiges Konzept. Deshalb und aufgrund der ideengeschichtlichen Bezüge ist es, nach **Reißmann**, gut geeignet, einen breiten gesellschaftlichen und interkulturellen Konsens zu begründen. Das Konzept stellt kein fertiges Programm dar. Es skizziert einen ergebnisoffenen Suchprozeß, der von verschiedenen Prinzipien (ökologischen, ökonomischen, sozialen und kulturellen) geleitet wird, die durchaus in Spannung zueinander stehen. Es muß jeweils diskursiv entschieden werden, was als nachhaltig umweltgerecht zu betrachten ist oder nicht.

Da das Sustainability-Konzept auf tiefgreifende Verhaltensänderungen zielt, läßt es sich als Bildungsleitkonzept beschreiben, das auf ein neues, zeitgemäßes Allgemeinbildungskonzept abstellt. Es repräsentiert nicht einfach ein additives Lernprogramm, sondern ist als gesellschaftlicher Lernprozeß zu verstehen.

Dieser Lernprozeß muß z.B. in den Schulen vorbereitet werden, indem durch die Lehr- und Lernprozesse etwas von dem erfahrbar wird, was als Idee für alle Menschen Geltung gewinnen soll. Der Bildungsauftrag der Schulen ist damit an eine positive Leitidee gesellschaftlicher Entwicklung gebunden.

Das Sustainability-Konzept bietet im Hinblick auf Umweltbildung die Chance einer breiteren Zusammenarbeit mit Personengruppen und Institutionen, die bisher kaum einbezogen waren. "Das Konzept formuliert einen Gesamtrahmen und verbindet darin Umweltbildung, Eine-Welt-Pädagogik, politische Bildung, kulturelle Bildung und technologische Bildung, es ist also fächerübergreifend - komplex angelegt. Innerhalb der Umweltbildung bietet das Konzept die Möglichkeit zu einer Integration der didaktisch-methodischen Konzepte der Naturerlebnispädagogik, der individuellen Umweltschutzerziehung und der politisch orientierten Umweltbildung."

Auf dieser Grundlage entwickelt **Reißmann** seine Leitideen einer Bildung für nachhaltige, umweltgerechte Entwicklung. Diese Entwicklung kann nicht allein Aufgabe von Funktionseliten sein, sie bedarf der breiten, demokratisch organisierten Mitwirkung möglichst vieler Menschen. Sie ist die Suche nach Möglichkeiten, die Lebensbedingungen der heute und in naher Zukunft lebenden Menschen zu verbessern, ohne die natürlichen Lebensgrundlagen zu gefährden. Diese ethisch dimensionierte Zielsetzung bedeutet den Einstieg in eine globale Problemlösungs-, Experimentier- und

Dialoggesellschaft, in eine Lerngesellschaft, die sich diskursiv-kontrovers über grundlegende Ziele und Werte verständigt und Lösungswege sucht.

Lernen, d.h. lebenslanges Lernen, wird zu einem charakteristischen Merkmal nachhaltiger Entwicklung. Bildung nach dem Sustainability-Konzept soll diesen Such- und Problemlöseprozeß erfahrbar machen. Im Prinzip geht es um die Entwicklung einer neuen Lernkultur mit innovativen Lernformen und -methoden. Die Bildungs- und Lernprozesse sollen an folgenden didaktischen Prinzipien ausgerichtet werden:

- Problemlösungsorientierung
- Verständigungsorientierung
- Kooperationsorientierung
- Anwendungsorientierung
- Selbstorganisation
- Ganzheitlichkeit

Gefördert werden muß - neben Phantasie und Kreativität - die Entwicklung eines problembezogenen Fach- und Orientierungswissens, eines Wissens um systemische Zusammenhänge und von methodischen Kompetenzen des Forschens und Problemlösens. Da das Sustainability-Konzept eine besondere Komplexität des Gegenstandsbereichs beinhaltet, muß der Umgang mit Komplexität eingeübt werden. Dazu müssen "Schlüsselqualifikationen" wie intelligentes Wissen, systemisches (vernetztes) Denken, antizipatorisches Denken, Phantasie und Kreativität, Forschungskompetenz und Methodenkompetenz vermittelt werden.

Die Vermittlung von Komplexität erfordert kommunikative Kompetenzen im Zusammenhang mit dem persönlichen und kulturellen Verhältnis zu Natur und Menschen. Verständigungsmöglichkeiten werden maßgeblich mitbestimmt durch die jeweils kulturabhängige Selbst- und Fremdwahrnehmung. Deshalb müssen die selbstreflexiven Kompetenzen erhöht werden. Die Fähigkeit, konstruktiv mit Interessengegensätzen und Konflikten umgehen zu können, erfordert die Erprobung von Mediationsverfahren und Konfliktumgangsregeln. Damit ist die Entwicklung von Kooperationsbereitschaft und -fähigkeit verbunden, die auf internationale und interkulturelle Zusammenarbeit und die Entwicklung von Teamfähigkeit zielt. Ebenso muß Lernen anwendungsorientiert, d.h. situations- und handlungsbezogen (verschiedene Lebenssituationen) sein. Da das Sustainability-Konzept lebenslanges Lernen erfordert, ist die Freude am Lernen zu fördern. Lernen als ergebnisoffener, selbstgesteuerter Suchprozeß, der einseitige Wahrnehmung vermeidet und verschiedene Umsetzungswege erprobt.

Eine Umweltbildung, die sich an diesen Prinzipien orientiert, wird neue Methoden und Verfahren des Lernens aufgreifen bzw. weiterentwickeln müssen. Diese müssen mit nach wie vor sinnvollen Phasen des Lehrgangslernens bzw. des lehrzentrierten Unterrichts verbunden werden. Ein Pädagogik der Vielfalt - orientiert an der Vielfalt menschlicher Motive, Interessen und Kompetenzen - sollte verschiedene inhaltliche Zugänge und Bearbeitungsweisen sowie entsprechende arbeitsteilige Aufgaben anbieten. Die allgemein praktizierte Zwangskollektivierung des Lernens ist aufzugeben. Die inhaltlich-thematische Schwerpunktsetzung sollte nicht nur auf die "politische Logik" setzen, sondern auf "pädagogische Logik". Für die pädagogische Er- und Bearbeitung des Sustainability-Konzepts schlägt **Reißmann** drei Themenbereiche vor:

- Grundlegende Reflexion des Verhältnisses der Menschen zur Natur und zu Mitmenschen
- Entwicklung und Umsetzung von Nachhaltigkeitskonzepten für persönliche Lebens- und Erfahrungssituationen
- Entwicklung und Umsetzung von Nachhaltigkeitskonzepten für einzelne inhaltliche, zugleich gesellschaftspolitische Problembereiche (Energie, Verkehr etc.)

Eine Verbindung der drei Bereiche ist jederzeit möglich. Eine glaubwürdige Umsetzung dieser Vorgaben erfordert eine entsprechende Gestaltung der Bildungsinstitutionen, d.h. diese müssen selber das Leitbild einer nachhaltigen, umweltgerechten Entwicklung repräsentieren. Sie müssen - neben den Lerninhalten - auch in den Kommunikations- und Organisationsformen zu einem Modell im Sinne des Sustainability-Konzepts werden.

Bolscho warnt in Zusammenhang mit nachhaltiger Entwicklung, die er als "neuen kategorischen Imperativ" zur Lösung bedrängender Umweltprobleme bezeichnet, vor allzu großem Optimismus. An die Stelle des Begriffes "Leitbild" setzt er den Begriff "Plattform" für Umweltbildung. Er argumentiert, daß Nachhaltigkeit historisch und gegenwärtig in anderen theoretischen und praktischen Zusammenhängen wurzelt als in denen von Bildung. Es sind vor allem ökologische, ökonomische und umweltpolitische Zusammenhänge. In manchen Punkten stehen diese Kategorien einer auf Selbstbestimmung ausgerichteten Bildung eher entgegen.

Bolscho stellt auch die provozierende Frage, warum Menschen nachhaltige Entwicklung wirklich wollen sollten! Verteilungs- und Gerechtigkeitsprobleme im globalen Maßstab sind durch das Konzept der Nachhaltigkeit nicht gelöst: "Nachhaltigkeit" als Formelkompromiß. Das Kompromißhafte wird um so deutlicher, je spezifischer man sich auf die Ebene der konkreten Umsetzung begibt. Vor dem Hintergrund der umweltpolitischen Komponente fällt Umweltbildung in die Rolle einer nachsorgenden Sozialwissenschaft, wenn sie versucht, Bildungsziele aus dem Nachhaltigkeitskonzept abzuleiten. Die ökologischen, ökonomischen und umweltpolitischen Komponenten von Nachhaltigkeit reichen als Grundlage eines Bildungskonzeptes nicht aus. Die Kontexte der Komponenten, ihre theoretischen Prämissen sowie ihre handlungsleitenden Konsequenzen lassen zu viele Fragen offen, um eine zeitgemäße Allgemeinbildung, verstanden als Prozeß des "Sich-Bildens" zu fundieren. Insofern kann nachhaltige Entwicklung kein Leitbild für Umweltbildung sein.

Nachhaltigkeit hat darüber hinaus ein bestimmtes "Nachhaltigkeits-Ethos" zur Folge, das zum Maßstab eines neuen Umweltbewußtseins werden soll. Damit muß sich Nachhaltigkeit an den Erkenntnissen der Umweltpsychologie messen lassen, z.B. an den Fragen, durch welche Faktoren Umweltbewußtsein bestimmt ist, wie es strukturiert werden kann oder wie es sich in einer Gesellschaft der "reflexiven Moderne" darstellt. Dabei ist davon auszugehen, daß sich Umwelt nicht als objektiver Tatbestand, sondern als soziales Konstrukt darstellt. Menschen nehmen ihre Umwelt im jeweiligen sozialen und biographischen Kontext unterschiedlich wahr. Damit kann es kein für alle Lebenswelten einheitliches Umweltbewußtsein geben. Der Bezug zur Lebenswelt von Individuen ist der bestimmende Faktor der Wahrnehmung von Umweltproblemen. Es gibt so viele Ausprägungen von Umweltbewußtsein wie es Lebensstile gibt. Ähnliches gilt für ein "Welt-Umweltbewußtsein", das durch unterschiedliche kulturelle Entwicklungen geprägt wird.

Bezogen auf die Umweltbildung implizieren diese Prämissen, daß sich Vorhaben verbieten, die zum Ziel haben, vorliegende oder zukünftige Szenarien zur Nachhaltigkeit in der Weise umsetzen zu wollen, daß die entsprechenden Problembereiche das Grundmuster eines "Nachhaltigkeits-Curriculums" abgeben. Dieses Vorgehen käme einer Funktionalisierung von Umweltbildung gleich. Um dieser Funktionalisierung zu entgehen, sollte Nachhaltigkeit als Plattform für Umweltbildung gesehen werden. Dies bedeutet in concreto, daß geeignete Anlässe, die für die Lebenswelt von Lernenden von Bedeutung sind, in einem situations-, handlungs- und problemorientierten Unterricht aufgegriffen werden. Diese "geeigneten Anlässe" entfalten sich in offenen Unterrichtssituationen, die von den Bedürfnissen und Erfahrungen der Lernenden bestimmt sind. Die Einbringung von "geeigneten Anlässen", die mit Nachhaltigkeit in Zusammenhang stehen, sollte unter dem Blickwinkel des "Sich-Bildens" und nicht des "Gebildet-Werdens" gesehen werden.

Schwarz ist der Ansicht, daß die Diskussion um die Umsetzung der Zielsetzungen nachhaltiger Entwicklung in der schulischen Bildung, die Bedingungen, unter denen Schule stattfindet, meist ausblendet. Positiv zu bewertende Einzelprojekte sind nur sinnvoll im Gesamtzusammenhang „ganzheitlichen Lernens". Auf diese Hypothese bezieht er seine Überlegungen zur ökologisch orientierten Schule. Wesentlich ist, daß er nachhaltige Entwicklung nicht nur als Problem der inter- oder intragenerationellen Gerechtigkeit heutiger oder zukünftiger Generationen sieht, sondern als Voraussetzung der Lebensbedingungen der Individuen der jeweiligen Gesellschaften.

Mit dieser Subjektbezogenheit weicht er vom objektiven gesellschaftsbezogenenen Gerechtigkeitspostulat der meisten anderen Autoren ab.

Ziel der Umweltbildung kann es demzufolge nur sein, die Individuen darauf vorzubereiten, den Prozeß der nachhaltigen Entwicklung subjektiv positiv zu gestalten. Von einer ökologischen Bildung im Sinne einer nachhaltigen umwelterhaltenden Entwicklung könne bisher, trotz ungezählter Einzelprojekte, keine Rede sein.

Konsens besteht darüber, daß „ökologische Bildung" eine Querschnittsaufgabe ist, über die schulisch-pädagogischen Rahmenbedingungen werde aber viel zu wenig gesprochen. Handlungskompetenz müsse trainiert und Kooperation sowohl unter den Lehrkräften als auch mit der kompetenten und interessierten Umwelt eingeübt werden.

Dieses umfassende Konzept bedeutet u.a. den Abschied von der Halbtagsschule und vom Fächerprinzip. Schüler müssen im Zuge einer Neuorientierung auf Nachhaltigkeit Einfluß- und Mitgestaltungsmöglichkeiten erhalten. Die übliche 45-Minuten-Stunde reicht zur Erfassung komplexer Zusammenhänge nicht aus, die Zeiteinteilung muß flexibler gehandhabt werden. Der Erwerb von Schlüsselqualifikationen muß fester Bestandteil des Unterrichts werden. Damit steht die Stärkung der Selbstverantwortung der Schulen in Zusammenhang.

Das Fazit, das **Schwarz** zieht, ist, daß „ökologische Bildung" vom betroffenen, lediglich reagierenden Objekt weg und hin zum agierenden Subjekt von Veränderungsprozessen führen muß.

Merkel beurteilt das Konzept von **Reißmann** im Prinzip positiv, besonders was seinen Versuch anbetrifft, *sustainability* mit Leitzielen zu fassen und diese auf Lernprozesse und Bildungsinstitutionen anzuwenden.

Sie stellt allerdings auch Widersprüche zwischen Teilen der von **Reißmann** entwickelten Leitziele und seinem Plädoyer für ein demokratisches Leitbild fest. So sieht sie im Leitbild „Naturverträglichkeit" - Regeneration von natürlichen Ökosystemen - den Faktor Mensch außer Sicht geraten. In diesem Zusammenhang erinnert sie daran, daß eines der großen UNESCO-Programme „Man and Biosphere" heißt. Beim Leitziel „Globale Zusammenarbeit" weist sie besonders auf den Widerspruch hin zwischen der von **Reißmann** geforderten Etablierung weltweiter Überwachungs- und Kontrollsysteme und dem Anspruch, *sustainability* als Ergebnis demokratischer Konsensbildungsprozesse zu sehen. Die Tatsache, daß das Konzept *sustainability* als Leitidee der aufgeklärten Vernunft beschrieben wird, beinhaltet wesentlich die Notwendigkeit radikaler Selbstbeschränkung im Ressourcenverbrauch und damit auch die nachhaltige Stärkung demokratischer Prozesse innerhalb von Gesellschaften (besonders in Entwicklungsländern).

Umweltbildung befindet sich in einem evolutionären Prozeß hin zu einer mehrdimensionalen Aufgabe, die besonders auch zwischenstaatliche Organisationen wie die UNESCO vor erhebliche Herausforderungen stellt. Diese Organisation hat sich beginnend mit der Weltkonferenz zu Umweltfragen in Stockholm 1972 der Aufgabe gestellt, Umweltbildung als Beitrag zur internationalen Verständigung zu verstärken.

Nach dem Umweltgipfel 1992 in Rio und den Folgekonferenzen hat sich diese Aufgabe auf die Triade „Bildung für Umwelt, Bevölkerungsentwicklung und Entwicklungsfragen“ erweitert. Nach dem Rio-Erdgipfel wurde der UNESCO die Aufgabe zugewiesen, im UN-System den Bildungsteil der Agenda 21 umzusetzen.

Merkel weist auf das objektive Dilemma hin, mit dem die Organisationen der Umwelterziehung konfrontiert sind, nämlich gleichzeitig die Konzeptklärung voranzubringen und schon handhabbare Arbeitsformen zur Verfügung zu haben, die „learning by doing“ ermöglichen.

Wilhelmi schildert zuerst den politischen Kontext aus Bundessicht und weist darauf hin, daß nationale Umweltschutzpolitik schon zu Anfang der 70er Jahre begonnen hat. Das Umweltprogramm der Bundesregierung von 1971 enthält spezifische Forderungen an die Umwelterziehung. Eine wirksame Umwelterziehungspolitik hat aber erst 1986 begonnen. 1987 veröffentlichte das Bundesministerium für Bildung und Wissenschaft seine „Zukunftsaufgabe Umweltbildung“ und machte den Vorschlag, in den Ländern einen neuen Förderbereich „Umwelterziehung“ einzurichten. 1994 folgte der Beschluß des Deutschen Bundestages zum Thema „Umweltbildung und Umweltwisssenschaften“. Dieser Beschluß sieht u.a. vor, daß die Bundesregierung gemeinsam mit den Ländern ein Gesamtkonzept *Umweltbildung* in die Beratungen der Bund-Länder-Kommission für Bildungsplanung und Forschungsförderung einbringen soll.

Es folgten u.a. eine Neukonzeption der Umweltbildung im BMBF, ein Programm der Bundesregierung zur Umweltforschung, eine Überarbeitung des Kriterienkatalogs der BLK zum Förderschwerpunkt Umwelterziehung.

Als Grundlage des Gesamtkonzepts Umweltbildung sieht das BMBF die Agenda 21 und die Stellungnahmen und Gutachten der wissenschaftlichen Politikberatung (z.B. Stellungnahme des Wissenschaftsrats zum Stand der Umweltforschung 1994, Gutachten 1994 des Sachverständigenrats für Umweltfragen). Daneben spielen Forschungsaufträge des BMBF eine wesentliche Rolle (z.B. empirische Wirkungsstudie zur schulischen Umwelterziehung, Dimensionen der nachhaltigen Entwicklung). Als besonders bedeutsam werden die Ergebnisse der inzwischen abgeschlossenen „Evaluationsstudie“ angesehen, in deren Rahmen alle bis dahin geförderten Vorhaben zur Umweltbildung ausgewertet werden.

Die Notwendigkeit eines Gesamtkonzepts Umweltbildung erklärt **Wilhelmi** vor allem mit dem Vorhandensein eines Referenzrahmens zur Beurteilung der Vorhaben und Maßnahmen zur Verwirklichung des Paradigmas „Nachhaltige Entwicklung“. Darüber hinaus können im Rahmen des Gesamtkonzepts die sichtbar gewordenen Defizite der Umweltbildung aufgegriffen und durch bessere Lösungen überwunden werden.

Reichel beschreibt die Grundlagen der Umweltbildung in Deutschland, die in den 80er Jahren einen rasanten Aufschwung erlebte und in verschiedenen institutionellen Aktivitäten gipfelte.

So erklärten sich 1980 die Kultusminister der Länder verbindlich zu den Aufgaben der Schule im Bereich Umwelterziehung, die Bund-Länder-Kommission für Bildungsplanung und Forschungsförderung schuf 1987 einen Förderbereich „Einbeziehung von Umweltfragen in das Bildungswerk“. Parallel dazu formulierten die Europäischen Gemeinschaften 1988 eine Entschließung zur Förderung der Umweltbildung in den Mitgliedsstaaten.

Gleichzeitig setzte auch ein „Boom“ in Rechtsvorschriften, Erklärungen und Modellvorhaben sowie in der Entwicklung von Umweltzentren ein. Mittlerweile gibt es in Deutschland ca. 200 sog. Umweltzentren. Einzelne Verbände und Zentren thematisierten auch die gesellschaftlichen Zusammenhänge der Umweltpolitik.

Zu Beginn der 90er Jahre wurde zunehmend der eigenständige Wert von Umweltbildung im Kontext des Bildungs- und Erziehungsauftrags der Institutionen thematisiert. Es wird dabei auf einen ganzheitlichen Ansatz geachtet, der Umweltfragen zusammen mit Werteerziehung, der Beschäftigung mit ökonomischen Problemen etc. behandelt. Die Forderung lautet, nicht nur naturwissenschaftliche Ansätze, sondern auch sozialwissenschaftliche Problemzusammenhänge mit einzubeziehen.

Nach dem Erdgipfel 1992 in Rio erhielt die Umweltbildung einen neuen Stellenwert, speziell durch Kapitel 36 der Agenda 21. Zur Konkretisierung der Inhalte der Agenda 21 haben Nicht-Regierungsorganisationen wesentlich beigetragen. Zu erwähnen ist im nationalen Rahmen die Studie „Zukunftsfähiges Deutschland“, die vom Bund und MISEREOR in Auftrag gegeben wurde. Diese Studie formuliert acht Leitbilder, die aufzeigen sollen, wie sich eine Gesellschaft zu einer nachhaltigen Gesellschaft entwikkeln kann. Eine Machbarkeitsstudie im Auftrag des Bundesministerium für Bildung, Wissenschaft, Forschung und Technologie 1995 sollte Aufschluß darüber geben, wie die Ergebnisse im Bildungsbereich verankert werden können.

Reichel gibt Beispiele, wie die Leitbilder der Studie „Zukunftsfähiges Deutschland“ konkret in Bildungsinstitutionen erfahrbar gemacht werden können.

Einem „Komplexitätsdilemma“ sieht **Reichel** denjenigen ausgeliefert, der sich daran macht, ökologische und entwicklungspolitische Themen zu lehren oder zu lernen. Er erläutert dies am Reiz-Reaktionsmodell zur Ermittlung von Indikatoren umweltgerechter Entwicklung, das die Vielschichtigkeit ökologischer und unökologischer Handlungen aufzeigt. So würde z.B. die „nachhaltige“ Ausrichtung des Energiesektors in Deutschland (Ersetzung vieler Energieträger durch regenerative Energien) in manchen Ölzulieferländern schwere Wirtschaftskrisen hervorrufen etc.

Reichel schließt mit der Frage „Wer bezahlt all die Aktivitäten?“ Und erkommt zu dem Schluß, daß, wer sich daran macht, eine lokale Agenda aufzubauen, schnell merken wird, daß er mittelfristig Geld spart. Kostenintensiv ist hingegen die Kooperation zwischen Industrie- und Entwicklungsländern.

Roth plädiert, wie die anderen Autoren, für ein ganzheitliches bildungspolitisches Kompetenzmodell im Sinne von Lernkompetenz, die darauf zielt, "individuelles und gemeinsames Lernen selbständig vorzubereiten, (interaktiv) zu gestalten, zu reflektieren, zu regulieren, zu bewerten und das Gelernte konsequent anzuwenden, mit dem Ziel, Einsichten zu gewinnen und Lösungen für ein Problem zu finden". Damit soll der Unterricht frei von Top-Down-Zwängen gestaltet werden können.

Roth tritt ebenfalls für eine Neugestaltung des Bildungssystems ein, wobei er sich wie die anderen Autoren bewußt ist, daß zukunftsorientierte Umweltbildung nicht vom Idealbild eines Lehrers und Schülers ausgehen darf, das sich an den Zielen der nachhaltigen Entwicklung orientiert, sondern die Lebenswirklichkeiten der einzelnen Akteure berücksichtigt, wobei Handlungsorientierung an oberster Stelle steht.

Auf der Basis umfangreichen empirischen Materials zur Umweltbildungssituation in verschiedenen Ländern (Industrie-, Entwicklungsländer) kommt **Michelsen** zu dem Schluß, daß die Praxis der Umweltbildung in erster Linie von der jeweiligen Situation des Bildungssystems eines Landes abhängt. Ist ein Bildungssystem defizitär (Entwicklungsländer) im Hinblick auf materielle Ausstattung und Aus- bzw. Fortbildung des Lehrpersonals, dann kommt der Umweltbildung eine nachgeordnete Rolle zu. Zur obersten Priorität der ökonomischen Entwicklung kommt in diesen Ländern zudem noch, daß Umweltbildung in der Regel nur dann gewisse Effekte erzielt, wenn sie für die Menschen in ihrem Alltag bedeutsam wird. Sie muß sich vor dem Hintergrund der Traditionen und Interessen der Betroffenen entwickeln können.

Trotz gradueller Unterschiede sind sich die Autoren prinzipiell darin einig (mit Ausnahme von **Bolscho**), daß das Leitbild der "Nachhaltigen Entwicklung" einen Paradigmenwechsel einleiten soll. Die Betonung liegt dabei auf "soll". Lediglich **Reißmann** geht davon aus, daß dieses neue Leitbild mit ziemlicher Sicherheit den Platz der Ideen und Utopien des 19. und 20. Jahrhunderts einnehmen wird.

Die konzeptionellen Beiträge lassen sich in drei Kategorien einteilen. Auf der einen Seite **Bolscho** mit seinem klassischen Konzept der selbstbestimmten Bildung des zur Reflexion fähigen Individuums. Im Mittelpunkt steht dabei das "Sich-Bilden" und nicht das "Gebildet-Werden". Vehement wehrt er die Ableitung eines neuen Bildungskonzeptes aus dem Prinzip der Nachhaltigen Entwicklung ab. Die Komponenten von Nachhaltigkeit würden nicht ausreichen und das postulierte "Nachhaltigkeitskeits-Ethos" sei fragwürdig und vor dem Hintergrund der Erkenntnisse der Umweltpsychologie zu sehen. Umweltbildung soll, seiner Ansicht nach, als klassischer Bereich bestehen bleiben und nicht im Gesamtkontext eines neuen Allgemeinbildungszieles *nachhaltige Entwicklung* funktionalisiert werden. Die Bedürfnisse und Erfahrungen der Lernenden sollen die Unterrichtssituation bestimmen. Wenn dann Themen, verstanden als "geeignete Anlässe", eingebracht werden, die mit Nachhaltigkeit in Zusammenhang stehen, dann ist das auch in Ordnung. Jegliche Verabsolutierung wird abgelehnt.

Reißmann und **Mayer** möchten, bei graduellen Unterschieden, Umweltbildung erhalten, aber doch nur als Baustein innerhalb eines neuen Gesamtrahmens, der Eine-Welt-Pädagogik, politische Bildung, kulturelle Bildung und ökonomisch-technologische Bildung miteinander verbindet.

Dem entgegen formuliert **de Haan** die These, daß mit der gegebenen Umweltbildung allein keine angemessene Behandlung des von ihm postulierten neuen Paradigmas erfolgen kann. Das System der Vermittlung von Wissen an sich müsse umgebaut werden, soll es den neuen Erfordernissen entsprechen.

Diese neuen Erfordernisse sind die Prämissen eines kulturellen Umbruchs mit Gerechtigkeit als kultureller Maxime, Individuierung und Partizipation als kulturellem Trend. Diesen Gegebenheiten gilt es im Bildungssystem Rechnung zu tragen, was nichts weniger bedeutet, als die klassische Umweltbildung oder Bildung für nachhaltige Entwicklung in einer neuen Gesamtschau, im Prinzip einer neuen Wissenschaft mit theoretisch-praktischen Anwendungsmöglichkeiten aufgehen zu lassen.

Es geht **de Haan** auch ganz dezidiert nicht um die Umformulierung der klassischen Umweltbildung in Bildung für nachhaltige Entwicklung, sondern um eine neue Gesellschaftslehre, eine neue Sozialwissenschaft, die gesamtgesellschaftlichen Entwicklungen Rechnung trägt. In diesem Punkt ist er viel radikaler als die anderen Autoren.

Einig sind sich im Prinzip alle Autoren darin (mit Abstrichen auch Bolscho), daß mit dem Leitbild der nachhaltigen Entwicklung neue Anforderungen auf das Bildungssystem zukommen, die neue Wege erfordern. Diese neuen Wege müssen interdisziplinär angelegt und an "Schlüsselqualifikationen" ausgerichtet sein, wie die Fähigkeit zum vernetzten Denken, Kreativität etc. Wesentlich erscheint allen Autoren, daß theoretische Überlegungen an praktische, lebensweltliche Erfahrungen, subjektive Empfindungen anknüpfen müssen und handlungs- bzw. anwendungsorientiert sein müssen. Diese Gedankengänge sind aber nicht als unbedingt neu zu bezeichnen. Sie haben in die Pädagogik unter dem Stichwort "learning complexity" Eingang gefunden.

Was aber alle genannten Autoren eint, ist die Tatsache, daß sich ihre Entwürfe ausschließlich auf die Bildungssysteme entwickelter Gesellschaften des Westens beziehen. Sie sind in ihrer Theorielastigkeit der pädagogischen Konzepte kaum oder gar nicht auf die Bildungssysteme z.B. der Dritten Welt anwendbar. Empirische Untersuchungen (von **Michelsen** zitiert) zeigen eindeutig, daß in (Entwicklungs-)Ländern mit unterentwickelten Bildungsstrukturen, die Umweltpolitik, ergo auch die Umweltbildung, nur eine marginale Rolle spielt. Ökonomische Entwicklung nimmt die oberste Priorität in der Rangfolge gesellschaftlicher Bedürfnisse und Ziele ein. Für diese Länder die oben genannten "Schlüsselqualifikationen" umzusetzen, erscheint in absehbarer Zukunft nur schwer erreichbar.

Anmerkungen

(1) Vgl. Deutsche Stiftung für internationale Entwicklung (Hrsg.), Entwicklungspolitisches Forum, Berlin 1997

Dirk Messner und Franz Nuscheler (Hrsg.), Institut für Entwicklung und Frieden, Weltkonferenzen und Weltberichte. Ein Wegweiser durch die internationale Diskussion, Bonn 1996

(2) u.a. Helga Eblinghausen/Armin Stickler (Hrsg.), Nachhaltigkeit und Macht. Zur Kritik von *sustainable development,* Frankfurt 1996

Christoph Spehr (Hrsg.), Die Ökofalle, Nachhaltigkeit und Krise, Wien 1996

Bernd Reef, Umweltpolitik im Kapitalismus, in: Johanna Klages/Peter Strutynski (Hrsg.), Kapitalismus am Ende des 20. Jahrhunderts, Hamburg 1997

Schwertfisch (Hrsg.), Zeitgeist mit Gräten, Politische Perspektiven zwischen Ökologie und Autonomie, Bremen 1997

(3) Bundesministerium für Umwelt, Naturschutz und Reaktorsicherheit. (Hrsg.), Konferenz der Vereinten Nationen *Umwelt und Entwicklung* im Juni 1992, in Rio de Janeiro, - Dokumente -, Agenda 21, Bonn, (o.J.).

Die Rolle der Umweltbildung im Leitbild nachhaltiger Entwicklung

Jürgen Mayer

1. Sustainability-Ethos als Perspektive der Umwelterziehung?

Die gegenwärtige Diskussion um die Weiterentwicklung und die Perspektiven der Umweltbildung sind maßgeblich durch das Leitbild der nachhaltigen Entwicklung („sustainable development") geprägt, das weltweit zu einem Schlüsselbegriff der Umweltpolitik der 90er Jahre geworden ist. Insbesondere durch die Konferenz der Vereinten Nationen zu „Umwelt und Entwicklung", 1992 in Rio de Janeiro, wurde dieses Konzept zur Leitlinie der Umweltpolitik, der sich mehr als 150 Regierungen verpflichtet haben. Mittlerweile haben sich nahezu alle politischen Gremien, von der UNO und der OECD, über die Enquête-Kommission des Bundestages (Enquête-Kommission 1993, 1994) und den Rat von Sachverständigen für Umweltfragen (RSU 1994) bis zum Wissenschaftlichen Beirat der Bundesregierung 'Globale Umweltveränderungen' (WBGU 1993), das Leitbild des „sustainable development" ausdrücklich zu eigen gemacht.

Innerhalb der Wissenschaften führen insbesondere Ökonomen, Ökologen und Sozialwissenschaftler einen interdisziplinären Diskurs über dieses Leitbild (Busch-Lüty u.a. 1992, Fritz/Huber/Levi 1992, ZAU 1994, Hübler/Weiland 1996, Linckh u.a. 1996, Kastenholz/Erdmann/Wolff 1996). Auf dessen Grundlage wurden zahlreiche Konzepte zur konkreten Umsetzung nachhaltiger Entwicklung vorgelegt, wie der neue Club-of-Rome-Bericht (Dieren 1995) oder die Studie 'Zukunftsfähiges Deutschland' des Wuppertal Institutes für Klima, Umwelt, Energie (BUND/MISEREOR 1996).

Die Verwirklichung des Konzepts der nachhaltigen Entwicklung ist auf einen gesamtgesellschaftlichen Lern- und Wandlungsprozeß angewiesen, der einen mehr oder minder tiefgreifenden kulturellen Wandel zur Voraussetzung hat (Enquete 1994, RSU 1995). Die Berichte, Gutachten und Stellungnahmen der umweltpolitischen Kommissionen schließen daher in der Regel Empfehlungen zur Neuausrichtung der Bildung auf eine nachhaltige Entwicklung ein (vgl. BMU o.J. a-c, Enquete 1993, 1994, RSU 1994, WBGU 1994), nach denen „geeignete pädagogische Konzepte zu entwikkeln (sind), damit Informationen, Aufklärung und Bildung ihre zentrale Rolle bei der Förderung nachhaltiger Entwicklung und der Verbesserung der Fähigkeit der Menschen, Umwelt- und Entwicklungsaufgaben gleichzeitig und koordiniert zu bewältigen, spielen können“ (Deutscher Bundestag 1992). Nach Meinung der Enquete-Kommission zum Schutz des Menschen und der Umwelt „wird es nicht ausreichen, vage nach einer 'Förderung des Umweltbewußtseins' zu rufen. Es bedarf viel grundlegenderer Bemühungen, sowohl in Forschung als auch in der darauf aufbauenden Bildung, um erst einmal ein Verständnis für die völlig neuartige Problematik zu wecken“ (Enquete 1994, 64).

Auch innerhalb der Umwelterziehung wird das Leitbild einer nachhaltigen Entwicklung diskutiert (Breiting 1994, Disinger 1990, Hale 1993, Jickling 1992, Slocombe/Van Bers 1991), zunehmend auch in der Bundesrepublik (vgl. z.B. de Haan 1995, Fischer 1995, Harenberg 1995, Ilien 1996, Jüdes 1995, Mayer 1995, 1996, 1997a, Michelsen 1994). Die entsprechenden Vorschläge reichen von der Einbeziehung neuer Inhalte bis zur „Forderung, dauerhaft-umweltgerechte Entwicklung zum Angelpunkt und Leitlernziel zukünftiger Umweltbildung überhaupt zu machen” (Boppel/Reichel 1995).

Jedoch ruft die Idee der nachhaltigen Entwicklung nicht nur Zustimmung, sondern auch kritische Stimmen hervor, in denen das Konzept als Leerformel und Worthülse bezeichnet wird und seine Umsetzungsmöglichkeit in praktisches Handeln in Frage gestellt wird. Eine weitere Kritik verweist darauf, daß aufgrund der Unschärfe des Begriffs ‘nachhaltiger Entwicklung’ die Gefahr besteht, daß dieser lediglich zur jeweiligen Legitimation ganz unterschiedlicher Interessen oder zur Verschleierung tieferliegenderer Konflikte eingesetzt wird. Damit wird deutlich, daß der konsensstiftenden Funktion dieses Leitbildes auf der einen Seite, eine große Vagheit auf der anderen Seite gegenüber steht, was nachhaltige Entwicklung konkret bedeutet und vor allem, wie sie verwirklicht werden soll.

Auf diesem Hintergrund soll im folgenden der Frage nachgegangen werden, welche Rolle der Umweltbildung im Konzept einer nachhaltigen Entwicklung zukommt. Zweifelsohne sind insbesondere die Disziplinen der Ökologie und der Ökonomie bei der Ausgestaltung und Umsetzung nachhaltiger Entwicklung gefragt. Was ist jedoch der mögliche Beitrag der Bildungswissenschaften, speziell der Umweltbildung?

Nach einem weit verbreiteten Verständnis - vor allem in der naturwissenschaftlichen Umweltforschung und in der Umweltpolitik - werden von den Bildungswissenschaften allenfalls Anleitungen erwartet, wie man eine als richtig erkannte Maßnahme in der Öffentlichkeit durchsetzen kann. Umweltbildung wird in diesem instrumentellen Verständnis neben Ökosteuer und wirtschaftlichen Anreizen als eines der Instrument zur Verwirklichung nachhaltiger Entwicklung gesehen. Dieses Verständnis greift zum einen zu kurz, indem es die Umweltbildung allein auf ihre Vermittlungsfunktion reduziert. Zum anderen wird an die Umweltbildung ein illusionäres und sozialtechnisches Verständnis über die soziale Machbarkeit von Verhaltensänderungen herangetragen, das den Aufgaben und Möglichkeiten von Umweltbildung nicht gerecht wird. Grundlegende Ziele der Bildung wie Selbstbestimmung verbieten geradezu die bloße unreflektierte Umsetzung eines vorgegebenen gesellschaftlichen Leitbildes oder die Anleitung zu einer ganz bestimmten Form des Umwelthandelns (siehe dazu den Beitrag von Bolscho in diesem Band).

Insofern muß die derzeit intensiv diskutierte Frage, was die Idee der nachhaltigen Entwicklung für die Umweltbildung bedeute, ob sie etwa neue Perspektiven eröffne, anders gestellt werden. Stellt man die Frage nämlich auf diese Weise, wird man dem Dilemma einer Instrumentalisierung der Umweltbildung nicht entgehen. Vielmehr muß die Frage umgekehrt lauten, welche Bedeutung die Umweltbildung für das Leitbild nachhaltiger Entwicklung hat. Geht man dieser Frage nach, zeigt sich, daß das Leitbild der nachhaltigen Entwicklung auf Umweltbildung als integralem Bestandteil angewiesen ist. *Umweltbildung ist somit nicht Instrument (oder nicht allein), sondern eine Bedingung der Möglichkeit nachhaltiger Entwicklung.*

Diese These soll in diesem Beitrag näher ausgeführt und begründet werden, indem ausgehend von einer Begriffsbestimmung ‘nachhaltiger Entwicklung’ aufgezeigt wird, daß diese nicht aus dem Gedankengebäude der Ökologie oder der Ökonomie ableitbar ist, sondern vielmehr einen umweltethischen Imperativ darstellt, der wesentlich auf den Werten der Gerechtigkeit und der Verantwortung aufbaut.

Anschließend soll an den drei wesentlichen Dimensionen des ‘sustainable development’ ausgeführt werden, daß sich das Gerechtigkeitspostulat auf einen Ausgleich zwischen ökonomischen, ökologischen und sozialen Interessen, zwischen den Bedürfnissen von Industrieländern und dritter Welt, sowie zwischen der gegenwärtigen Menschheit und zukünftigen Generationen bezieht.

Da diese Dimensionen und ihre Umsetzung in unterschiedliche Ziele und Strategien aber überaus konfliktträchtig sind, setzt die Verwirklichung nachhaltiger Entwicklung einen diskursiven Verständigungs- und Aushandlungsprozess voraus. Für diesen diskursiv, gesellschaftlichen Prozess der Konsens- und Entscheidungsfindung hat die Umweltbildung eine fundamentale Bedeutung, die als Qualifikationssfunktion, Abwägungsfunktion, Reflektionsfunktion und analytische Funktion beschrieben werden kann.

2. Nachhaltige Entwicklung - gerechte Verteilung natürlicher Ressourcen

Geprägt wurde der Begriff „sustainable development“ von der World Commission on Environment and Development (WCED) der Vereinten Nationen – nach ihrer Vorsitzenden, der norwegischen Politikerin, oft als Brundtland-Kommission bezeichnet. Im bereits 1987 vorgelegten Bericht „Our Common Future“ der Kommission wurde „sustainable development“ als Leitlinie für die zukünftige Umweltpolitik aller Länder der Erde verkündet (Brundtland-Report 1987, GOODLAND u. a. 1992). Nach dem dort beschriebenen Verständnis meint *Sustainable development, eine wirtschaftlich-gesellschaftliche Entwicklung, in der Ökonomie, Ökologie und soziale Ziele so in Einklang gebracht werden, daß die Bedürfnisse der heute lebenden Menschen befriedigt werden, ohne die Bedürfnisbefriedigung künftiger Generationen zu gefährden.*

Im deutschen Sprachraum stößt man auf eine Vielzahl von Übersetzungen des Begriffs, wie „dauerhafte Entwicklung“ (HAUFF 1987, WBGU 1993), „tragfähige“ oder „zukunftsfähige Entwicklung“ (SIMONIS 1991), „nachhaltige Entwicklung“ (WBGU 1993) und „dauerhaft-umweltgerechte Entwicklung“ (RSU 1994). Oftmals sind damit auch unterschiedliche Konzeptionen oder Schwerpunkte verbunden, jedoch werden die unterschiedlichen Begriffe z. T. auch synonym benutzt. Wie der Umweltrat betont, spricht einiges für eine Übersetzung als „nachhaltige Entwicklung“, da der Begriff der „Nachhaltigkeit“ über Jahrhunderte in der Forstwirtschaft als erhaltende Nutzung der natürlichen Lebensgrundlagen durch den Menschen im deutschen Sprachraum bereits eine eigene Tradition hat (HENNIG 1991).

Die neuzeitliche Karriere des Begriffs in seiner umweltpolitischen Definition begann im Jahre 1972 auf der ersten internationalen Umweltschutzkonferenz der Vereinten Nationen in Stockholm. Dort kam es zu einer Kontroverse darüber, wie weltweit zu ergreifende Umweltschutzmaßnahmen mit einer notwendigen wirtschaftlichen Entwicklung der Dritten Welt in Einklang zu bringen seien. In der Arbeit der nachfolgenden Kommissionen wurden die ökologischen Erfordernisse (ecological sustainability) und die ökonomischen Erfordernisse (economic development) zum Begriff des „sustainable development“ zusammengefaßt.

Die Notwendigkeit einer wirtschaftlichen Entwicklung wurde insbesondere deshalb gefordert, weil erstens die Umweltzerstörung in Ländern der dritten Welt zum Teil armutsbedingte Ursachen hat und deshalb eine Verbesserung des Wohlstandes notwendig ist, um Umweltbeeinträchtigungen zu vermeiden; zweitens, weil eine der zentralen Ursachen der Umweltgefährdung die Zunahme der Weltbevölkerung ist, und diese nur durch Anhebung der Lebensbedingungen gemindert werden kann; und zum dritten, weil den

Menschen im Süden des Globus ein Verzicht auf einen Lebensstandard, wie er in den Industrieländern üblich ist, mit dem Verweis auf die globalen Umweltprobleme moralisch nicht zuzumuten und politisch auch gar nicht umzusetzen ist.

Mit dem Begriff der nachhaltigen Entwicklung wurde also eine Wortkombination geprägt, bei der die beiden Aspekte, nämlich wirtschaftliche Entwicklung und Vermeiden von Umweltbelastungen in einer Vision vereint sind. Damit wurde eine konsensuelle Basis geschaffen, die alle wichtigen gesellschaftlichen Einflußgruppen im Norden wie im Süden der Erde anerkennen. Die Entwicklungsgeschichte dieses Leitbildes innerhalb der Umweltpolitik zeigt, daß es nicht etwa auf der Basis einer Theorie - einer ethischen, gesellschaftspolitischen oder ökologischen - entstanden ist, sondern vielmehr aus der Notwendigkeit und dem Willen zu einem globalen umweltpolitischen Konsens geboren wurde. Als gesellschaftliches Leitbild für die Zukunft soll die Idee der nachhaltigen Entwicklung die Verbesserung der ökonomischen und sozialen Lebensbedingungen der Menschen mit der Sicherung der natürlichen Lebensgrundlagen in Einklang bringen.

Die politische Bedeutung, die das Leitbild der nachhaltigen Entwicklung erlangt hat, beruht gerade darauf, daß sich der Begriff in den UN-Konferenzen für Umwelt und Entwicklung (UNCED) von seinem spezifisch ökologischen Bedeutungsinhalt gelöst und sich zu einem sektorübergreifenden Leitbild entwickelt hat, das nicht nur ökologische Probleme, sondern ebenso Fragen ökonomischer Produktivität und sozialer Gerechtigkeit einbezieht. Damit wird deutlich, daß *sustainable development* weit über das Konzept einer ökologischen Nachhaltigkeit hinausgeht, wie sie etwa innerhalb der Forstwirtschaft geprägt wurde. Nachhaltigkeit im ökologischen Sinne kann hilfreiche deskriptive Daten für die Formulierung von Umweltqualitätszielen bieten, jedoch keine normative Geltung beanspruchen. Gegen dieses Unterfangen sprechen nicht nur die Entstehungsgeschichte und die Definition dieses Begriffs, sondern auch prinzipielle Überlegungen ethischer Reflexion. So können normative Fragen prinzipiell nicht durch einen Rekurs auf die Natur, oder auf das scheinbar "natürliche" entschieden werden. Die Natur beschreibende Begriffe wie Nachhaltigkeit sind nicht selbst schon Normen oder normative Kriterien, sondern für die Normbildung wichtige deskriptive Prämissen. Das Problem besteht darin, daß von deskriptiven Aussagen über einen "Ist"-Zustand - wie die Nachhaltigkeit eines Ökosystems - nicht unmittelbar, ohne Hinzunahme weiterer Prämissen, präskriptiv auf ein "Soll" geschlossen werden kann. Ein solcher Schluß wird seit Moore, der an Hume anknüpft, als naturalistischer Fehlschluß bezeichnet. Die nicht seltene Praxis, beschreibende Aussagen über Ökosystemzusammenhänge in normativer Absicht zu gebrauchen ist somit ein problematischer und in sich widersprüchlicher naturalistischer Fehlschluß. Dieser wird in Anlehnung an den Begriff des "Biologismus" als Naturalismus (Honnefelder 1993, 1995) oder Ökologismus (Haber 1993, 1994a,b) bezeichnet (vgl. auch RSU 1993). Haber (1993) merkt kritisch an, daß es sich bei 80 % dessen, was unter Ökologie gehandelt wird - und zwar bis in die wissenschaftlichen Gefilde hinein - um einen solchen Ökologismus handelt.

Der Kerngedanke einer nachhaltigen Entwicklung ist daher nicht aus dem Gedankengebäude der Ökologie oder der Ökonomie ableitbar; Nachhaltigkeit ist kein normatives Naturprinzip, noch ein wissenschaftliches Konzept. Ökonomie, Ökologie und Sozialwissenschaften können dazu beitragen, die Rahmenbedingungen und die Wirksamkeit menschlichen Handelns hinsichtlich der Ziele von Nachhaltigkeit besser beurteilen zu können. Sie liefern aber keine Begründung für Nachhaltigkeit (Renn/Kastenholz 1996). Wenn Nachhaltigkeit gefordert wird, dann aus ethischen Gründen, aufbauend auf dem Prinzip der Gerechtigkeit. Nachhaltige Entwicklung ist daher in seinem Grundgedanken als ein umweltethischer Imperativ zu verstehen (Mayer 1995). Es ist damit mehr ein normativ fundierter Gestaltungsauftrag zum Umgang des Menschen mit der Natur und weniger ein in sich geschlossenes Lösungskonzept zu dessen konkreter, verantwortbarer Umsetzung.

3. Dimensionen einer Nachhaltigkeits-Ethik

Der nachhaltige Umgang mit der Natur bedarf als einer Sollensforderung einer normativen Prämisse. Diese ist das moralische Prinzip der Gerechtigkeit, und zwar zwischen verschiedenen Nutzergruppen innerhalb einer Nation (insbesondere zwischen Ökologie und Ökonomie), im internationalen Austausch (insbesondere zwischen Nord und Süd) sowie zwischen der heutigen und den zukünftigen Generationen. Damit lassen sich drei zentrale Dimensionen dieses Leitbildes ausmachen, nämlich Retinität, Globalität und Intergenerationalität (Mayer 1995, 1996, 1997a) (Abb.1).

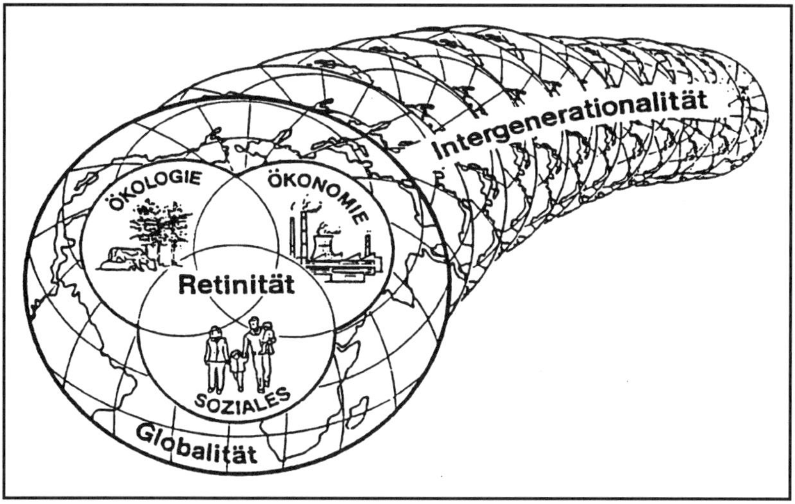

Abb. 1: Dimensionen des Leitbildes der nachhaltigen Entwicklung

Retinität - Natur als tragendes Netzwerk. Nach Meinung des „Rates von Sachverständigen für Umweltfragen“ besteht der entscheidende Erkenntnisfortschritt, der mit der Idee nachhaltiger Entwicklung erreicht wird, in der Einsicht, daß ökonomische, soziale und ökologische Entwicklung notwendig als eine innere Einheit zu sehen sind. Sie dürfen daher nicht voneinander abgespalten und gegeneinander ausgespielt werden (RSU 1994). Dieses Prinzip wird als Retinität, d. h. Gesamtvernetzung, bezeichnet.

Mit der Verwirklichung des Retinitätsprinzips soll der zunehmenden „Dysfunktionalität der Industriegesellschaft“ entgegengesteuert werden. Der Begriff Dysfunktionalität stammt von Al Gore, der damit das innere Auseinanderdriften von wichtigen Teilbereichen der demokratischen Gesellschaften bezeichnet. Der innere Zusammenhang zwischen Ökonomie, Ökologie und sozialen Systemen fällt auseinander, woraus sich Gefahren für die demokratische Gesellschaft insgesamt ergeben und das Konfliktpotential zwischen Staaten erhöht wird.

Eine nachhaltige Entwicklung muß daher eine umweltgerechte, an der Tragekapazität der ökologischen Systeme ausgerichtete Koordination ökonomischer Prozesse ebenso einschließen, wie soziale Ausgleichsprozesse zur Minderung armutsbedingter Umweltzerstörung (Abb. 2). Nach Meinung des Rates von Sachverständigen für Umweltfragen wird das Schicksal der Menschheit davon abhängen, ob und inwieweit es ihr gelingt, der wechselseitigen Abhängigkeit dieser drei Enwicklungskomponenten gerecht zu werden (RSU 1994).

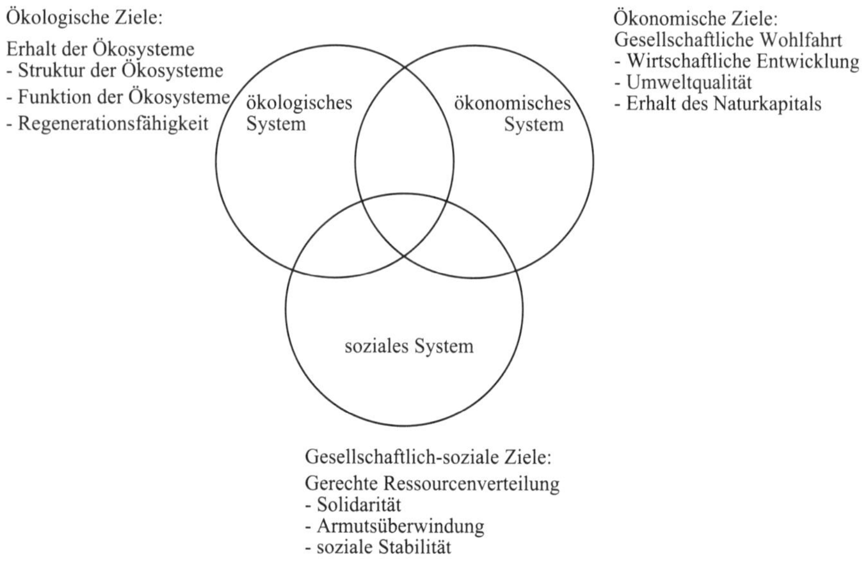

Abb. 2: Vernetzung ökologischer, ökonomischer und sozialer Ziele nachhaltiger Entwicklung (aus Mayer 1997a)

Globalität - Leben in globaler Nachbarschaft. Die derzeitigen Umweltprobleme zeigen in ihrer globalen Ausdehnung wie in ihrer zeitlichen Erstreckung eine neue Dimension und spannen damit einen Problemraum mit eigener Charakteristik auf (vgl. KRUSE 1995, LANTERMANN 1994, WBGU 1993). Die Folgen sind ein globaler Wandel (global change) in ökologischer, ökonomischer und sozialer Hinsicht.

Die globale Dimension nachhaltiger Entwicklung bezieht sich damit nicht nur auf die Art und das Ausmaß der Umweltbeeinträchtigungen, sondern ebenso auf die Art und Weise des ökonomisch geregelten Austausches mit der Natur. Die zunehmende Globalisierung der Wirtschaft macht die Berücksichtigung weitreichender Folgewirkungen von Entscheidungen auf lokaler und nationaler Ebene notwendig. Werden z. B. durch nationale Maximierung des Wirtschaftswachstums die Umweltverschmutzung erhöht und natürliche Ressourcen in dritten Ländern ausgebeutet, so werden dadurch u. U. nicht nur die Wachstumsaussichten anderer Länder in Frage gestellt, sondern auch die eigenen mittel- und langfristigen Wachstumsaussichten gefährdet.

Damit korrespondiert auch eine soziale Dimension des Problemraumes, nämlich die soziale Distanz zwischen Verursachern und Betroffenen. Die Betroffenen von Umweltveränderungen – verursacht durch die industrialisierten Länder – sind auch und gerade Menschen, die an entfernten, außerhalb des Erfahrungshorizontes der Verursacher liegenden Orten an den Umweltfolgen leiden. Aus der globalen Dimension nachhaltiger Entwicklung läßt sich daher - mit Rekurs auf die Werte Verantwortung und Gerechtigkeit - die Sicherung der Verteilungsgerechtigkeit bei der Nutzung der natürlichen Ressourcen innerhalb einer Generation bzw. zwischen Staaten, fordern. Dies bedeutet konkret als intragenerative Gerechtigkeit eine Angleichung der Lebensbedingungen zwischen entwickelten und unterentwickelten Ländern. Um diese Leitlinie zu stützen, bedarf es zum einen der Bekämpfung der Armut und damit der armutsbedingten Umweltzerstörung in den Entwicklungsländern. Zum anderen wird dies auch eine Verringerung des quantitativen Lebensstandards in den Industrieländern zur Folge haben.

Intergenerationalität - ein ökologischer Generationenvertrag. Die Möglichkeiten des Menschen seine Umwelt zu verändern nimmt immer größere Dimensionen an und reicht in immer weitere Zukunftshorizonte hinein. Die gegenwärtig am meisten diskutierten und drängendsten Umweltprobleme wie der Abbau des Ozonschildes und die Klimaänderung zeichnen sich insbesondere durch eine zeitliche Verzögerung zwischen ursächlichen Einwirkungen auf die Umwelt und den resultierenden Veränderungen derselben aus. Sie wirken damit auf die Lebensumstände nachfolgender Generationen ein.

Aufgrund der intergenerativen Dimension nachhaltiger Entwicklung erlangt die Frage nach der Zukunftsverantwortung besondere Aktualität (Leist 1991, Bayertz 1995, Birnbacher 1995). Sofern man das Postulat der Chancengleichheit für alle Menschen ernst nimmt, müssen die heute möglichen Chancen, einen bestimmten Lebensstil zu pflegen, auch für kommende Generationen im Prinzip verallgemeinerungswürdig sein. Integraler Bestandteil nachhaltiger Entwicklung ist daher eine Zukunftsverantwortung, die auf eine intergenerationelle Gerechtigkeit abhebt. Sie verlangt die Übernahme von Verantwortung nicht nur innerhalb einer Generation, sondern vor allem auch zwischen den Generationen. Damit fordert sie einen Generationenvertrag nicht nur im sozialen, sondern auch im ökologischen Bereich.

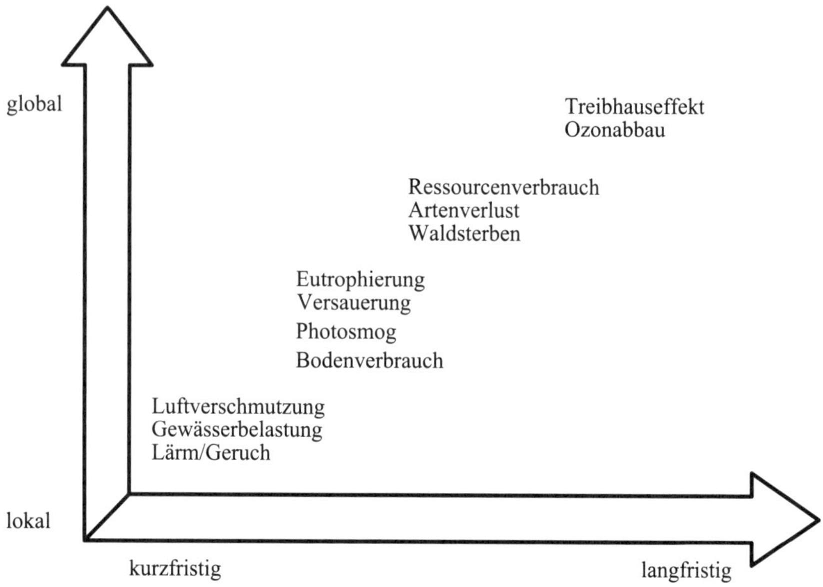

Abb. 3 Typisierung von Umweltproblemen nach Raum- und Zeitskalen (Mayer 1997b)

Die Vernachlässigung der langfristigen Folgen menschlichen Handelns weist in genereller Hinsicht darauf hin, daß die Zeitdimension innerhalb der Wechselwirkung von Mensch und Natur bislang nicht angemessen berücksichtigt wurde. Dabei geht es nicht nur um die zeitlich weitreichenden Einwirkungen und Veränderungen, sondern um die Dimension der Zeit generell. Betrachtet man den Haushalt der Natur, bzw. die Wechselwirkungen zwischen Mensch, Gesellschaft und Natur nicht nur in stofflicher und energetischer, sondern ebenso in zeitlicher Hinsicht, so erscheinen einige Umweltveränderungen nicht an sich als problematisch, sondern lediglich die Geschwindigkeit mit der sie erfolgen. So nimmt sich beispielsweise das Ausmaß der anthropogen bedingten Klimaänderung, gemessen an erdgeschichtlichen Ereignissen recht bescheiden aus. Es ist aber die Geschwindigkeit, mit der diese erfolgt, die die Möglichkeiten der Natur zur Anpassung übersteigt.

Die anthropogene Beschleunigung ökologischer Prozesse und das Auseinanderfallen natürlicher und kulturell-gesellschaftlicher Rhythmen muß letztlich als eine der Ursachen derzeitiger Umweltprobleme gesehen werden. Die moderne Lebensform des Menschen geht mit einer fortschreitenden Emanzipation aus den naturgegebenen Zeitordnungen einher. Künstliche Beleuchtung und Klimatisierung, sprunghafte Wechsel von Jahreszeit und Zeitzonen, Nachtarbeit sind Kennzeichen dieser Entwicklung. Dies wirft die Frage auf, bis zu welchem Grad der Mensch seine inneren wie äußeren ökologischen Grundlagen stören und deren Zusammenhang mit den geophysikalischen Zeit-Ordnungen aufheben kann. Die Vorstellung von der vollständigen Souveränität der kulturellen von der natürlichen Zeitordung ist eine Illusion. Die natürliche Zeitordnung bleibt wirksam, wenngleich sie bis zu einem gewissen Grad überspielt werden kann - allerdings mit ökologischen Folgen.

Im Unterschied zur komplementären Dimension Raum wurde Zeit bisher nicht vergleichbar in ökologische Überlegungen einbezogen. Die große Bedeutung der Zeit für ökologische Fragestellungen als zentrale Schnittstelle zwischen natürlichen und kulturellen Systemen wird erst seit kurzem explizit berücksichtigt (Enquete 1994, Graßl 1993, Haber 1995, Kümmerer 1993, Schönwiese 1995). Aus der Berücksichtigung der Zeitdimension der Umweltproblematik läßt sich folgern, daß das Zeitmaß anthropogener Einträge bzw. Eingriffe in die Umwelt im ausgewogenen Verhältnis zum Zeitmaß der natürlichen Prozesse stehen muß. Dementsprechend formuliert die Enquete-Kommission des Bundestages (1993, 1994) die Einpassung von Stoff und Energieströmen in natürlich gegebene Zeitrhythmen als eine der vier grundlegenden Regeln des Konzeptes der nachhaltigen Entwicklung (sustainable development). Die Studie „Zukunftsfähiges Deutschland" des Wuppertal-Institutes entwirft darauf aufbauende Leitbilder der „Entschleunigung" und der „Zeitqualität" (BUND/MISEREOR 1996) Ein wichtiger Gesichtspunkt innerhalb nachhaltiger Entwicklung ist daher die Entfaltung einer „Zeit-Ökologie", d. h. die Verlangsamung von Stoff- und Energieströmen und ihre Einpassung in natürlich gegebene z.T. langfristige Zeitrhythmen (Enquête-Kommission 1994, Held und Geißler 1993, 1995, Schneider u. a. 1995, Mayer 1997b).

Alle drei genannten Dimensionen nachhaltiger Entwicklung werfen bei genauerer Analyse zahlreiche Probleme auf. So darf das Retinitätsprinzip nicht im Sinne eines Harmoniemodells verstanden werden. Vielmehr handelt es sich um ein Verhältnis konfliktgeladener Spannungen. Die Widersprüche zwischen Ökonomie und Ökologie, die in der Vergangenheit den Umweltdiskurs bestimmten, bestehen auch im Leitbild der nachhaltigen Entwicklung weiter. Neu ist allerdings, daß zunehmend Konzepte einer integrativen Betrachtung von Ökonomie und Ökologie ausgearbeitet werden und auch Gehör finden (vgl. z.B. Immler 1993). Allerdings wirft die Vernetzung von Ökologie und Ökonomie auch neue Probleme auf, beispielsweise das einer „Monetarisierung" von Natur, d.h. z.B. die Berechnung des Geldwertes einzelner Tier- und Pflanzenarten. Auch die Globalisierung als die bestimmende Tendenz der gegenwärtigen Ökonomie zieht eine Vielzahl von Problemen und Nachteilen für Entwicklungsländer nach sich (Martin/Schumann 1996). Und nicht zuletzt erscheint die intergenerative Verantwortung nur einlösbar, wenn man angibt, bis zu welcher Generation man Verantwortung übernehmen will, bzw. mit wieviel Generationen man die verfügbaren Ressourcen teilen will (vgl. dazu den Beitrag von de Haan in diesem Band). Insofern beinhaltet jede der genannten drei Dimensionen nachhaltiger Entwicklung alte und neue Probleme, deren konzeptionelle und praktische Lösung noch aussteht. Damit nicht genug, können auch Dilemmata zwischen diesen drei Dimensionen auftreten, z.B. bei der Frage, ob die Umwelt- und Lebensqualität der Menschen in den Enwicklungsländern auf Kosten der zukünftigen Generationen gesteigert werden darf.

4. Die Funktion der Umweltbildung im Sustainability-Diskurs

In der Vision nachhaltiger Entwicklung sind - wie zuvor aufgezeigt - die globalen umweltpolitischen Erfordernisse (Retinität, Globalität, Intergenerationalität) auf der Basis normativer Rahmenbedingungen (Gerechtigkeit und Verantwortung) formuliert. Diese müssen als umweltpolitische Ziele, als Managementregeln der Ressourcennutzung, als Umsetzungsstrategien und Instrumente zunehmend konkretisiert und in praktisches Handeln umgesetzt werden (Tab. 1). Dabei müssen auf allen Ebenen Umweltziele, Prioritäten, Optionen und Strategien diskursiv und situationsspezifisch ausgehandelt werden. Nachhaltigkeit wird daher nicht in der genauen Befolgung ganz bestimmter Rezepte, sondern durch diskursiv gestaltete Prozesse der Konsens- und Entscheidungsfindung erreicht. Daraus folgt, daß neben ökologischen und ökonomischen Aspekten auch die Strukturen und Prozesse sozialer Kommunikation und politischer Konstitution sowie lebensweltliche Elemente integriert werden müssen (Renn/Webler 1994).

Tab.1	Ebenen und Themen des Nachhaltigkeits-Diskurses
Umweltethische Dimensionen	Retinität Globalität Intergenerationalität
Umweltpolitische Ziele	Erhalt der Umweltfunktionen Gesellschaftliche Wohlfahrt Gerechte Ressourcenverteilung
Management des Naturkapitals	Nachhaltige Nutzung erneuerbarer Ressourcen Minimale Nutzung nicht erneuerbarer Ressourcen Erhalt der Pufferkapazitäten der Natur
Umsetzungsstrategien	Effizienzstrategie Konsistenzstrategie Suffizienzstrategie Substitutionsstrategie
Instrumente	Ordnungspolitische Maßnahmen Wirtschaftliche Anreize Planungsbezogene Maßnahmen Information, Bildung, Ausbildung

In Anlehnung an Funktionen, die den Sozialwissenschaften im allgemeinen (Renn/Kastenholz 1996) und der Umweltbildung im besonderen (Westholm 1996) innerhalb der Umweltpolitik zukommen, sowie im Kontext allgemeiner Bildung (Bildungskommission NRW 1995, Schecker u.a. 1996, Heymann 1997) kann die spezifische Bedeutung der Umweltbildung im Sustainability-Diskurs mit deren Qualifizierungsfunktion, Abwägungsfunktion, Reflexionsfunktion und Analysefunktion beschrieben werden.

4.1 Qualifizierungsfunktion - Information und Ausbildung

Umweltbildung ist als Praxisfeld ein Teilbereich der allgemeinen Bildung, als Wissenschaft eine interdisziplinäre Hochschuldisziplin. Als Bildungsbereich kommt ihr im Kontext allgemeiner Bildung die Aufgabe der Lebensvorbereitung, der Welterschließung und der Qualifizierung der Lernenden zu. Sie setzt sich daher curricular und didaktisch mit dem jeweiligen Bildungs- und Sozialwert von fachwissenschaftlichen Erkenntnissen, moralischen Normen, Leitbildern und gesellschaftspolitischen Strategien im Kontext des Mensch-Natur-Verhältnisses auseinander. Dies gilt für die Praxis und die Wissenschaft der Umweltbildung gleichermaßen.

Für das Leitbild der nachhaltigen Entwicklung nimmt die Umweltbildung insofern eine wichtige Funktion wahr, als mit diesem Leitbild bislang vernachlässigte Dimensionen globaler Umweltpolitik sowie neue wissenschaftliche Konzepte und Begriffe verbunden sind, die erst einmal in den öffentlichen Umwelt-Diskurs eingebracht werden müssen. Dies bedeutet, daß Kinder, Jugendliche und Erwachsene durch Information und Ausbildung für den Umweltdiskurs sowie für ein verantwortbares Umwelthandeln qualifiziert werden müssen. Auf der normativen Ebene müssen Werte wie inter- und intragenerative Gerechtigkeit, Zukunftsverantwortung und Retinität thematisiert werden; auf der deskriptiv-analytischen Ebene Konzepte wie Tragekapazität, Umweltraum, ökologische System-Zeiten (Mayer 1997b), natürliche Ressourcen, Umweltfunktionen (Mayer 1996) u.a.; auf der strategisch-instrumentellen Ebene sind schließlich Suffizienz, Effizienz (vgl. Huber 1995), Ökobilanz, ordnungspolitische und fiskalische Instrumente (Ökosteuern) zu nennen (Tab. 1).

Der Umweltbildung kommt im Leitbild der nachhaltigen Entwicklung somit eine bedeutende Funktion zu, indem sie die verschiedenen Dimensionen dieses Leitbildes und die unterschiedlichen Strategien und Instrumente ihrer Umsetzung an konkreten Themen für Lehr-Lernprozesse ausarbeitet, den Lernenden diesbezügliches Sachwissen vermittelt und sie damit zur Teilnahme am Umweltdiskurs befähigt, bzw. sie für die Bewältigung konkreter Anforderungen im Alltag und Beruf qualifiziert.

Die Bezugnahme auf die Idee nachhaltiger Entwicklung wird daher sicherlich mit einer Erweiterung und Aktualisierung von Lerninhalten innerhalb der Umwelterziehung verbunden sein, insbesondere in Hinblick auf die Integration ökonomischer Bildungsinhalte (vgl. Krol 1993, 1996). Beispiele sind die nachhaltige Nutzung der biologischen Vielfalt (John/Ludwichowski/Mayer 1996), die Ökonomie der Biodiversität (Mayer 1996) sowie die Ökobilanzierung nachwachsender Rohstoffe (Rupprecht/Mayer 1997). Soll allerdings die Vielzahl und Vielfalt sowie die damit verbundene Komplexität von Unterrichtsthemen - insbesondere durch die neue Thematik der ökonomischen Aspekte - nicht bis zu einem nicht mehr vermittelbaren Grad zunehmen, scheint die Bestimmung eines Kerncurriculums für die Umweltbildung notwendig. Dieses böte zum einen die Möglichkeit, in stärkerem Maße als bisher geschehen, den exemplarischen Bildungsgehalt von Unterrichtsthemen herauszuarbeiten und zum anderen, die Grundlage für einen fächerkoordinierten und interdisziplinären Unterricht zu schaffen, in welchem ökologische, ökonomische und soziale Aspekte miteinander vernetzt sind.

4.2 Abwägungsfunktion - was ist gerecht?

Auf nahezu allen Ebenen des Konzeptes nachhaltiger Entwicklung (Tab. 1) zeigt sich, daß die ethischen Dimensionen, politischen Ziele, Strategien und Instrumente teilweise konfligieren können oder zumindest Alternativen darstellen. Das Wesen nachhaltiger Entwicklung ist daher nicht allein wissenschaftlich zu fassen, sondern ist einer Interpretation und Gewichtung durch die Menschen - und damit zwangsläufig einem Aushandlungsprozess

- unterworfen. Die Wahrnehmung und Bewertung von Umwelt und natürlichen Ressourcen sind raum- und gesellschaftsspezifisch und ändern sich im Laufe der Zeit. Welchen Ressourcen heute und in Zukunft besondere Bedeutung zukommt, wieweit wir in die Zukunft blicken wollen, um den Ansprüchen zukünftiger Generationen zu entsprechen, bedeutet ein Abwägen der unterschiedlichen Deutungen, Erkenntnisse, Visionen und Möglichkeiten.

Allein im Bereich der ethischen Dimension nachhaltiger Entwicklung können sich vier generelle Probleme der Ethik und Moral auftun, die eine entsprechende Abwägung unterschiedlicher Prämissen, Werte und Handlungen notwendig machen.

Erstens ergeben sich moralische Probleme aus dem Konflikt zwischen dem moralisch Gebotenen auf der einen, und den außermoralischen Handlungsantrieben auf der anderen Seite. Wir wissen aus der Umweltpsychologie, daß unsere unmittelbaren Wünsche und kurzfristigen Interessen nach Bedürfnisbefriedigung unserer Umweltmoral z.T. widersprechen. Geradezu paradigmatisch dafür ist der Konflikt zwischen dem Interesse der heute Lebenden an einem möglichst hohen Lebensstandard, d.h. an ihrer unmittelbaren Bedürfnisbefriedigung, und dem Anspruch der künftigen Generationen auf die Nutzung natürlicher Ressourcen, bzw. dem Grad der Verantwortung, den man diesen Menschen gegenüber einräumt. Dies bedeutet, daß der Konflikt zwischen dem moralischen Wert der Verantwortung und der unmittelbaren Bedürfnisbefriedigung in einem Abwägungsprozess ausbalanciert werden muß.

Ein zweites moralisches Problem entsteht aus der Beziehung zwischen moralischer Bewertung und den dabei relevanten empirischen Fakten. Eine ethische Reflexion muß sich auch auf empirische Fakten einlassen, da sich aus Normen allein nämlich keine Bewertungen konkreter Handlungen oder Handlungsoptionen deduzieren lassen. Hierbei ist es eine Frage der Abwägung, welche Daten als relevant und wann die Daten als hinreichend für eine Handlungsentscheidung erachtet werden. Solche Fakten sind zum Beispiel die Schätzungen der natürlichen Ressourcen, die den Rahmen abstekken, welche Menge an Ressourcen zwischen Staaten und Generationen gerecht zu verteilen ist. Weitere wichtige Fakten sind die prognostizierten Umweltveränderungen, wie Klimaänderung, Ozonausdünnung und Bodendegradation, die den empirischen Rahmen der Möglichkeit abstecken, daß zukünftige Generationen ihre Lebensbedürfnisse in gleichem Maß wie wir befriedigen können.

Drittens können Probleme aus Konflikten zwischen unterschiedlichen Werten entstehen; es können in ein und derselben Situation mehrere Werte tangiert werden, wodurch sich die Frage ergibt, ob und wie sie zu lösen sind. Beispielsweise kann hinsichtlich der Frage der Durchsetzung des Gerechtigkeitsgebotes ein Konflikt mit der freien Entfaltung der Persönlichkeit auftauchen. Auch können sich zwischen den drei Dimensionen Retinität, Globalität und Intergenerationalität moralische Dilemmata ergeben und auch innerhalb einer Dimension bestehen z.T. Widersprüche, z.B. zwischen Ökonomie, Ökologie und Sozialem (Birnbacher/Schicha 1996). Insofern ist die ethische Basis nachhaltiger Entwicklung selbst nicht frei von moralischen Dilemmata.

Schließlich und endlich ergibt sich ein Problem bei der Begründung moralischer Normen. Obwohl ein grundlegender Wert wie Gerechtigkeit allgemein anerkannt wird, ist es Aufgabe einer rationalen Auseinandersetzung mit solch einem Wert, bzw. daraus abgeleiteten Leitbildern, nach einer ethische Begründung zu fragen, also beispielsweise danach, was unter Gerechtigkeit zu verstehen ist und wie das Prinzip der Gerechtigkeit begründet werden kann. Sustainable development erreicht gerade deshalb einen großen Konsens, weil die Notwendigkeit eines nachhaltigen Umgangs mit der Natur mit dem allgemein anerkannten Wert der Gerechtigkeit - und zwar innerhalb und zwischen Generationen - begründet wird. Die Ethik dieses Leitbildes ist daher eine utilitaristische, letzter Verweisgrund das Wohlergehen der Menschen. Nicht zufällig ist der Wert der Gerechtigkeit der zentrale Bezugspunkt einer Wirtschaftsethik (Meran 1991). Dem gegenüber stehen ethische Konzeptionen, die eine anthropozentrische Ethik kritisieren und einen Schutz der Natur um ihrer selbst willen fordern. Dies bedeutet, daß sich auch auf der Ebene der ethischen Begründung Konflikte z.B. zwischen anthropozentrischer und biozentrischer Begründung ergeben können (Birnbacher 1991).

Obwohl also nachhaltige Entwicklung einen sinnvollen und konsensfähigen Rahmen bietet, eine zukunfsfähige Gesellschaftsgestaltung in einem diskursiven Prozess zu erarbeiten, sind die moralischen Prämissen und Werte nicht frei von möglichen Dilemmata. Die moralisch richtige Handlungsweise ergibt sich nicht aus dem kleinsten gemeinsamen Nenner, noch aus einem entweder - oder, sondern vielmehr aus einem Prozess des Abwägens und Ausgleichens divergierender Interessen. Umweltbildung kann Hilfestellung bei der Abwägung solcher moralischer Konflikte geben. Neben dem Verständnis der ethischen Prämissen und Werte nachhaltiger Entwicklung scheint die zentrale Aufgabe, eine ethische Diskursfähigkeit zu vermitteln, in der Umweltfragen von einer Vielzahl von Standpunkten aus betrachtet und der Umgang mit konkurrierenden Werten und Wertehierarchien thematisiert und reflektiert wird (Heid 1992). Ein ökologisch-ethischer Diskurs ist daher ein zentrales Element von Umweltbildung innerhalb des Konzeptes nachhaltiger Entwicklung (Abb. 5).

a) *Ausgangslage*: Konflikt, kontroverse Ansprüche, umstrittene Normen

b) *Konstituierung einer Diskursgemeinschaft*: alle von dem Problem und von der angestrebten Regelung Betroffenen

c) *Festlegung der Verfahrensregeln*

d) *praktischer Diskurs*:

- Sachliche Orientierung (Zusammentragen von Laienwissen und Expertenwissen)
- Besprechung der vorhandenen Werthaltungen und kulturellen Hintergründe
- Diskussion von Leitbildern
- Konsultation von Gruppen, die von ähnlichen Problemen betroffen sind
- Entwurf von Handlungsoptionen und Folgenkalkulationen in Szenarien
- Diskussion der Szenarien
- Entscheidung (Konsens, Kompromiss, Vertagung)
- Abstimmung und Vernetzung mit anderen Instanzen und Gruppen

d) *Umsetzung der Entscheidung*

Abb. 5: Modell ökologisch-ethischer Diskurse (nach Lesch 1996)

4.3 Reflektionsfunktion - Berücksichtigung der eigenen Situation

Auch ein noch so evidentes Leitbild - wie nachhaltige Entwicklung - ist eingebunden in einen kulturellen und zeitlichen Kontext. Dies bedeutet, es ist nicht voraussetzungslos, sondern geht von bestimmten Prämissen, Traditionen und Werten aus, setzt bestimmte Prioritäten und analysiert Zusammenhänge. Auch eine Kardinaltugend wie Gerechtigkeit bedarf der Auslegung und Konkretisierung in spezifischen Kontexten, d.h. Klärung der Frage, was hinsichtlich der unterschiedlichen Bedürftigkeit, Fähigkeiten, Möglichkeiten und Chancen von Menschengruppen, Staaten und Generationen gerecht ist. Normative Überlegungen ergeben insofern nur einen allgemeinen Beurteilungsmaßstab, der noch mit verschiedenen Sachgesetzlichkeiten und konkreten Bedingungen der jeweiligen Lebenswelt und Handlungssituation vermittelt werden muß.

Umweltverantwortung ist damit keine feststehende Eigenschaft oder Zustandsbeschreibung, sondern ein dynamischer Prozess, der immer wieder gestützt und stimuliert werden muß. Es muß daher eine Rückbindung an den eigenen Kontext, die persönlichen Vorstellungen, Werte, Handlungsmöglichkeiten und -kompetenzen erfolgen.

Dies bedeutet auch, daß die psychologische Dimension unseres Umganges mit der Natur explizit zum Thema der Umweltbildung gemacht werden muß. Der persönliche Bezug zu Umweltproblemen - insbesondere bei Kindern und Jugendlichen - ist wesentlich durch affektiv-emotionale Anteile bestimmt, wie Krisengefühle (Angst, Hilflosigkeit), Abwehrstrategien, Zukunftshoffnungen und -angst, aber auch durch positive Aspekte subjektiven Naturerlebens. Wie Heranwachsende auf Umweltprobleme und Fragen der Zukunftssicherung reagieren, ist daher wesentlich durch das persönliche Konzept umweltbezogener Selbstkompetenz geprägt, d.h. durch die Einschätzung ihrer eigenen Kompetenz (self-efficacy) und der Handlungswirksamkeit (locus of control), des persönlichen Verantwortungsempfindens (personal responsibility) und der individuellen Bewältigungsstrategie bei Umweltbedrohungen (coping). Dem Selbst kommt dabei die Aufgabe zu, Können (Kompetenz) und Wollen (Motivation) in ein kohärentes Bild der eigenen Persönlichkeit zu integrieren. Zielgerichtete Handlungen können nur dann erfolgreich geplant und ausgeführt werden, wenn Wahrnehmung, Denken, Fühlen und Verhalten sich nicht gegenseitig blockieren, sondern in ihrem Zusammenwirken eine einheitliche Orientierung des Handelns stiften und gleichzeitig mit zentralen Aspekten des Selbstwertgefühls verbunden sind.

Die Vernetzung von Ökologie, Ökonomie und Sozialem im Leitbild der nachhaltigen Entwicklung verlangt mehr denn je, unterschiedliche Aspekte der eigenen Lebenswelt - z.B. Interesse an einer gesunden Umwelt, Erhaltung des Arbeitsplatzes, Freizeitbedürfnisse, Solidarität mit Menschen in der 3. Welt - in ein kohärentes Persönlichkeitsbild zu integrieren, aus dem ein Umwelthandeln erfolgen kann.

Daher wird die reflexive Kompenente der Umweltbildung stärker als bisher Beachtung finden müssen. Da sich aus dem Leitbild nachhaltiger Entwicklung z.T. divergierende Handlungsmöglichkeiten ableiten lassen, müssen die Lehr-Lernprozess auf *Handlungs-Kompetenz, im Sinne des Umgangs mit divergierenden Handlungsmöglichkeiten,* ausgerichtet sein. Der Begriff der Handlung intendiert, daß den handelnden Personen Möglichkeiten eingeräumt werden, die Normen und Regeln sowie die Ziele und Mittel, aufgrund derer sie handeln oder handeln sollen, überhaupt erst auf ihre Geltung hin zu prüfen oder nur auf sich selbst, ihr eigenes Wissen und Können zu beziehen. Mit dem Begriff der Kompetenz soll die Fähigkeit zu situationsübergreifendem Handeln betont werden, auch und gerade in Situationen, die zum Zeitpunkt der Ausbildung der entsprechenden Kompetenz noch nicht eindeutig vorauszusehen waren. Umweltkompetenz im Kontext nachhaltiger Entwicklung verlangt daher unterschiedliche Handlungsoptionen zu erkennen, kritisch zu reflektieren und in persönliche Handlungsentscheidungen umzusetzen. Nur so kann der hohen Komplexität und der Vielzahl möglicher Handlungssituationen in der Lebenswirklichkeit sowie dem antizipierenden Charakter des Umwelthandelns entsprochen werden.

4.4 Analytische Funktion - Umweltbildung als Wissenschaft

Qualifikation, Abwägung und Reflexion müssen auf einer empirischen Basis aufbauen, welche kognitiven, moralischen und handlungsbezogenen Kompetenzen Menschen benötigen, um ihr Umwelthandeln verantwortbar zu gestalten. Das richtige Maß durch Abwägung und Reflektion gefunden zu haben, heißt noch lange nicht, dies auch umsetzen zu können. Die Umweltbildungsforschung kann wesentlich dazu beitragen, systematische Erkenntnisse über den Prozess der Wissensgenerierung, der diskursiven Verständigung über Umweltfragen und letztendlich über die Bedingungen umweltverantwortlichen Handelns zu gewinnen. Insofern kommt der Forschung zur Umweltbildung, als Teil einer Humanwissenschaftlichen Umweltforschung, große Bedeutung zu.

Allerdings wird hinsichtlich der Umweltforschung in Deutschland allgemein ein Rückstand im Bereich der humanwissenschaftlichen Umweltforschung (Wirtschafts-, Rechts-, Geistes- und Sozialwissenschaften sowie Psychologie) gegenüber der naturwissenschaftlichen beklagt (DFG 1992, Hempel 1995, Wissenschaftsrat 1994). Generelle Defizite der humanwissenschaftlichen Umweltforschung, sowie speziell der Umweltbildungsforschung - vor allem mit Blick auf ihre Rolle innerhalb der Forschung zur nachhaltigen Entwicklung - bestehen in:

- der insgesamt zu geringen Forschungsaktivität,
- der defizitären Kooperation der verschiedenen Humanwissenschaften untereinander (z.B. Umweltbildung, Ethik, Wirtschaftspädagogik)
- der unzureichenden interdisziplinären Kooperation mit Natur- und Technikwissenschaften,
- der fehlenden nationalen und internationalen Forschungskooperation zur Erfassung globaler Aspekte.

Soll Umweltbildung als Wissenschaft ihrer Rolle bei der diskursiven Ausgestaltung und Umsetzung nachhaltiger Entwicklung gerecht werden, muß (1) die Umweltbildungsforschung intensiviert werden. Diese muß (2) selbst interdisziplinär gestaltet werden. Das heißt, Interdisziplinarität muß nicht nur als Unterrichtsprinzip, sondern ebenso als Forschungsprinzip verwirklicht werden. (3) Sollte die Innovations-, Implementations- und Evaluationsforschung durch grundlagenorientierte Lehr-Lernforschung ergänzt werden, in der spezifische Fragen des Lehrens und Lernens für die Domäne 'Umweltbildung' erforscht werden. Dabei sollten sich (4) die Forschungsfragen auf die spezifischen Altersgruppen der Umweltbildung beziehen, d.h. stärker als bisher die besonderen Bedingungen von Kindern und Jugendlichen berücksichtigen und erforschen.

Im Kontext des Leitbildes nachhaltiger Entwicklung bildet sich zunehmend ein Selbstverständnis humanwissenschaftlicher Umweltforschung heraus (vgl. z.B. Kaufmann-Hayoz/di Giulio 1996). Für die Zukunft der Umweltbildung ist es von großer Bedeutung, an deren Ausdifferenzierung, Profilierung und Etablierung an den Hochschulen mitzuwirken.

5. Resümee und Ausblick

Mit dem Begriff der nachhaltigen Entwicklung wurde eine Wortkombination geprägt, bei der die beiden Aspekte, nämlich wirtschaftliche Entwicklung und Vermeiden von Umweltbelastungen in einer Vision vereint sind. Damit ist eine konsensuelle Basis geschaffen, die alle wichtigen gesellschaftlichen Einflußgruppen im Norden wie im Süden der Erde anerkennen.

Sustainable Development bietet damit eine Zielvorgabe und ein Fundament für einen sachlich gerechtfertigten und ethisch begründbaren Umgang des Menschen mit der Natur, der notwendigerweise relativ offen formuliert ist. Eine gewisse Unbestimmtheit ist daher ein konstitutives Element dieser Leitidee, ohne die ein Konsens nicht möglich wäre. Dies bedeutet aber auch, daß die in dieser Vision angelegten Widersprüche, moralischen Dilemmata und Zielkonflikte in einem diskursiven Prozeß in einer jeweils konkreten Situation von den Beteiligten immer neu verhandelt werden müssen. Der Konsens, der mit dem Leitbild nachhaltiger Entwicklung ausgedrückt wird, ist daher kein statischer, einmal und damit für die Zukunft erreichter, sondern vielmehr ein immer wieder, in spezifischen Situationen und zwischen unterschiedlichen Gruppen herzustellender.

Die Rolle der Umweltbildung besteht daher nicht so sehr darin, zu vermitteln, was nachhaltige Entwicklung 'objektiv' sei, sondern vielmehr am Prozess mitzuwirken, dieses Leitbild in spezifischen Situationen - die innerhalb der Umweltbildung Lehr-Lernsituationen sind - mit Inhalt zu füllen, auszudifferenzieren und zu konkretisieren. Die Umweltbildung ist damit nicht allein ein Instrument nachhaltiger Entwicklung, sondern als wissenschaftliche Disziplin wesentlicher Bestandteil einer wissenschaftlichen Behandlung des Nachhaltigkeitskonzeptes, und als Praxisfeld Teil des gesellschaftlichen Gestaltungsprozesses, der eine verantwortungsvolle Umweltpolitik erst ermöglicht. Insofern wird die Schaffung einer Bildungskultur, die die Bedingungen für einen solchen gesamtgesellschaftlichen Lernprozess bereitstellt, zu den grundlegenden kulturellen Bedingungen gehören, die eine nachhaltige Entwicklung ermöglichen.

6. Literatur

Bayertz, K. (Hrsg.): Verantwortung. Prinzip oder Problem? Darmstadt: Wiss. Buchges. 1995.

Bildungskommission NRW: Zukunft der Bildung - Schule der Zukunft. Berlin: Luchterhand, 1995.

Birnbacher, D.: Verantwortung für zukünftige Generationen. Stuttgart: Reclam, 1995.

Birnbacher, D.: Mensch und Natur. Grundzüge der ökologischen Ethik. In: Bayertz, K. (Hrsg.): Praktische Philosophie. Grundorientierung angewandter Ethik. Reinbek bei Hamburg: Rowohlt, 1991.

BMU, Bundesminister für Umwelt, Naturschutz und Reaktorsicherheit: Umweltpolitik: Bericht der Bundesregierung über die Konferenz der Vereinten Nationen für Umwelt und Entwicklung im Juni 1992 in Rio de Janeiro. Bonn, o.J., a.

BMU, Bundesminister für Umwelt, Naturschutz und Reaktorsicherheit: Umweltpolitik: Konferenz der Vereinten Nationen für Umwelt und Entwicklung im Juni 1992 in Rio de Janeiro - Dokumente/Agenda 21. Bonn, o.J., b.

BMU, Bundesminister für Umwelt, Naturschutz und Reaktorsicherheit: Konferenz der Vereinten Nationen für Umwelt und Entwicklung im Juni 1992 in Rio de Janeiro - Dokumente/Konvention über die biologische Vielfalt u.a. Bonn, o.J., c.

Boppel, W. u. Reichel, N.: Acht Jahre Modellversuche des Bundes und der Länder zur Umweltbildung - erste Bilanzen und Perspektiven. In DGU/IPN (Hrsg.): Modelle zur Umweltbildung in der BRD. Evaluation und Zukunft der Umwelterziehung in Deutschland. Kiel: IPN, 1995.

Botkin, J.W.; Elmandjra, M.; Malitza, M.: Das menschliche Dilemma. Zukunft lernen. Club of Rome. Bericht für die achtziger Jahre. München: Molden, 1984.

Breiting, S.: Towards a New concept of Environmental Education. Contribution to the Conference on Exchange of Promising Experiences in Environmental Education in Great Britain und the Nordic Countries, 1994.

Brundtland-Report: Our Common Future, Oxford 1987. dt. Hauff, V. (Hrsg.): Unsere gemeinsame Zukunft. Der Brundtland - Bericht der Weltkommission für Umwelt und Entwicklung, Greven 1987.

BUND/Misereor: Zukunfsfähiges Deutschland. Ein Beitrag zu einer global nachhaltigen Entwicklung. Basel, Boston, Berlin: Birkhäuser, 1996.

Busch-Lüty, Ch., Dürr, H.-P. und Langer, H. (Hrsg.): Ökologisch nachhaltige Entwicklung von Regionen. Beiträge, Reflexionen und Nachträge. Tutzinger Tagung 1992. "Sustainable Development - aber wie?" Politische Ökologie. Sonderheft 4.

Deutscher Bundestag (Hrsg.): Schutz der Erdatmosphäre: Eine internationale Herausforderung; Zwischenbericht der Enquete-Kommission des 11. Deutschen Bundestages: Vorsorge zum Schutz der Erdatmosphäre. Bonn 1988.

DFG, Deutsche Forschungsgemeinschaft. Perspektiven der Forschung und ihrer Förderung. Weinheim: VCH, 1993.

Dieren, van W.(Hrsg.): Mit der Natur rechnen. Der neue Club-of-Rome-Bericht. Basel, Boston, Berlin: Birkhäuser Verlag, 1995.

Disinger, J.F.: Environmental Education for Sustainable Development? In: Journal of Environmental Education, vol. 21, Nr. 4, 1990, 3-6.

Enquete-Kommission "Schutz des Menschen und der Umwelt" des Deutschen Bundestages (Hrsg.): Verantwortung für die Zukunft - Wege zum nachhaltigen Umgang mit Stoff- und Materialströmen. Economica Verlag, 1993.

Enquete-Kommission "Schutz des Menschen und der Umwelt" des Deutschen Bundestages (Hrsg.): Die Industriegesellschaft gestalten - Perspektiven für einen nachhaltigen Umgang mit Stoff- und Materialströmen. Economica Verlag, 1994.

Fritz, P., Huber, J., Levi, H.W. (Hrsg.): Nachhaltigkeit in naturwissenschaftlicher und sozialwissenschaftlicher Perspektive. Stuttgart: Hirzel, Wiss. Verl. Gesellsch., 1995.

Gethmann, C.F.; Kloepfer, M.; Nutzinger, H.G.: Langzeitverantwortung im Umweltstaat. Bonn: Economica Verl., 1993.

Goodland, R., Daly, H., El Serafy S. und v. Droste, B. (Hrsg.): Brundtland-Bericht: Umweltverträgliche wirtschaftliche Entwicklung. Bonn: UNESCO-Kommission, 1992.

Graßl, H.: Umwelt- und Klimaforschung. Von ungewohnten Zeit- und Raumskalen für Politik und Öffentlichkeit. In: Held, M.; Geißler K. A. (Hrsg.): Ökologie der Zeit. Vom Finden der rechten Zeitmaße. Stuttgart: Hirzel, Wissenschaftliche Verlagsgesellschaft, 1993.

Haan, G. de: Perspektiven der Umwelterziehung/Umweltbildung. In: DGU-Nachrichten, 1995, 12, 19-30.

Haber, W.: Ökologische Grundlagen des Umweltschutzes. (Umweltschutz - Grundlagen und Praxis, Bd. 1) Bonn: Economica Verlag, 1993.

Haber, W.: Ist "Nachhaltigkeit" (sustainability) ein tragfähiges ökologisches Konzept? In: Verhandlungen der Gesellschaft für Ökologie, Bd. 23, 1994a.

Haber, W.: Nachhaltige Entwicklung - aus ökologische Sicht. In: Zeitschrift für angewandte Umweltforschung. Jg. 7,1994b, H. 1, S. 9-13.

Hale, M.: Educating for Sustainability in Developing Countries: The Need for Environmental Education Support. In: Environmental Education and Information. Vol. 12, Nr. 1, 1993, 1-13.

Harenberg, D.: Pädagogik in Grenzen - Gedanken zu einer Umweltbildung der Nachhaltigkeit. AnSchUB (1995), Vol. 4, S. 8-11

Hauff, V. (Hrsg.): Unsere gemeinsame Zukunft. Der Brundtland - Bericht der Weltkommission für Umwelt und Entwicklung, Greven, 1987.

Heid, H.: Ökologie als Bildungsfrage? In: Zeitschrift für Pädagogik. Nr. 1, 1992, 113-135.

Held, M; Geißler, K.A.: Ökologie der Zeit. Stuttgart, Hirzel 1993.

Hempel, G.: Umweltforschung in Deutschland. Analysen und Empfehlungen des Wissenschaftsrates. In: Naturwissenschaften 82, 1995, S. 349-359. Berlin: Springer, 1995.

Hennig, R.: Nachhaltswirtschaft. Der Schlüssel für Naturerhaltung und menschliches Überleben. Schriften zur Organik Nr. 2. Quickborn: Verlag Braun und Behrmann, 1991.

Heymann, H.-W.: Allgemeinbildung als Aufgabe der Schule und als Mass-Stab für Fachunterricht. In: Pädagogik, 1997, 1, 42-45.

Honnefelder, L.: Welche Natur sollen wir schützen? In: Gaia 2, 1993, 5, 253-264.

Honnefelder, L.: Die Verantwortung der Philosophie für Mensch und Umwelt. In: Erdmann, K.-H.; Kastenholz, H.G. (Hrsg.): Umwelt und Naturschutz am Ende des 20. Jahrhunderts. Berlin: Springer, 1995, S. 133-153.

Huber, J.: Nachhaltige Entwicklung durch Suffizienz, Effizienz und Konsistenz. In: Fritz/ Huber/Levi, 1995.

Hübler, K.-H.; Weiland, U. (Hrsg.): Nachhaltige Entwicklung. Eine Herausforderung für die Forschung? Berlin: VWF Verlag für Wissenschaft und Forschung, 1996.

Ilien, A.: Bildungsperspektiven jenseits des Wachstums? In: DGU-Nachrichten, 13, 1996, 4-16.

Immler, H.: Welche Wirtschaft braucht die Natur? Mit Ökonomie die Ökokrise lösen. Frankfurt/Main: S. Fischer Verlag, 1993.

Jickling, B.: Why I Don't Want My Children To Be Educated for Sustainable Development. In: Journal of Environmental Education, Vol. 23, Nr. 1, 1991, 5-8

John, St.; Ludwichowski, I.; Mayer, J. (1996). Von der Färbepflanze zur Pflanzenfarbe - ein Beispiel für die nachhaltige Nutzung der biologischen Vielfalt. In: Schulbiologiezentrum Hannover (Hrsg.): Umwelterziehung zieht Kreise. Hannover, 67-77.

Jüdes, U.: Sustainable Development als zentraler Leitbegriff für die Umwelterziehung/Umweltbildung? DGU-Nachrichten 11, 1995, 13-16.

Kastenholz, H.G.: Nachhaltige Entwicklung. Zukunftschancen für Mensch und Umwelt. In: Kastenholz, H.-G., Erdmann, K.-H., Wolff, M. (Hrsg.): Nachhaltige Entwicklung. Berlin: Springer, 1996.

Kaufmann-Hayoz, R., Di Giulio, A. (Hrsg.): Umweltproblem Mensch. Humanwissenschaftliche Zugänge zu umweltverantwortlichem Handeln. Bern, Stuttgart, Wien: Haupt, 1996.

Krol, G.-J.: Ökologie als Bildungsfrage? Zum sozialen Vakuum der Umweltbildung. In: Z.f. Päd., 39, 4, 1993, 652-671.

Krol, G.-J.: Ökologie und Ökonomie im gesellschaftlichen Aufgabenfeld des allgemeinbildenden Schulwesens. In: Bayrhuber, H. et. al.: Biologieunterricht und Lebenswirklichkeit. 10. Fachtagung der Sektion Fachdidaktik im VdBiol in Weilburg, Kiel: 1996, 115-119.

Kruse, L.: Globale Umweltveränderungen: Eine Herausforderung für die Psychologie. In: Psychologische Rundschau, 1995, 46, 81-92.

Kümmerer, K.: Rhythmen der Natur. Die Bedeutung von Eigenzeiten und Systemzeiten. In: Held, M. u. Geißler, K.-A. (Hrsg.): Von Rhythmen und Eigenzeiten. Perspektiven einer Ökologie der Zeit. Stuttgart: Hirzel; Wissenschaftliche Verlagsgesellschaft, 1995.

Lantermann, E.-D.: Psychische Ressourcen und Strategien im Umgang mit globalen Umweltveränderungen. In: Naturwissenschaften 81, 1994, 521-527.

Leist, A.: Intergenerationelle Gerechtigkeit. Verantwortung für zukünftige Generationen, hohes Lebensalter und Bevölkerungsexplosion. In: Bayertz, K. (Hrsg.): Praktische Philosophie. Grundorientierungen angewandter Ethik. Reinbek bei Hamburg: Rowohlt, 1991.

Lesch, W.: Begründung von umweltbezogenen Werten und Normen. Ökologisch-ethische Orientierung. In: Kaufmann-Hayoz, R., Di Giulio, A. (Hrsg.): Umweltproblem Mensch. Humanwissenschaftliche Zugänge zu umweltverantwortlichem Handeln. Bern, Stuttgart, Wien: Haupt, 1996.

Linckh, H., Sprich, H., Flaig, H., Mohr, H. (Hrsg.): Nachhaltige Land- und Forstwirtschaft. Expertisen. Berlin, Heidelberg: Springer, 1996.

Martin, H.-P., Schumann, H.: Die Globalisierungsfalle. Der Angriff auf Demokratie und Wohlstand. Reinbek bei Hamburg: Rowohlt, 1996.

Mayer, J.: Nachhaltige Entwicklung - ein Leitbild zur Neuorientierung der Umwelterziehung? In: DGU-Nachrichten, 1995, H 12 S. 43-56.

Mayer, J.: Concepts for Biodiversity Education. In: European Committee for Environmental Education (ECEE)/Commission on Education and Communication/World Conservation Union (IUCN): Biodiversity Education and Communication, Report of the Workshop held in Valsain, Spain. Gland: IUCN, 1996a, 24-32.

Mayer, J.: Nachhaltige Entwicklung als Leitidee der Umwelterziehung. In: Bayrhuber, H. et. al.: Biologieunterricht und Lebenswirklichkeit. 10. Fachtagung der Sektion Fachdidaktik im VdBiol in Weilburg, Kiel 1996b, 121-125.

Mayer, J.: Biodiversitätsforschung als Zukunftsdisziplin. Berichte des Instituts für Didaktik der Biologie, Münster, 1996c.

Mayer, J: Nachhaltige Entwicklung - ein Leitbild zum Umgang mit natürlichen Ressourcen. In: DIFF, Deutsches Institut für Fernstudienforschung: Veränderung von Böden durch anthropogene Einflüsse. Berlin: Springer Verlag, 1997a.

Mayer, J. (Hrsg.): Zeit. Themenheft Unterricht Biologie. Friedrich Velber Verlag, Hannover, 20 Jg. Heft 223, 1997b, 3-11.

Meran, J.: Wohlstand und Gerechtigkeit. Die Wirtschaft als Thema der praktischen Philosophie. In: Bayertz, K. (Hrsg.): Praktische Philosophie. Grundorientierung angewandter Ethik. Reinbek bei Hamburg: Rowohlt, 1991.

Michelsen, G.: Bildungspolitische Instrumentarien einer dauerhaft - umweltgerechten Entwicklung. Stuttgart: Metzler-Poeschel, 1994.

Renn, O.; Webler, Th.: Konfliktbewältigung durch Kooperation in der Umweltpolitik. Theoretische Grundlagen und Handlungsvorschläge. In: OIKOS (Hrsg.): Kooperation für die Umwelt. Chur: Rüegger, 1994, 11-52.

Renn, O.; Kastenholz, H.G.: Ein regionales Konzept nachhaltiger Entwicklung. In: GAIA 2,1996, 86-102.

RSU, Rat der Sachverständigen für Umweltfragen: Umweltgutachten 1994. Stuttgart: Metzler-Poeschel, 1994.

Rupprecht, C. & Mayer, J.: Verpackungen aus nachwachsenden Rohstoffen. Praxis der Naturwissenschhaften-Biologie, 1997, H. 4.

Seitz, K.: Lernen in der einen Welt. Globalität als pädagogische Herausforderung. In: Umwelterziehung, 4/5, 1993, 40-43.

Simonis, U.E.: Drei Bedingungen zukunftsfähiger Entwicklung. In: Dahncke, H. u. Hatlapa, H.-H.: Umweltschutz und Bildungswissenschaften. Bad Heilbrunn: Verlag Julius Klinkhardt 1991, S. 128-150.

Schneider, M; Geißler, K.A.; Held, M.: Zeit-Fraß. Zur Ökologie der Zeit in der Landwirtschaft und Ernährung. Politische Ökologie, Sonderheft 8, 1995.

Schecker, H.; Bethge, Th.; Breuer, E.; Dwingelo-Lütten, R. von; Langensiepen, B.; Graf, H.-U.; Gropengießer, I.: Naturwissenschaftlicher Unterricht im Kontext allgemeiner Bildung. Arbeitsgemeinschaft „Allgemeinbildung" im Landesverband Bremen des deutschen Vereins zur Förderung des mathematischen und naturwissenschaftlichen Unterrichts (MNU).

Schönwiese, Ch.-D.: Klima-Rhythmen. Phänomene, Ursachen und Störungen. In: Held, M. u. Geißler, K.-A. (Hrsg.): Von Rhythmen und Eigenzeiten. Perspektiven einer Ökologie der Zeit. Stuttgart: Hirzel; Wissenschaftliche Verlagsgesellschaft, 1995.

Slocombe, S.D. and Bers, C. van: Seeking Substance in Sustainable Development. In: Journal of Environmental Education. Vol. 23, Nr. 1, 1991, 11-18.

Westholm,H.: Bildung als persuasives Instrument der Umweltpolitik. In: ZfU 1/96, S. 21-41.

WBGU, Wissenschaftlicher Beirat der Bundesregierung. Globale Umweltveränderungen. Welt im Wandel: Grundstruktur globaler Mensch-Umwelt-Beziehungen. Jahresgutachten 1993. Bonn: Economica Verlag.

WBGU, Wissenschaftlicher Beirat der Bundesregierung. Globale Umweltveränderungen. Welt im Wandel. Herausforderung für die deutsche Wirtschaft. Jahresgutachten 1996. Berlin, Heidelberg: Springer, 1996.

Wissenschaftsrat. Stellung zur Umweltforschung in Deutschland. Köln, 1994.

ZAU, Zeitschrift für angewandte Umweltforschung: Umweltdiskussion: Sustainable Development. Jg. 7 (1994), H.1.

Nachhaltigkeit - Lernziel für eine ökologisch orientierte Schule

10 Thesen zur Umsetzung in der Schule

Wolf Schwarz

Wenn es um eine Umsetzung der Zielsetzungen nachhaltiger Entwicklung in der schulischen Bildung geht, werden die Bedingungen, unter denen Schule stattfindet und Unterricht organisiert wird, oft ausgeblendet

Zwar sind die Ziele ganzheitlichen Lernens vielfach beschrieben, ihre Konsequenzen für die Umsetzung in der Schule als System von Unterricht und Erziehung werden aber meist nicht zu Ende gedacht. So wertvoll die Ergebnisse von Einzelprojekten auch sein mögen, sie bleiben doch Inseln in der rauhen See schulischer Prozesse.

Die folgenden Thesen wollen Konsequenzen formulieren, die zu ziehen sind, wenn der ganzheitliche Ansatz ökologischer Bildung dazu führen soll, diese Inseln miteinander zu verbinden und Land zu gewinnen, um den Anforderungen an eine ökologisch orientierte Schule gerecht zu werden.

1. Der Begriff der Nachhaltigkeit an sich ist wertfrei, Nachhaltigkeit wird täglich und chaotisch hergestellt. Die wachstumsorientierte Ökonomie, die die ökologischen Folgen ignoriert oder sie als vernachlässigenswert einstuft, schafft nachhaltig wirkende Fakten, die nicht oder nur mit enormem Aufwand, oft unter schweren Opfern rückholbar sind. Nachhaltige Entwicklung gewinnt nur dann einen Stellenwert, wenn sie umwelterhaltend oder umweltschonend ausgerichtet ist. Es geht daher um bewußte Planung mit klar bestimmten Wertorientierungen.

2. Dabei geht es nicht nur um Gerechtigkeit innerhalb einer Gesellschaft, zwischen den Gesellschaften oder Generationen, sondern es geht schlicht um die Lebensbedingungen der Individuen in diesen Gesellschaften in naher wie ferner Zukunft.

3. Das Ziel der Umweltbildung und -erziehung ist demzufolge, die Individuen drauf vorzubereiten, wie sie den Prozeß des Rückholens, des Gegensteuerns und der umwelterhaltenden Entwicklung organisieren und durchsetzen können.

4. Bis heute fristet die Umweltbildung und -erziehung in Schulen und Universitäten, aber auch in den Agenturen der Gesellschaft (von den Familien bis zu den Betrieben) eine Randexistenz. Trotz vorhandener Lehrpläne und unzähliger durchgeführter Projekte, kann von einer systemati-

schen ökologischen Bildung im Sinne einer nachhaltigen umwelterhaltenden Entwicklung nicht die Rede sein.

5. Die Gründe dafür liegen neben einer latenten Verdrängungshaltung (deren Ausmaß und Wirkung nicht zu unterschätzen ist) vor allem darin, daß die Rahmenbedingungen von Lehren und Lernen zu wenig und zu unsystematisch mitgedacht werden.
   Es ist seit Jahren allgemein aktzeptierter Diskussionsstand, daß die ökologische Bildung eine Querschnittsaufgabe ist, die fächerübergreifend, handlungsorientiert, projektorientiert und kooperativ anzugehen ist. Es wird jedoch viel zu wenig darüber gesprochen, wie Schule und Unterricht beschaffen sein müssen, wie sie organisiert werden müssen, um diesen Anforderungen nachkommen zu können - und das nicht nur im Einzelfall eines Projekts, sondern als ökologisch orientierte Schule.

6. Wenn es richtig ist, daß „die Widersprüche, moralischen Dilemmata und Zielkonflikte in einem diskursiven Prozeß ... von den Beteiligten immer neu verhandelt werden müssen“ (Jürgen Mayer im Resümee seines Beitrages zur „Rolle der Umweltbildung im Leitbild nachhaltiger Entwicklung“) müssen die Beteiligten - Schüler, Lehrer und Eltern - auch dafür aus- und fortgebildet werden.
   Angesichts dessen wie Schule heute noch immer organisiert ist - gibt es einen enormen Nachholbedarf an dem systematischen Erwerb von Handlungskompetenz und an Möglichkeiten zur Einflußnahme und zur Gestaltung von Schule und ihren Lernprozessen.

7. Für Lehrerinnen und Lehrer bedeutet dies unter anderem, die Querschnittaufgabe von ökologischer Bildung ernst zu nehmen, gerade da, wo sie die traditionelle Fachorientierung durchbricht und den Prozeß der Kooperation untereinander sowie mit Eltern, Schülern und außerschulischen Partnern zu organisieren. Die Rolle des Einzelkämpfers muß zugunsten der Kooperation aufgegeben werden.
   So schlicht sich dies anhören mag, hat es jedoch Weiterungen, die die gegenwärtige Umgehensweise mit dem Arbeitsplatz Schule und mit der Organisation Unterricht sprengen. Vor allem bedeutet es, Abschied zu nehmen von der Halbtagsschule und vom Fächerprinzip als hauptsächlicher Determinante der Unterrichtsorganisation.

8. Schülerinnen und Schüler erhalten in einem auf Nachhaltigkeit ausgerichteten Konzept ökologischer Bildung echte Einflußmöglichkeiten auf die Ausgestaltung von Unterricht und Schulleben und lernen, indem sie diese auch nutzen, Verantwortung für diesen Prozeß der Mitgestaltung ihrer Umwelt zu übernehmen.

9. Eltern müssen in diesem Prozeß der Kooperation und der Umgestaltung von Unterricht und Schulleben die Rolle des - wenn auch mitunter kritischen - Konsumenten aufgeben und zu Unterstützern und Mitgestaltern dieses Prozesses werden.
   Auch außerschulische Kooperationspartner wie Gemeindeinstitutionen, Vereine, Verbände und Betriebe dürfen sich nicht länger auf die Rolle eines - mal wohlwollenden, mal larmoyanten Abnehmers der Endprodukte schulischer Bildung zurückziehen. Sie müssen Einladungen zur Kooperation mit der Schule annehmen und einfordern.

10. Eine ökologische Bildung im Sinne einer nachhaltigen Entwicklung kann sich nicht länger nur auf Einzelprojekte stützen - seien sie für sich genommen auch noch so erfolgreich.

    Sie muß zum Ziel haben, Schule und Unterricht insgesamt zu durchdringen und zum selbstverständlichen Bestandteil der schulischen Bildung werden.

    Um dies zu erreichen, sind sechs Schritte unverzichtbar, die Bedingungen dafür herstellen, daß von einer gelingenden ökologischen Bildung gesprochen werden kann:

    - **Die Schule selbst muß zum Gegenstand ökologischer Bildung werden.**

    Fast alle Bereiche der Umwelterziehung finden sich in der Schule und ihrer Umwelt wieder. Nirgendwo sonst finden sich in einem Subsystem derartig viele Probleme aber auch Kompetenzen in einem relativ geschützten und überschaubaren Raum.

    Es geht also darum, die Kompetenzen und Fähigkeiten der an dem schulischen Prozeß Beteiligten zu nutzen und einzubringen.

    - **Die Arbeit von Schülerinnen und Schülern, Lehrerinnen und Lehrern ist so zu definieren und zu organisieren, daß sie den Grundanforderungen von ökologischer Bildung gerecht werden kann.**

    „45-Minuten-Stunden“ sind weder eine angemessene Größe zur Berechnung der Arbeitszeit von Lehrerinnen und Lehrern, noch sind sie sinnvoll zur Organisation von Lernprozessen. Grundlage für eine zukunftsorientierte Bildung ist das Erfassen von komplexen Zusammenhängen und die Arbeit mit vernetzten Systemen. Dies kann nicht im Konsumieren von Wissens- oder Methoden-Häppchen geleistet werden, dafür werden Freiraum und Zeit benötigt.

    Dafür können die Möglichkeiten von Jahresstundentafeln genutzt werden. Herkömmliche Stundenpläne können durch jahrgangsbezogene, fachbezogene und fächerübergreifende Projekt-, Übungs- und Testphasen ersetzt werden.

- **In der Schule muß mit dem Erwerb von Schlüsselqualifikationen Ernst gemacht werden.**

Selbständiges Lernen, Konfliktfähigkeit, Kooperationsfähigkeit, Mobilität, Flexibilität und Verantwortungsbewußtsein können durch Methoden wie Freiarbeit, Wochen- und Jahresplanarbeit erworben und eingeübt werden und müssen ihren festen Platz in Unterricht und Schuljahresablauf erhalten.

- **Umwelterziehung kann nur in der dauerhaften Kooperation mit außerschulischen Partnern gelingen.**

Die Kooperation mit lokalen Einrichtungen und Verwaltungen, Betrieben, Umweltzentren, Umweltverbänden und Universitäten muß systematisch betrieben und zum selbstverständlichen Bestandteil eines schulischen Curriculums und eines Schulprogramms werden. Es reicht nicht länger aus, dies in Einzelfällen zu tun, vielmehr sind Runde Tische und andere Kooperationsformen zu einer Institution des Schullebens zu machen.

- **Ökologische Bildung muß systematisch in die Lehrerausbildung der ersten und zweiten Phase in den einzelnen Fächer der Natur- und Geisteswissenschaften integriert werden.**

Der gegenwärtige Zustand der Beliebigkeit im Umgang mit ökologischer Bildung in den Fachcurricula ist nicht mehr hinnehmbar. Die oben genannten Methoden zur Vermittlung von Schlüsselqualifikationen sind gerade für ökologische Bildung ebenfalls notwendiger Bestandteil der Ausbildung.

Auch die Fortbildung kann nicht mehr länger individualisiert betrieben werden. An die Stelle muß eine systemische Fortbildung treten, in der Jahrgangsteams, Projektgruppen, Fachbereiche, Planungsgruppen, Teilkonferenzen und Runde Tische zusammen mit Experten lernen, ihre Vorhaben umzusetzen und auszuwerten.

- **Die Stärkung der Selbstverantwortung und Selbstverwaltung von Schulen trägt wesentlich zu einer gelingenden ökologischen Bildung bei.**

Will man den Simulationscharakter von Einzelprojekten in der Umwelterziehung überwinden und Schülerinnen und Schülern, Lehrerinnen und Lehrern, aber auch Eltern eine tatsächliche Möglichkeit zur Gestaltung und zur demokratischen Teilhabe geben - und darum geht es letztlich, wenn wir von nachhaltiger Entwicklung auf der Ebene von Schulen sprechen - dann müssen Schulen auch mit einem eigenen Budget wirtschaften können, ein eigenes Schulprogramm erstellen und ihre Arbeit systematisch auswerten können.

Das heißt nicht, die Vision einer völlig autonomen Schule vorzuspiegeln, sondern vielmehr, Schulen in die Lage zu versetzen, soweit wie möglich ihren Entwicklungsprozeß selbst zu steuern und zu organisieren. Damit tragen sie selbst Verantwortung für ihre Entwicklung und verweisen diese nicht länger an eine Verwaltungsinstitution, die aus der Ferne der Situation an der einzelnen Schule nicht gerecht werden kann.

Fazit:

Ökologische Bildung, die eine nachhaltige umwelterhaltende Entwicklung zum Ziel hat, wird nur gelingen, wenn die Beteiligten am schulischen Prozeß die Chance haben, sich in das umweltpolitische Geschehen dort einzubringen, wo sie leben und arbeiten.

Dazu gehören auf selbständiges Lernen abzielende Unterrichtsmethoden, Kooperation als Prinzip für Unterricht und Schulleben, die Erstellung eines Schulprogramms, systemische Fortbildung, die umfassende Öffnung der Schule und die fortwährende Selbstevaluation der Arbeit in der Schule.

So können Kollegium, Schülerschaft und Eltern Wege zur Durchsetzung ihrer Anliegen finden, für ihre Ideen streiten - auch mit dem Risiko des Scheiterns -, lernen, Rückschläge auszuhalten, jedenfalls aber die Möglichkeiten demokratischer Teilhabe ausloten.

Nachhaltige Entwicklung in der ökologischen Bildung heißt in diesem Sinne, sich nicht mehr allein als Objekt von globalen Entwicklungen zu empfinden und diese zu analysieren, sondern selbst zum Subjekt von Veränderungsprozessen in der Arbeits- und Lebensumwelt der Schule zu werden.

„Nachhaltige, umweltgerechte Entwicklung" Chance für eine Neuorientierung der (Umwelt)Bildung

- Entwurf eines Rahmenkonzepts -

Jens Reißmann

„Nachhaltige Entwicklung? - Was soll das denn sein?" - „Sustainable Development?[1] - Nie gehört!" Solche Reaktionen sind eher typisch. Und doch gewinnt man den Eindruck, als ob sich eine neue Idee auszubreiten beginnt. In der internationalen und nationalen Umwelt- und Entwicklungspolitik auf der Ebene der Vereinten Nationen, der Weltbank, der EU und der Länderregierungen gibt es kaum noch Projekte und Programme, die nicht den Anspruch der „Sustainability", der „Nachhaltigkeit", formulieren. Umweltverbände, Entwicklungsinitiativen, Kirchen und Wirtschaftsunternehmen greifen die Begriffe auf und orientieren Konzepte und Projekte daran. Entsprechende Tagungen und Symposien häufen sich, auch zu der Frage, welchen Beitrag das Bildungssystem zur Verbreitung und Umsetzung leisten kann.

Noch ist nicht sicher, ob wir in diesen Jahren die Entstehung eines neuen Leitbildes gesellschaftlicher Entwicklung erleben, mit dem sich größere Bevölkerungsgruppen identifizieren können. Neun von zehn Bürgerinnen und Bürgern wissen mit den eingangs genannten Begriffen offenbar bis heute nichts anzufangen. Dies gilt auch für Pädagoginnen und Pädagogen, denen im Rahmen des Sustainability-Konzepts in der Regel eine wichtige Rolle zugedacht wird.

---

[1] Der Begriff „**sustainable development**" wurde im Bericht „Our Common Future" der Weltkommission für Umwelt und Entwicklung (Brundtland-Kommission) 1987 für eine Entwicklung eingeführt, in der die Bedürfnisse heutiger Generationen befriedigt werden, ohne die Bedürfnisse kommender Generationen zu gefährden. Vgl. V. Hauff (Hg.),Unsere gemeinsame Zukunft. Der Brundtland-Bericht der Weltkommission für Umwelt und Entwicklung, Greven 1987
Als Leitidee der Umwelt- und Entwicklungspolitik wird „sustainable development" auch in der **Agenda 21** formuliert, einem Aktionsprogramm, das über 170 Staaten auf der UN-Konferenz für Umwelt und Entwicklung 1992 in Rio de Janeiro vereinbart und unterzeichnet haben.
Ich verwende überwiegend den Terminus „nachhaltige, umweltgerechte Entwicklung", des öfteren auch das englische Wort „Sustainability" (Nachhaltigkeit).

1. Leitziele einer nachhaltigen, umweltgerechten Entwicklung

Was meint „sustainable development“, „nachhaltige Entwicklung“ oder wie wir vielleicht weniger mißverständlich sagen sollten: „nachhaltige, umweltgerechte Entwicklung“?

Unter diesen Begriffen werden spätestens seit der Rio-Konferenz der Vereinten Nationen für Umwelt und Entwicklung 1992 weltweit bestimmte Krisenerscheinungen der Globalisierung der kapitalistischen Wirtschaft bzw. entsprechende Gegenentwürfe und Lösungsideen diskutiert.

Das ökonomische Wachstumsmodell westlicher Prägung hat einerseits zu Reichtum und Wohlstand und einer beachtlichen Erhöhung der Lebenserwartung für viele Menschen geführt, womit zweifellos ein wichtiges Erfolgskriterium erfüllt ist. Die derzeitige Globalisierung dieses gesellschaftlichen Entwicklungsmodells läßt aber auch seine „externen Kosten“ deutlich werden:

- Die Grenzen der weiteren Belastbarkeit der Naturressourcen und -kreisläufe, von denen alles Leben abhängt, scheinen erreicht; besonders besorgniserregend ist u.a. die Entwicklung im Bereich der Böden, der Wälder und des Klimas;
- soziale Disparitäten zwischen verschiedenen Wirtschaftsregionen der Erde und auch innerhalb der Gesellschaften verschärfen sich - verbunden mit Massenarbeitslosigkeit und Armut, Krankheit, Analphabetismus und Hunger, mit wachsender Gewalt und Kriminalität [2];
- traditionelle Lebenszusammenhänge, kulturelle Zugehörigkeiten und Einbindungen der Menschen werden zerstört - hingewiesen sei auf Migrationsbewegungen, auf Prozesse der Vereinzelung und Anonymisierung, aber auch auf fundamentalistische „Gegenbewegungen“;
- die von Menschen verursachten Risikopotentiale erhöhen und globalisieren sich - z.B. nehmen Risiken des Plutoniumhandels, gentechnologische Manipulationsmöglichkeiten und „Natur“katastrophen zu;

---

[2] Vgl. den „Bericht über die menschliche Entwicklung“ des Entwicklungsprogramms der Vereinten Nationen (UNDP) von 1996, der Fortschritte, Stagnation und Rückschritte in den Entwicklungsaufgaben Gesundheit, Bildung, Ernährung, Einkommenssicherung, Umweltschutz, Frieden usw. bilanziert. Trotz mancher Fortschritte wird eine weltweit eher größere Kluft zwischen Reichen und Armen festgestellt. Dort, wo Wirtschaftswachstum zu verzeichnen ist, geht dieses danach nicht selten einher mit stärkerer Arbeitslosigkeit, Zunahme von gesellschaftlicher Armut, politischer Repression, kultureller Entwurzelung und natürlicher Ressourcenverschwendung.(Deutsche Gesellschaft für die Vereinten Nationen e.V., Bonn 1996)

- auch ist in den letzten Jahrzehnten eine Zunahme politischer Konflikte und kriegerischer Auseinandersetzungen festzustellen.

Das westliche Wachstumsmodell erscheint damit, allen Erfolgen zum Trotz, als nicht zukunftsfähig.

Die Idee einer „nachhaltigen, umweltgerechten Entwicklung“ fordert demgegenüber eine gesellschaftliche Wirtschaftsweise und Entwicklung, die:

- die begrenzte Belastbarkeit und Regenerationsfähigkeit der natürlichen Lebensgrundlagen berücksichtigt und diese damit auch für künftige Generationen erhält;
- zu mehr Entwicklungsgerechtigkeit und damit zu verbesserten Lebensbedingungen für alle Menschen, nicht nur für privilegierte Minderheiten, führt;
- Selbstbestimmungsmöglichkeiten und kulturelle Identität eröffnet;
- die globalen Risikopotentiale mindert und
- insgesamt zu einer verbesserten internationalen Zusammenarbeit führt.

Im Zentrum des Sustainability-Konzepts steht das Ziel, das Teilsystem menschlichen Wirtschaftens besser in das ökologische Gesamtsystem des Planeten Erde einzupassen. Das bedeutet, die Wirtschaft stärker an den Regulativen der natürlichen Dynamik und Evolution auszurichten, die Regenerationsfähigkeit natürlicher Lebensgrundlagen (Klima, Wasser, Boden, Vegetation usw.) und die Pufferkapazitäten (Aufnahme- und Neutralisierungsfähigkeit von Abfall- und Schadstoffen) natürlicher Systeme einschließlich des menschlichen Körpers in die Steuerung und Entwicklung der Wirtschaft einzubeziehen.

Neben dieser ökologisch-ökonomischen Dimension schließt das Konzept aber auch eine soziale und kulturelle Dimension ein: die Ideen der sozialen Gerechtigkeit sowie des individuellen Anspruchs auf Selbstverwirklichung und Lebensglück. Ohne Berücksichtigung sowohl der ökologischen wie der sozio-kulturellen Dimension scheint eine dauerhafte ökonomische und gesellschaftliche Entwicklung nicht gesichert.

Im Sustainability-Konzept verbinden sich objektive bzw. pragmatische Überlegungen (Sicherung der Lebens- und Entwicklungsgrundlagen) mit ethischen Prinzipien.

Es handelt sich um ein normatives und anthropozentrisches Konzept. Leitende ethische Prinzipien sind: Vernunftorientierung, Recht auf Leben, Gerechtigkeit, Selbstbestimmung, universelle Verantwortung und Partnerschaft im Hinblick auf Natur und Mitmenschen. Sie werden als sinnvoll vorausgesetzt. Es wird angenommen, daß sie über alle Kulturen hinweg mehrheitlich Zustimmung finden können; in welchem Umfang sie auch realisiert und gelebt werden können, ist eine andere Frage.

Es geht also um die Vision einer Welt, in der die Naturressourcen schonend genutzt und gerechter verteilt werden, in der das Recht auf ein selbstbestimmtes, menschenwürdiges Leben sich verbindet mit internationaler Partnerschaft und Verantwortung. Es geht um nicht mehr und nicht weniger als die Zukunfts- und Überlebensfähigkeit der Menschheit und der Menschlichkeit auf der Erde.

Ich werde im folgenden die aus meiner Sicht wesentlichen umwelt- und entwicklungspolitischen Leitziele und Kriterien einer nachhaltigen, umweltgerechten Entwicklung vorstellen (vgl. auch den Überblick in Anlage 1). Sie können sicherlich ergänzt, ausdifferenziert und vermutlich auch anders gewichtet werden.

Sie können oder sollten zwar die pädagogische Thematisierung orientieren, sind aber, da Bildungsprozesse ihre eigene Logik haben, nicht als pädagogisches Programm mißzuverstehen. Über Konsequenzen für Lernprozesse und Bildungsinstitutionen werde ich in den folgenden Abschnitten Überlegungen vorstellen.

Allerdings lassen sich gegenwärtige Bildungsziele und pädagogische Praxen befragen, inwieweit sie sich implizit oder explizit auf die Leitziele der Sustainability-Idee beziehen lassen, in diesem Sinne also „zukunftsfähig“ sind.

Erstes Leitziel: **Naturverträglichkeit**[3)]

Eine nachhaltige, umweltgerechte Entwicklung orientiert sich ganz wesentlich am Ziel der Naturverträglichkeit. Dabei werden die Erhaltung der Naturvielfalt (Biodiversität) und die Sicherung der Regenerationsfähigkeit der natürlichen Lebensgrundlagen (Boden, Wasser, Luft, Vegetation u.a.) zu zentralen Kriterien. Für diese lassen sich Indikatoren benennen oder vorsorgliche Grenzwerte festlegen. Einen besonderen Stellenwert haben dabei Maßnahmen zum Klima-, Boden-, Trinkwasser- und Ökosystemschutz sowie zur Sicherung der Ernährungs- und Rohstoffreserven und zum Erhalt der genetischen Vielfalt.

Von zunehmender Bedeutung wird es darüber hinaus sein, Entwicklungsprinzipien natürlicher Systeme (Selbstorganisation, Vielfalt, Vernetzung, Rhythmisierung u.a.) sowie Problemlösestrategien der Natur (Solarenergienutzung, effizienter Materialeinsatz, Kreislaufsysteme u.a.) auf ihre Über-

3) Der Begriff soll durchaus Assoziationen wecken, die von „verträglich“, „sich vertragen“ bis „einen Vertrag schließen“ reichen.

trag- und Anwendbarkeit für die Lösung technisch-ökonomischer und evtl. sozialer Probleme zu überprüfen. Das setzt ein besseres Verständnis der Entwicklungsverläufe und Funktionsweisen natürlicher Systeme voraus. Es geht also nicht nur um den Schutz und die Pflege von Natur bzw. Naturressourcen, wenngleich dieses Ziel wesentlich bleibt. Die bessere Einbindung wirtschaftlicher Prozesse in natürliche Kreisläufe und Systeme ist ein herausragendes Ziel nachhaltiger, umweltgerechter Entwicklung.[4)]

Zentrale Fragen sind u.a.: Welche Lebensansprüche haben andere Lebewesen? Wie kann die Vielfalt der Populationen, Arten und Ökosysteme erhalten werden? Wie entwickeln und regenerieren sich natürliche Systeme? Wie reagieren natürliche Systeme auf Eingriffe und Belastungen? Wie lösen natürliche Systeme Probleme? Welche Problemlösungsstrategien der Natur können oder müssen wir in Zukunft verstärkt berücksichtigen?

Zweites Leitziel: **Ökonomische Tragfähigkeit oder Dauerhaftigkeit**

Beide Leitziele greifen ineinander. Eine auf Dauer angelegte wirtschaftliche Entwicklung, die die Arbeit gerecht verteilt und die Grundversorgung sowie die Lebensqualität[5)] der Menschen sichert, erfordert die Verlangsamung der derzeit immer stärker wachsenden Stoff- und Energieströme und eine Effizienzsteigerung im Energie- und Materialeinsatz. Dies ist ohne technologische Innovationen im Rahmen von„Effizienzstrategien" nicht zu erreichen, erfordert aber auch eine Veränderung ökonomischer Rahmenbedingungen.[6)]

Wichtige Kriterien sind: 1.) die verstärkte Nutzung erneuerbarer Ressourcen und Energieträger (im Umfang ihrer Regeneration), 2.) die Minimierung des Einsatzes von nicht-erneuerbaren Ressourcen und Energieträgern und deren Ersetzung durch erneuerbare, 3.) die Minimierung von Emissionen (in Orientierung an der Aufnahmekapazität und am Reaktionsvermö-

---

4) Entsprechende Maßnahmen und Innovationen werden manchmal auch als „Konsistenz-Strategien" zusammengefaßt.

5) Zum Begriff „Lebensqualität" vergleiche die beiden folgenden Leitziele.

6) Nach G.-J. Krol sind Umweltprobleme in aller Regel „ungewollte ökologische Nebenfolgen bei der Realisierung sozialer und wirtschaftlicher Absichten". Menschen und Institutionen handeln dabei eigennützig und rational, weshalb Aufklärung und moralische Appelle letztlich folgenlos bleiben müßten. Wenn sich umweltverträgliches Handeln auf breiter gesellschaftlicher Ebene durchsetzen soll, müßten die Rahmenbedingungen für Markt und Wettbewerb durch politische Entscheidungen geändert werden, und zwar so, „daß für Produzenten und Verbraucher der (weitgehende) Nulltarif von Umweltleistungen aufzuheben ist". Dadurch würden alle Aktivitäten zur Verringerung der Umweltinanspruchnahme auch ökonomisch attraktiv. (Gerd-Jan Krol, Das Verhältnis von Ökologie und Ökonomie in der Umweltbildung; Bad Heilbrunn 1995, S. 73ff)

gen betroffener natürlicher Systeme) und 4.) die Minimierung des Einsatzes von Risikotechnologien.[7].

Von großer Bedeutung werden auch der Aufbau und die Stärkung lokaler und regionaler Netze der Produktion und Vermarktung. Das heißt, es werden neue Formen der Kooperation zwischen Stadt und Land zu entwickeln sein. Die Entwicklung in den Ballungsräumen stellt eine der größten globalen Herausforderungen dar.

Eine nachhaltige Entwicklung wird neue Formen der marktwirtschaftlichen und ordnungspolitischen Steuerung etablieren müssen. Insbesondere die Berücksichtigung der sog. „externen Kosten“, die stringente Anwendung des Verursacherprinzips, eine Versicherungspflicht für Risikotechnologien sowie eine ökologisch orientierte Reform des Steuersystems könnten die ökonomische Tragfähigkeit der gesellschaftlichen Entwicklung erhöhen.

Leitende Fragen sind u.a.: Wie kann der Energie- und Materialeinsatz in der Produktion umweltschonender und effizienter gestaltet werden? Welche Risikotechnologien wollen wir uns zumuten und welche Alternativen sind vorhanden oder denkbar? Durch welche Strategien und Konzepte können in ländlichen Räumen wie in städtischen Ballungsgebieten ökonomisch tragfähige, ressourcenschonende Entwicklungen gefördert werden? Welche politischen und ökonomischen Steuerungsinstrumente können den erforderlichen ökonomischen Kurswandel einleiten oder unterstützen?

Drittes Leitziel: **Soziale Gerechtigkeit**

Die Idee der Gerechtigkeit ist ein Kernelement des Sustainability-Konzepts. Die Menschen und Völker haben demnach prinzipiell gleiche Ansprüche auf die Nutzung natürlicher Ressourcen und gleiche Rechte auf Entwicklung[8], ein Grundsatz, der durch das gegenwärtige Wachstumsmodell in eklatanter Weise verletzt wird.

---

7) Vgl. auch die vier grundlegenden Regeln der Nachhaltigkeit im Bericht der Enquete-Kommission “Schutz des Menschen und der Umwelt“, Deutscher Bundestag 1994: “1. Die Abbaurate erneuerbarer Ressourcen soll ihre Regenerationsrate nicht überschreiten.(...) 2. Nicht-erneuerbare Ressourcen sollen nur in dem Umfang genutzt werden, in dem ein physisch und funktionell gleichwertiger Ersatz in Form erneuerbarer Ressourcen oder höherer Produktivität der erneuerbaren sowie der nicht-erneuerbaren Ressourcen geschaffen wird.(...) 3. Stoffeinträge in die Umwelt sollen sich an der Belastbarkeit der Umweltmedien orientieren.(...) 4. Das Zeitmaß anthropogener Einträge bzw. Eingriffe in die Umwelt muß im ausgewogenen Verhältnis zum für das Reaktionsvermögen der Umwelt relevanten natürlichen Prozeß stehen.“

8) Vgl. das Konzept des „Umweltraumes“, das in der Studie „Zukunftsfähiges Deutschland“ vorgestellt wird. (Hg. BUND und Misereor, Basel 1995, S. 26ff)

Dabei wird es nicht nur um die gerechtere Form des Welthandels gehen und um Ausgleichsmaßnahmen für bisher benachteiligte Regionen. Es stellt sich auch die politisch brisante Frage nach der innergesellschaftlichen Gerechtigkeit im Hinblick auf persönliche Lebens- und Entwicklungschancen: Armut auch in den Metropolen und die Ausbeutung von Kinder- und Frauenarbeit in vielen Regionen der Erde seien beispielhaft genannt. Der ethischen Argumentation läßt sich eine pragmatische anschließen: Eine gesellschaftliche Entwicklung, die nicht zu mehr Gerechtigkeit führt, birgt enorme Krisen- und Gewaltpotentiale, die auch jede Nachhaltigkeitsbemühung im ökologisch-ökonomischen Bereich gefährden.

Die sehr unterschiedlichen demographischen Entwicklungen, etwa das starke Bevölkerungswachstum in der „Dritten Welt“ und die Überalterung der Bevölkerung in hochentwickelten Industriestaaten, und die sozialen Migrationsbewegungen, die sich durch politische, ökonomische und ökologische Krisen verstärken, sowie die Situation auf dem Arbeitsmarkt mit struktureller Massenarbeitslosigkeit verdeutlichen, daß mit dem Leitbild „soziale Gerechtigkeit“ auch weitreichende gesellschaftliche Neuerungen verbunden sind: Entwickelt werden müssen innovative Konzepte einer Neuverteilung der Arbeit, einer Förderung von gemeinnütziger Arbeit, von Mikro-Unternehmen[9] und Selbsthilfeinitiativen, von kommunalen und regionalen Dienstleistungstauschbörsen usw.

Das Leitziel „soziale Gerechtigkeit“ problematisiert auch die vorherrschenden Konsumgewohnheiten und Lebensstile. Es fordert die Entwicklung selbstgenügsamer Formen von Lebensqualität und Selbstentfaltung ein, die nicht einseitig auf Kosten der Natur oder anderer Menschen gehen. Sie sollten zugleich attraktiv sein und Akzeptanz finden.[10] Eine reine Verzichts- und Selbstbescheidungsrhetorik wird hierbei wenig Erfolg haben, wohl aber die Erfahrung vermehrter Lebensfreude durch sinnvolle Arbeit, intensive Begegnung und Kommunikation, durch Bildung und Kultur, Gesundheit und Fitneß usw.

Daneben bleibt die Frage, ob und wieweit das Leitziel „soziale Gerechtigkeit“ auch ein Recht auf „nachholende Entwicklung“ der bisher benachteiligten Regionen und sozialen Gruppen einschließt.

Zentrale Fragen sind u.a.: Wie läßt sich auf globaler Ebene ein höheres Maß an Gerechtigkeit in den wirtschaftlichen und sonstigen Beziehungen der Regionen und Völker erreichen? Wie sind innergesellschaftlich die Lebens- und Entwicklungschancen bislang benachteiligter Gruppen zu stärken

---

9) Vgl. Hal Kane, Mikro-Unternehmen: Fortschritt von unten; In: World Watch, Heft 3, 1996

10) Entsprechende Umsetzungskonzepte werden im Rahmen der Nachhaltigkeitsdiskussion oft als „Suffizienz-Strategien“ bezeichnet.

und zu fördern? Wie lassen sich selbstgenügsame Lebensstile entwickeln, die zugleich ein Mehr an Lebensqualität erfahrbar machen?

Viertes Leitziel: **Kulturelle Identität**

Eine nachhaltige, dauerhafte Entwicklung muß durch alle Nationen und gesellschaftliche Gruppen getragen und unterstützt werden. Sie setzt daher auf eine breite Mitsprache und Mitbeteiligung der Bürgerinnen und Bürger und der laut Agenda 21 sog." wichtigen Gruppen": Frauen, Kinder und Jugendliche, eingeborene Bevölkerungsgruppen, nichtstaatliche Organisationen, Kommunen, Arbeitnehmer und Gewerkschaften, die Privatwirtschaft, Wissenschaftler und Techniker, Bauern. Die Idee der demokratischen Partizipation ist demnach ein weiteres zentrales Element des Sustainability-Konzepts.

Dadurch können und sollen kulturelle und lokale Besonderheiten zum Zuge kommen. Die Entwicklung muß zugleich die Vergewisserung und Förderung einer je eigenen kulturellen Identität ermöglichen, wenn sie von den Menschen mitgetragen werden soll. Nachhaltige, dauerhafte Entwicklung stellt damit einen globalen Rahmen dar für einen Facettenreichtum lokaler und regionaler Wege, die den Menschen zugleich ein Gefühl von Besonderheit und Zugehörigkeit vermitteln. Die lokale und kulturelle Vielfalt der Umsetzungswege ist zugleich Chance für einen wechselseitigen Lernprozeß.[11)]

Im Hinblick auf die vorgenannten Leitziele sollten jene Aspekte der kulturellen Tradition und Innovation besonders gefördert werden, die auf Naturverträglichkeit, ökonomische Dauerhaftigkeit, soziale Gerechtigkeit, individuelle Selbstbescheidung und Partizipation zielen, die zudem in Abgrenzung von einseitig zweckrational-utilitaristischen Haltungen eine stärkere Integration von Rationalität und Emotionalität, Wertorientierung und ästhetischer Gestaltung sowie einen qualitativ veränderten Umgang mit Zeit[12)], z.B. Verlangsamung und Intensivierung von Lebensvollzügen, anstreben. Entsprechend geförderte kulturelle Traditionen und Entwicklungen können zu einer Neuorientierung menschlicher Bedürfnisse und Lebensformen und zu einer veränderten, stärker empathisch geprägten Mensch-Natur-Beziehung beitragen.

---

11) Vgl. die unterschiedlichen Initiativen zur Umsetzung einer Lokalen Agenda 21 .

12) Die Frage der „Zeit-Ökologie" rückt zunehmend in den Vordergrund der Diskussion um Nachhaltigkeit. Vgl. dazu den Beitrag von Jürgen Mayer für die D.G.U.-Tagung im Oktober 1996 in Schwerin „Die Rolle der Umweltbildung im Leitbild nachhaltiger Entwicklung" sowie Gerhard de Haan, Die Zeit in der Pädagogik, Weinheim 1996.

Leitende Fragen sind u.a.: Wie läßt sich eine breite Mitwirkung von Bürgerinnen und Bürgern sowie von wichtigen gesellschaftlichen Gruppen sicherstellen? Wie sind kulturelle, regionale und lokale Besonderheiten in identitätsstiftender Weise in die Entwicklung einzubeziehen? An welche kulturellen Traditionen und Innovationen können grundlegende Leitziele des Sustainability-Konzepts anknüpfen?

Fünftes Leitziel: **Globale Zusammenarbeit**

Mehr als bisher wird es in Zukunft erforderlich sein, die globalen Auswirkungen lokaler und regionaler Entwicklungen auf die Biosphäre, auf andere Regionen und Kulturen sowie auf das Leben künftiger Generationen im Blick zu haben. Dazu wird die Entwicklung bzw. Weiterentwicklung von ökologischen, ökonomischen, sozialen und kulturellen Indikatoren für eine nachhaltige, umweltgerechte Entwicklung notwendig sein, vgl. Kapitel 40 der Agenda 21 - ebenso die Etablierung diesbezüglicher globaler Überwachungs- und Kontrollsysteme, z.B. Satellitenüberwachung, Monitoringprogramme. Wichtigstes Instrument werden Vereinbarungen und Verträge sein, gestützt durch internationale Rechtsinstrumente und Kooperationsprojekte. Die Weiterentwicklung der Vereinten Nationen zu einer Art „Weltregierung" im Sinne globaler Partnerschaft scheint hierzu notwendig zu sein. Eine Kultur und Politik der Vereinbarung muß im sozialen Lebenszusammenhang wie in den internationalen Beziehungen einen besonderen Stellenwert erhalten.

Zentrale Fragen sind u.a.: Welche Auswirkungen haben Projekte, Entscheidungen, Verhaltensweisen usw. im Hinblick auf die Biosphäre, andere Regionen der Erde und das Leben künftiger Generationen? Welche Kontrollmöglichkeiten bestehen im Hinblick auf eine globale nachhaltige Entwicklung? Wie können Zusammenarbeit und Vereinbarungen international gefördert und ausgebaut werden?

Das hier skizzierte Leitbild einer nachhaltigen, umweltgerechten Entwicklung dürfte angesichts gesellschaftlicher Realitäten, globaler Entwicklungen und hinlänglich bekannter menschlicher Unzulänglichkeiten utopisch und unrealistisch erscheinen.

Es ist aber der derzeit einzige mir bekannte Entwurf für eine globale und radikale Neuorientierung der politisch-ökonomisch-ökologischen Entwicklung. Diese Neuorientierung scheint - zum ersten Mal in der Geschichte der Menschheit - buchstäblich überlebensnotwendig zu sein. In jedem Fall ist sie ein Gebot der Vernunft und der Menschlichkeit. Die reichen Industriestaaten, die vom vorherrschenden Wachstumsmodell seit Jahrzehnten oder Jahrhunderten profitieren, sind in einer besonderen Verantwortung und Pflicht, beispielgebend voranzugehen. Dazu müßten Bevölkerungsmehrheiten und Entscheidungsträger in Politik, Wirtschaft und (meinungsbildender und - beeinflussender) Kultur sich mit den wesentlichen Zielen und Wertorientierungen des Sustainability-Konzepts identifizieren können.

2. Sustainability - Leitbild für die Gesellschaft und die Umweltbildung? - Ein Plädoyer in Thesen -

1. Das Sustainability-Konzept könnte zu einer gesellschaftlichen Vision von ähnlich handlungsorientierender Bedeutung werden wie andere Ideen und Utopien des 19. und 20. Jahrhunderts (Idee der Menschenrechte, Idee des sozialen Wohlfahrtsstaates und der allgemeinen Wohlstandsvermehrung durch technologisch-ökonomisches Wachstum, Idee des Sozialismus). Es könnte diesbezüglich „Leerstellen" einnehmen, die nach dem Zusammenbruch des Staatssozialismus und dem Wegfall des Ost-West-Konflikts sowie der sich durch strukturelle Umweltprobleme und Massenarbeitslosigkeit verschärfenden Krise der "Wachstumsidee"[13)] entstanden sind.
   Als universalistische Vision müßte sich das Sustainability-Konzept gegenüber anderen Welt-Anschauungen durchsetzen, insbesondere der fortbestehenden Attraktivität des Wachstums- und Konsummodells, das getragen wird von der „Logik des Marktes" und von starken Interessengruppen, auch für Menschen, die in Armut leben oder nach einfachen Kompensationsmöglichkeiten in persönlichen und gesellschaftlichen Krisensituationen suchen, sowie der Wiedererstarkung fundamentalistisch-dogmatischer Ideologien, meist religiöser, rassistischer oder nationalistischer Art, die sozusagen als Reaktion auf eine kultur- und identitätszerstörende Globalisierung zu deuten wären. Eine besondere Gefahr geht möglicherweise von einer sich verschärfenden Abgrenzung verschiedener globaler Kultur- oder Zivilisationskreise[14)] aus.
2. Die Ziele und Kriterien einer nachhaltigen, umweltgerechten Entwicklung (vgl.Kapitel I) sind nicht wissenschaftlich ableitbar - weder

---

13) Vgl. dazu A. Ilien, „Bildungsperspektiven jenseits des Wachstums?", DGU-Nachrichten Nr. 13, April 1996

14) Bei aller Globalisierung der Ökonomie, der Ökologie, der Kommunikation usw. sieht z.B. der Amerikaner S. Huntington eine zunehmende Abgrenzungstendenz und Konkurrenz der weltweit seiner Meinung nach etwa sieben oder acht Hauptzivilisationen als Ursache künftiger Konfliktherde. Er unterscheidet dabei eine westliche, islamische, konfuzianisch-chinesische, japanische, slawisch-orthodoxe, lateinamerikanische, hinduistische und evtl. afrikanische Hauptzivilisation. - S. Huntington, „The Clash of Civilisation", 1993, zitiert nach „Le Monde Diplomatique" 16.06.1995

aus der Natur- noch aus der Gesellschaftsentwicklung. Sie enthalten normative Setzungen. Diese stehen in der Tradition westlicher Utopien[15]. Es werden kulturelle und politische Ideale und Gehalte des Christentums, des Humanismus, des Liberalismus und des Sozialismus aufgegriffen, was die Chance einer breiten Identifikation erhöht: die Idee der Gerechtigkeit, die Idee eines genügsamen Lebens, die Idee der Freiheit und Selbstbestimmung des Individuums, die Idee des Wohlbefindens aller Menschen (intra-generationelle Gerechtigkeit), die Idee der Zukunftsverantwortung menschlichen Handelns (intergenerationelle Gerechtigkeit). Das Sustainability-Leitbild erweitert solche Ideen um die ökologische Dimension: die Idee der Naturverträglichkeit, die Idee der globalen Vernetzung und Partnerschaft. Diese Perspektivenerweiterung (globale Perspektive, Zukunftsperspektive) und die Verbindung sozialer, kultureller, ökonomischer und ökologischer Ziele und Werte (Vernetzungsperspektive)[16] kennzeichnen das Konzept, bedingen aber auch seine besondere Komplexität und vieldeutige Interpretierbarkeit.

3. Das Sustainability-Konzept ist ein offenes, interpretationsfähiges und interpretationsbedürftiges Konzept. Es ist gerade deshalb und aufgrund der angedeuteten ideengeschichtlichen Bezüge gut geeignet, einen breiten gesellschaftlichen und interkulturellen Konsens zu begründen, auch wenn die gesellschaftliche Diskussion darüber bisher kaum eröffnet ist. Das Konzept wird international und gesellschaftsintern von politischen Entscheidungsträgern, Kirchen, Gewerkschaften, der Natur- und Umweltschutzbewegung und Teilen der Wirtschaft aufgegriffen. Es ist hervorragend geeignet, eine Konsenssuche zu orientieren und unterschiedliche gesellschaftliche Bereiche miteinander ins Gespräch zu bringen. Dabei geht das Konzept von demokratisch organisierten Prozessen aus. Diese interkulturelle und gesellschaftliche Verständigungsorientierung und die Einbindung in eine demokratische Kultur sind zentrale Elemente des Konzepts.

4. Das Sustainability-Konzept schließt kein fertiges Programm ein. Es skizziert einen ergebnisoffenen Suchprozeß, der von verschiedenen (ökologischen, ökonomischen, sozialen und kulturellen) Prinzipien geleitet wird, die in Spannung zueinander stehen können. Es ist also kein Harmoniemodell, weder gesellschaftsintern noch im Hinblick auf Harmonie mit der Natur. Milliarden Menschen können auf der

---

15) Damit steht von vornherein der Vorwurf des „Eurozentrismus" im Raum. Es dürften allerdings auch in anderen Kulturkreisen Anknüpfungsmöglichkeiten gegeben sein.

16) Im Umweltgutachten 1994 des Rats von Sachverständigen für Umweltfragen wird das Prinzip der Retinität, d.h. die Gesamtvernetzung der Kulturwelt mit der Natur, als Schlüsselprinzip bezeichnet.

Erde nicht leben, ohne massive "Eingriffe" in ökologische Kreisläufe und Prozesse auszuüben. Und naturverträgliche Maßnahmen führen selten automatisch zu mehr kultureller Identität oder mehr sozialer Gerechtigkeit. Es ist jeweils diskursiv zu entscheiden, welche Entwicklung bzw. welche Projekte als „nicht nachhaltig umweltgerecht" gewertet werden müssen. Zuverlässige und abschließende Kriterien für Nachhaltigkeit gibt es nicht. Entscheidungskonflikte und Interessengegensätze sind auch innerhalb des Konzepts vorprogrammiert bzw. unvermeidlich. Die relative Nachhaltigkeit einer Funktion kann jene einer anderen in Frage stellen. Dies zeigen z.B. die Konflikte zwischen Naturschutz (Erhaltung der Biodiversität) und Windenergie (regenerative Energienutzung) bzw. Binnenschiffahrt (energie- und ressourcenschonender Güterverkehr).

Das Sustainability-Konzept bietet also - manchen Hoffnungen zum Trotz - keine einfachen und eindeutigen Handlungsanleitungen. Problemlösungssuche, Probehandeln und Folgenabschätzung, Regeln des Konfliktumgangs und Konsenssuche sind integrierte Bestandteile des Konzepts.

5. Das Sustainability-Konzept läßt sich, da es auf tiefgreifende Verhaltensänderungen zielt, als Bildungsleitkonzept beschreiben. Es greift dabei die Tradition der alten Bildungsideen auf, die Selbstverwirklichung und Universalismus (universelle Humanität) zu verbinden suchten, und konkretisiert diese im Hinblick auf die realen Lebens- und Überlebensprobleme der Menschheit, die W. Klafki[17] als „epochaltypische Schlüsselprobleme" bezeichnet. Das Sustainability-Leitbild zielt also auf ein neues, zeitgemäßes Allgemeinbildungskonzept.

Es repräsentiert nicht einfach ein additives Lernprogramm, sondern thematisiert einen Such-, Entwicklungs- und Dialogprozeß - kurz: einen gesellschaftlichen Lernprozeß. Dieser kann und muß z. B. in den Schulen vorbereitet werden, indem durch die Lehr- und Lernprozesse etwas von dem erfahrbar wird, was als Idee für alle Menschen Geltung gewinnen soll. Die Schulen müßten selber zum Modell einer guten (besseren) gesellschaftlichen Realität werden, etwa im Sinne der „Schule als Polis" von H. von Hentig[18]. Ihr Bildungsauftrag ist damit an eine positive Leitidee gesellschaftlicher Entwicklung gebun-

---

17) W. Klafki, Neue Studien zur Bildungstheorie und Didaktik, Weinheim 1995. Klafki benennt u.a. folgende „Schlüsselprobleme" der Gegenwart und nahen Zukunft, die für ihn wesentliche inhaltliche Dimensionen eines Allgemeinbildungskonzepts ausmachen: die Umweltfrage, die Weltbevölkerungsdynamik, der Nord-Süd-Konflikt, die soziale Ungleichheit, die Friedensfrage...

18) H. von Hentig, Die Schule neu denken, München 1993

den, ohne daß Pädagogik kurzschlüssig als Erfüllungsgehilfe festgelegter politischer Ziele instrumentalisiert würde.

6. Das Sustainability-Konzept bietet im Hinblick auf Umweltbildung die Chance einer breiteren Zusammenarbeit mit Personengruppen und Institutionen, die bisher kaum einbezogen waren, weil es u. a. auch um Fragen der Technologieeffizienz, des Wohlbefindens, der sozialen Gerechtigkeit, der kulturellen Identität, der internationalen Zusammenarbeit und Entwicklungspolitik geht. Das Konzept formuliert einen Gesamtrahmen und verbindet darin Umweltbildung, Eine-Welt-Pädagogik, politische Bildung, kulturelle Bildung und technologische Bildung, es ist also fächerübergreifend - komplex angelegt.
   Innerhalb der Umweltbildung bietet das Konzept die Möglichkeit zu einer Integration der didaktisch-methodischen Konzepte der Naturerlebnispädagogik, der individuellen Umweltschutzerziehung und der politisch orientierten Umweltbildung[19].
   Das Leitbild fordert in (und zwischen) den Bildungsinstitutionen eine verstärkte Kooperation heraus. Es bietet eine Chance zu übergreifender Zusammenarbeit für Menschen mit unterschiedlichen Interessen und Kompetenzen.

3. Leitideen einer Bildung für nachhaltige, umweltgerechte Entwicklung

3.1 Didaktische Prinzipien und Schlüsselqualifikationen

Die Entwicklung nachhaltiger, umweltgerechter Lebens- und Arbeitsweisen stellt die vielleicht größte gegenwärtige Herausforderung an die Menschheit dar. Sie erfordert weitreichende Innovationen in (nahezu) allen gesellschaftlichen Handlungsfeldern: wissenschaftlich- technologische Innovationen, z.B. die Entwicklung umwelt- und gesundheitsfreundlicher Produkte, Dienstleistungen, Technologien und Verfahren, politisch-rechtliche und organisatorische Innovationen, z.B. die Entwicklung neuer Steuerungsinstrumente und institutioneller Rahmenbedingungen und soziokulturelle Innovationen, z.B. die Förderung nachhaltiger Denk- und Lebensstile (vgl. Anlage 1).

Entwicklung und Umsetzung von Innovationen sind nicht ausschließlich Aufgaben von Funktionseliten. Eine nachhaltige, umweltgerechte Entwicklung wird ohne die breite, demokratisch organisierte Mitwirkung möglichst

---

19) Vgl. J. Reißmann, Probleme mit Umweltunterricht, in: W. Pieschl (Hg.), Umweltkrise als Bildungskrise, Hannover 1993

vieler Menschen nicht gelingen. Sie erfordert eine umfassende Entfaltung - „Bildung“ - wesentlicher „Humanressourcen“: Kreativität und Phantasie, Intelligenz und kritisches Vermögen, Verständigungs- und Kooperationsfähigkeit usw.

Das Sustainability-Leitbild beschreibt einen gesellschaftlichen Such- und Optimierungsprozeß : eine möglichst alle Menschen einbeziehende Suche nach Möglichkeiten, die Lebensbedingungen der heute und in naher Zukunft lebenden Menschen zu verbessern , ohne die natürlichen Lebensgrundlagen zu gefährden. Es beschreibt in dieser ethisch dimensionierten Zielsetzung den Einstieg in eine globale Problemlöse-, Experimentier- und Dialoggesellschaft, in eine „ Lerngesellschaft“, in der Menschen sich diskursiv-kontrovers über grundlegende Ziele und Werte verständigen, Lösungswege für offene Fragen und Probleme suchen und Lösungsalternativen erproben und optimieren.

Das Lernen, d.h. die Bereitschaft und Fähigkeit zu lebenslangem Lernen, wird selber zu einem Innovationsfaktor und zu einem charakteristischen Merkmal nachhaltiger Entwicklung. Es wird in allen Lebensphasen und Lebensbereichen immer wieder neu herausgefordert. Bildung für eine nachhaltige, umweltgerechte Entwicklung sollte diesen Such-, Verständigungs- und Problemlöseprozeß sowie das „Lernen des Lernens“ modellhaft erfahrbar machen. Es geht um die Entwicklung bzw. Weiterentwicklung einer neuen Lernkultur mit innovativen Lernformen und -methoden[20)] - inhaltlich ausgerichtet an den oben genannten Leitzielen (vgl. Kapitel I und Anlage 1).
Die nachstehenden didaktischen Prinzipien sollten die inhaltliche und methodische Organisation von Lernprozessen orientieren. Sie beschreiben zugleich fundamentale Lernerfahrungen und beziehen sich auf vielfältige Dimensionen menschlicher Fähigkeiten, insbesondere auf Wahrnehmungsfähigkeiten, kognitive Kompetenzen, kommunikative und kooperative Fähigkeiten, Handlungskompetenzen sowie die Fähigkeit zur Wertorientierung und Sinnstiftung.

Die notwendige breite Entfaltung der entsprechenden „Humanressourcen“ erfordert eine Ausrichtung der Bildungs- und Lernprozesse an folgenden didaktischen Prinzipien:

1. Problemlöseorientierung

2. Verständigungsorientierung

[20)] Die in der Agenda 21 im Kapitel 36 geforderte „Neuausrichtung der Bildung auf eine nachhaltige Entwicklung“ bezieht sich demnach nicht nur auf die Inhalte der Bildungsprozesse und ihre Verknüpfung (Umwelt- und Entwicklungsbildung, Friedenserziehung, politische und technologische Bildung usw.). Es geht auch um ein verändertes Verständnis und eine neue Organisation der Lehr- und Lernprozesse.

3. Kooperationsorientierung
4. Anwendungsorientierung
5. Selbstorganisation
6. Ganzheitlichkeit.

Die genannten Prinzipien sind nicht trennscharf abzugrenzen. Sie sollen im folgenden kurz skizziert werden. Dabei hebe ich „Schlüsselqualifikationen"[21] für eine nachhaltige, umweltgerechte Entwicklung besonders hervor (vgl. auch Anlage 2).

(1) Problemlöseorientierung des Lernens[22]

Das Sustainability-Konzept konfrontiert die Menschheit mit einer kaum übersehbaren Fülle neuer Aufgaben und Herausforderungen, für die es keine fertigen Lösungen gibt. Es kommt darauf an, Kompetenzen für das Finden kreativer Lösungen für offene und in der Regel komplexe Probleme und Aufgaben zu entwickeln.
Daraus ergibt sich zum einen eine grundlegende Aussage zur Organisation von Lernprozessen: diese sollten sich auf ergebnisoffene, herausfordernde Fragen und Aufgaben einer nachhaltigen, umweltgerechten Entwicklung beziehen. Ausgangspunkt sollten Begegnungen mit Phänomenen und Problemen sein, die emotional berühren, Erinnerungen wachrufen, Ungeklärtes und Unverstandenes enthalten, Neugier und Entdeckungslust wecken, Fragen oder den Wunsch nach Verbesserung auslösen.

Zum anderen steht die Entwicklung kreativer Problemlösekompetenzen im Mittelpunkt, die sich auf naturwissenschaftlich-technologische, aber auch auf psychologische und soziale, organisatorische und umsetzungsbezogene Entwicklungsaspekte beziehen können. Dazu zählen u.a. die Förderung von Phantasie und Kreativität in Hinblick auf offene Fragen und Probleme, die Entwicklung eines problembezogenen Fach- und Orientierungswissens, eines Wissens um systemische Abläufe und Zusammenhänge und von antizi-

---

21) Vgl. Franz E. Weinert, Vermittlung von Schlüsselqualifikationen, Gutachten für ein Projekt der Akademie für Technikfolgenabschätzung in Baden-Württemberg: „Das Potential der erneuerbaren Ressourcen in Baden-Württemberg - Humanressourcen", Juni 1996.
Kompetenzen, die in hohem Maße strukturelle Persönlichkeitsmerkmale betreffen, z. B. auch emotionale Bindungen und ethische Orientierungen, werden in der Zusammenstellung eher zurückhaltend formuliert, da sie sich einer direkten pädagogischen Beeinflussung in der Regel entziehen.

22) Der Problembegriff ist hier nicht nur negativ gefaßt, er meint auch spannende Aufgaben und Fragen, interessante Herausforderungen.

patorischen Fähigkeiten sowie die Förderung methodischer Kompetenzen des Forschens und Problemlösens.

Das Sustainability-Konzept geht von einer besonderen Komplexität seines Gegenstandsbereichs und seiner Zielsetzung aus (vgl. Abschnitt I). Umgang mit Komplexität, d.h., mit nichtlinearen Ursachenbündeln, mit uneindeutigen Wirkungen und nicht vorhersehbaren Veränderungen oder Nebenwirkungen, mit schwer kalkulierbaren Risiken und widersprüchlichen Informationen, usw., wird zu einer zentralen Herausforderung. Es geht dabei u.a. um die „Fähigkeit, heutige Lebenssituationen im Hinblick auf ihre Unübersichtlichkeit und Komplexität analysieren und erfassen zu können".[23)]

Ein Problemlöselernen versucht folgende Schlüsselqualifikationen zu entwickeln:

- Intelligentes Wissen [24)], d.h., problembezogene Kenntnisse und Verstehenshorizonte, Wissen um vorhandene oder mögliche Alternativen, Urteilsfähigkeit angesichts unwägbarer Risiken und widersprüchlicher Expertenmeinungen.
- Systemisches (vernetztes) Denken, das versucht, die vielfältigen Zusammenhänge und Wechselwirkungen wahrzunehmen und einzelne Phänomene im Zusammenhang der Gesamtdynamik eines Systems zu verstehen.[25)]
- Antizipatorisches (zukunftsgerichtetes) Denken, das mögliche und wahrscheinliche, aber auch eher unwahrscheinliche Langzeitfolgen und Ne-

---

[23)] Dietmar Bolscho/Hansjörg Seybold , Umweltbildung und ökologisches Lernen, Berlin 1996, S.95. "Umgang mit Komplexität" wird dort als einer von drei zentralen Bereichen eines neuen Konzepts für Umweltbildung beschrieben - neben „umweltpolitisches Handeln" und „Umwelterfahrung". Schon 1980 haben Bolscho, Eulefeld, Seybold „die Fähigkeit zum Problemlösen in komplexen Systemen" als ein zentrales Ziel der Umweltbildung beschrieben. (Zitiert bei Bolscho,Seybold, a.a.O., S.83). Auch in den Simulationsexperimenten von Dietrich Dörner geht es um „Problemlösekompetenz", d.h. um die Fähigkeit, „komplexe ‚vernetzte, intransparente und dynamische Situationen oder Realitätsausschnitte" zu verstehen und durch kluge Entscheidungen zu steuern. (Vgl. D. Dörner, Die Logik des Mißlingens. Strategisches Denken in komplexen Situationen, Reinbek 1989)

[24)] Vgl. „Zukunft der Bildung-Schule der Zukunft", Denkschrift der Bildungskommission NRW, Neuwied 1995, S.90 /96

[25)] „Denken in Zusammenhängen" und „antizipatorische Fähigkeiten" werden auch im Umweltgutachten 1994 des Rats von Sachverständigen für Umweltfragen als grundlegende Fähigkeiten dargestellt. Als weitere „Schlüsselkompetenzen" werden die „Fähigkeit zur Reflexion" und „Partizipation" genannt.(1994, S.164f.)

benwirkungen zu erfassen bzw. zu simulieren versucht und ein Denken in längeren Zeiträumen fördert.[26)]

- Phantasie und Kreativität, indem spielerisch-assoziative und kreative Lernformen stärker gewichtet werden.
- Forschungskompetenz, indem entdeckende Lernformen und Studien- und Forschungsvorhaben (vgl. den Wettbewerb „Jugend forscht für die Umwelt") motiviert und einbezogen werden.
- Methodenkompetenz, insbesondere im Hinblick auf Methoden der Informations- und Datenerhebung, -auswahl, -auswertung und -aufbereitung, der Schwachstellenanalyse, der Arbeit mit Indikatoren und Grenzwerten sowie auf Prognoseverfahren usw.

(2) Verständigungsorientierung des Lernens

Das Sustainability-Konzept setzt auf die zwischenmenschliche und interkulturelle Verständigung bei der Entscheidung über vorrangige Ziele und Aufgaben und richtige Lösungswege. Es zielt auf eine stets ethisch orientierte Verständigung und Selbstreflexion. Es ist der Versuch, sich auf grundlegende gemeinsame Werte und Ziele zu einigen und dort, wo dies nicht gelingt, den (noch) bestehenden Dissens offenzulegen.
Reflexive und kommunikative Fähigkeiten sind angesichts komplexer Situationen und Herausforderungen von wesentlicher Bedeutung. Sie sind in diesem Zusammenhang u.a. auf das persönliche und kulturelle Verhältnis zu Natur und Mitmenschen, aber auch auf die Auseinandersetzung mit eigenen Denk- und Lebensstilen zu beziehen. Die Verständigungsmöglichkeiten sind dabei nicht nur von der Sprachkompetenz und der medialen Ausstattung und ihrer Beherrschung abhängig. Sie sind wesentlich mitbestimmt durch die jeweils (kulturabhängige) Selbst- und Fremdwahrnehmung. Die Erhöhung der selbstreflexiven Kompetenzen schafft bessere Voraussetzungen für die erforderliche Konsenssuche.

Dennoch sind Kontroversen und Konflikte im Planungs- und Umsetzungsprozeß unvermeidbar. Die Fähigkeit, konstruktiv mit Interessengegensätzen, Konflikten und Mißverständnissen umgehen zu können, gewinnt für die Umsetzung des Konzepts ein besonderes Gewicht. Die Erprobung von Mediationsverfahren und Konfliktumgangsregeln wird eine vordringliche pädagogische Aufgabe. Sie ist mit einer Verständigung über grundlegende und unverzichtbare Werte zu verbinden.

---

26) Vgl. den Bericht an den Club of Rome „Das menschliche Dilemma - Zukunft und Lernen", Hg. A. Peccei, München 1979, S.161

Ein verständigungsorientiertes Lernen versucht, folgende Fähigkeiten und Haltungen in besonderer Weise zu entwickeln:

- Dialogfähigkeit, d.h., sich einlassen können auf neue und andere , mitunter befremdende Sichtweisen und Argumente, auf die anderer Menschen ebenso wie auf die anderer Kulturen, d.h. auch, Gemeinsamkeiten und Verbindendes entdecken und entwickeln können.
- Selbstreflexionsfähigkeit, indem persönliche Motive und Interessen, eigene Wahrnehmungs- und Deutungsmuster , aber auch Motiv- und Verhaltensambivalenzen artikuliert und reflektiert werden , indem aber auch eigene besondere Lern- und Leistungspotentiale erkannt werden.
- Wertorientierung, d.h. die Fähigkeit, dem eigenen Leben und Handeln eine sinnhafte und humane Orientierung geben zu können, indem Entscheidungen und Verständigungsbemühungen immer wieder auf die ethischen Zielsetzungen und Begründungen des Sustainability-Leitbildes bezogen werden. Dies gelingt um so mehr, je glaubwürdiger die ethischen Prinzipien in der Lernsituation selber erfahren werden.
- Konfliktlösefähigkeit, indem gewaltfreie Formen des Konfliktumgangs, eine argumentative Diskursführung und die Suche nach vernünftigen und akzeptablen Kompromissen gefördert und erprobt wird. Dabei sollten Vereinbarungen eine wichtige Rolle spielen.

(3) Kooperationsorientierung des Lernens

Ohne eine Zusammenführung der vielfältigen Kompetenzen und Erfahrungen möglichst vieler Menschen und ohne interdisziplinäre und internationale Zusammenarbeit sind die Herausforderungen und Probleme einer nachhaltigen, umweltgerechten Entwicklung nicht zu lösen.

Die Entwicklung von Kooperationsbereitschaft und -fähigkeit wird zu einer zentralen Aufgabe. Sie zielt zum einen auf internationale und interkulturelle Zusammenarbeit, auf grenzüberschreitende Umwelt- und Entwicklungsprojekte und einen entsprechenden Informations- und Erfahrungsaustausch.

Zum anderen ist damit die Entwicklung von Teamfähigkeit gemeint: die Zusammenarbeit in unterschiedlichen Gruppen und in verschiedenen Rollen, die Kooperation mit Experten und mit Gruppen von Betroffenen. Arbeit in wechselnden Gruppen, vielleicht auch mit Partnern , zu denen keine persönlichen oder politischen Affinitäten bestehen, wird selbstverständlich werden müssen.

Neben der direkten, aufgabenbezogenen Zusammenarbeit, die mehr oder weniger fest vereinbart wird, gewinnen aber auch verschiedene Formen des informellen Erfahrungsaustausches an Bedeutung, insbesondere dort, wo Menschen an ähnlichen Aufgaben arbeiten. Lernen wird sich in Zukunft verstärkt in Netzwerken organisieren müssen, d.h., es kommt darauf an, verschiedene Informations- und Erfahrungsmöglichkeiten zu nutzen - vom Internet bis hin zu informellen Kontaktnetzen in der Region. Wichtige Informationen, z.B. neue Forschungsergebnisse, beispielhafte Modelle oder Problemlösungsvorschläge, politische Vereinbarungen, aber auch aktuelle Arbeitsvorhaben und offene Fragen, müssen lokal, regional und ggf. international zugänglich und abrufbar sein.

Kooperation eröffnet auch - z.B. durch sinnvolle Gemeinschaftsaufgaben[27)] - die Chance, Verbundenheit, Solidarität und Gemeinsamkeit zu erfahren, ohne die ein längerfristiges Engagement nur schwer durchzuhalten ist. Gerade eine letztlich ergebnisoffene Entwicklung, die Menschen mit schwer kalkulierbaren Risiken und vermutlich immer wieder auch mit Mißerfolgen und Rückschlägen konfrontiert, sollte auf emotional stabilisierende Erfahrungen setzen, die sich in gemeinsamen Arbeitszusammenhängen entwikkeln können.

Ein kooperatives Lernen entwickelt insbesondere folgende Kompetenzen und Haltungen:

- <u>Bereitschaft und Fähigkeit zu internationaler Kooperation.</u>
- <u>Teamfähigkeit</u>, d.h. die Bereitschaft und Fähigkeit, an wechselnden Aufgaben und ggf. in wechselnden Rollen an Lösungen mitzuwirken.
- <u>Gemeinsinnorientierung</u>, durch Beteiligung an Gemeinschaftsaufgaben, die die Mitwirkung vieler, besonders angesprochener Kompetenzen erfordern.
- <u>Lernen in Netzwerken</u>, d.h., die Fähigkeit, unterschiedliche Lernorte, Informations-, Beratungs- und Erfahrungsquellen heranzuziehen, ein Netz informeller Kontakte und Unterstützungsangebote zu entwickeln und zu nutzen.

(4) Anwendungsorientierung des Lernens

Erst in der praktischen Umsetzung und Anwendung in verschiedenen Lebenssituationen und Arbeitsbereichen sowie im Versuch, öffentliche Akzeptanz zu gewinnen und zu erhöhen, erweist sich die Tragfähigkeit von

---

27) Auf die kontroverse Diskussion um kommunitaristische Gesellschaftskonzepte (z.B. Amitai Etzioni) kann in diesem Zusammenhang nur verwiesen werden. Der Kommunitarismus wendet sich gegen Individualisierungs- und Liberalisierungsentwicklungen, betont den Gemeinsinn und fordert die Stärkung lokaler und traditionaler Gemeinschaften.

Problemlösevorschlägen i.S. des Sustainability-Konzepts. Bildung für eine nachhaltige, umweltgerechte Entwicklung schließt Handlungsorientierung im Sinne praktischen Lernens, Partizipation im Sinne politischen Lernens und einen Bezug zu individuellen Erfahrungszusammenhängen (Situationsorientierung) ein.[28)]

Das Konzept betrifft und fordert jeden einzelnen in unterschiedlichen Lebensbereichen. Lernen sollte sich daher nicht nur, aber verstärkt auf Lebenswelterfahrungen beziehen, daraus Fragen und Aufgaben entwickeln und daraufhin Lösungswege erproben.

Diese Situationsorientierung konzentriert das Lernen auf eine möglichst kompetente und reflektierte Bewältigung verschiedener Lebenssituationen: Privathaushalt, Konsum-, Freizeit- und Mobilitätsbereich, Mediennutzung, Schule als Lebensraum, usw. - Situationen, die mit persönlichen Erfahrungen und Wahrnehmungen verbunden sind. Ein besonderes Gewicht gewinnt die Situationsorientierung vor dem Hintergrund der Erkenntnisse des Konstruktivismus (H. Maturana, F. Varela). Danach läßt sich z.B. Wissen nicht einfach „vermitteln", sondern muß in konkreten Situationen immer wieder aus eigenen Erfahrungen und subjektiven Bedeutungen heraus aufgebaut (konstruiert) werden.[29)]

Da das Konzept nicht auf abgeschlossene Programme, sondern eher auf Optimierungsprozesse zielt, sind ausprobierende praktische Umsetzungen und Anwendungen von großer Bedeutung, weil sie Stärken und Schwächen der Lösungsvorschläge offenbaren.

Die praxisbezogene Handlungsorientierung [30)] des Lernens ist damit ebenso gemeint wie die auf öffentliche Mitsprache und Akzeptanzförderung zielende Partizipationsorientierung. Der konkrete Umsetzungsprozeß sollte also mit dem Versuch verbunden werden, öffentliche Akzeptanz zu finden und Einfluß zu nehmen auf weitere Planungen und Entscheidungen. Partizipation zielt auf informelle und institutionalisierte Mitsprache, z.B. in Schule und Kommune, auf ein Aushandeln von Regeln und Vereinbarun-

---

[28)]Handlungs-, Situations- und Problemorientierung sowie Interdisziplinarität sind sozusagen klassische Kriterien für die Planung und Organisation von Umweltbildungsprozessen. (Vgl. Bolscho, Seybold, 1996, S. 84 und S. 132ff)

[29)]Vgl. Horst Siebert, Ökopädagogik aus konstruktivistischer Sicht, in: Pädagogik und Schulalltag 50,1995, und Rolf Arnold, Deutungslernen in der Erwachsenenbildung. Grundlinien und Illustrationen zu einem konstruktivistischen Lernbegriff, in: Zeitschrift für Pädagogik 3/96. Diese Diskussionen führen allerdings weit über das hier mit „Anwendungsorientierung" Gemeinte hinaus.

[30)]Handlungsorientierung meint hier vor allem praktische Anwendungs- und Umsetzungsversuche (z.B. ökologischer Umbau der Schule, Biotopgestaltungsmaßnahmen). Weitergehende Vorstellungen einer „Handlungsorientierung" werden bei Bolscho/Seybold, 1996, S. 146ff skizziert.

gen. Es bezieht aber auch aktive Medien- und Öffentlichkeitsarbeit ein. Maßnahmen zur Akzeptanzförderung sollten Bestandteil aller praktischen Vorhaben sein und in Bildungsprozessen entsprechend vorbereitet und erprobt werden.

Zugleich ist damit ein Lernen an positiven Beispielen und mutmachenden Erfahrungen zu verbinden. Positive Beispiele sind noch immer das überzeugendste Argument.

Durch praktisches Lernen bezogen auf konkrete Lebenssituationen und durch politisches Lernen bezogen auf aktive Partizipation sowie durch Beispiele „guter Praxis“ gewinnen Lernprozesse an Glaubwürdigkeit und Ernstcharakter.

Wesentliche Kompetenzen sind :

- Entscheidungsfähigkeit, die auch dort erforderlich sein kann, wo theoretische Planungen und Überlegungen noch nicht abgeschlossen sind oder uneindeutige Situationen bestehen.
- Handlungskompetenzen, die sich als praktische Fähigkeiten und Fertigkeiten in den jeweiligen Anwendungsbereichen und Lebenssituationen (Arbeitsplatz, Haushalt, Freizeit, Kommune u.a.) entwickeln.
- Partizipationsfähigkeit, d.h. die Bereitschaft und Fähigkeit, sich an konkreten Planungen, Projekten und Programmen zu beteiligen, sich kompetent und verantwortlich einzumischen, mitzubestimmen und mitzugestalten, aber auch die Fähigkeit, Einfluß auf die öffentliche Meinung zu nehmen.

(5) Selbstorganisation des Lernens

Das Sustainability-Konzept beschreibt den Einstieg in eine „lernende Gesellschaft“, deren Mitglieder möglichst lebenslang lernfähig werden und bleiben und in die Lage versetzt werden müssen, den eigenen Lernprozeß selbst zu steuern.[31)]

Lernen sollte mehr als bisher als selbstorganisierter, kontinuierlicher Verbesserungsprozeß gestaltet werden. Voraussetzung ist, die Freude am Lernen zu fördern. Der Lernprozeß sollte positive Erfahrungen mit der eigenen Lern- und Leistungsfähigkeit eröffnen, indem sinnvolle und herausfordernde Aufgaben für einzelne Personen oder Gruppen vereinbart und Möglichkeiten der selbständigen und selbstverantworteten Bearbeitung eröffnet werden. D.h., Lernen sollte weniger als bisher ein „Nachlernen“ feststehender Ergebnisse und Lösungswege, sondern ein ergebnisoffener, selbst-

---

31) Vgl. Günther Dohmen, Das lebenslange Lernen, Bonn 1996

gesteuerter Suchprozeß sein. Bildung für nachhaltige, umweltgerechte Entwicklung kann demnach nicht nach den Vorstellungen einer „Erzeugungsdidaktik" organisiert werden, sondern erfordert eine „Ermöglichungsdidaktik"[32], die individuelle Schwerpunkte und Wege im Lernprozeß und ein Vertrauen in die eigene Lernfähigkeit fördert.

Die Erfahrung eigenverantworteter Lernfähigkeit sowie der eigenen Selbstwirksamkeit [33] ist m.E. grundlegend für die Umsetzung des Sustainability-Konzepts. Selbstorganisiertes Lernen müßte den selbstverständlichen Umgang mit Fehlern und Schwächen einschließen. Diese sollten eher als reizvoller Anlaß zum Weiterlernen und Optimieren, denn als persönliche Niederlage erfahrbar werden .

Die Herausforderungen einer nachhaltigen, umweltgerechten Entwicklung stellen sich in allen Lebensphasen und in allen Alltags-, Arbeits- und Freizeitbereichen - und sie stellen sich immer wieder neu. Daher können die Bildungsprozesse nicht auf formelles Lernen in Bildungsinstitutionen oder gar auf ein geschlossenes Lernprogramm reduziert werden. Lebenslanges Lernen ist herausgefordert. Es zu ermöglichen ist zugleich ein Kennzeichen von Lebensqualität.

Wichtige Schlüsselqualifikationen sind:

- Selbststeuerung von Lernprozessen, d.h. die Fähigkeit, im Hinblick auf vereinbarte Ziele und Aufgaben Lern- und Arbeitsprozesse selbst zu planen und zu organisieren, vorhandene Hilfs- und Unterstützungsquellen heranzuziehen, Arbeitsergebnisse aufzubereiten, zu präsentieren und zu evaluieren.
- Evaluationskompetenz, d.h., die prozeß- und ergebnisbezogene kritische Be- und Auswertung von Lern- und Arbeitsprozessen.
- Lebenslanges Lernen, d.h. die Bereitschaft und Fähigkeit, Lernen als bereichernde, Lebensqualität symbolisierende Erfahrung wahrzunehmen, für die sich lebenslang an verschiedensten Orten und aus verschiedensten Anlässen Gelegenheiten ergeben.

(6) Ganzheitlichkeit des Lernens

Die Komplexität und die Vernetzungszusammenhänge des Sustainability-Konzepts machen es erforderlich, einseitige Wahrnehmung und Zugänge zu vermeiden, verschiedene (plurale) Umsetzungswege zu erproben und

---

32) Vgl.R.Arnold, a.a.O., S. 722

33) Vgl. Wolfgang Edelstein (Hg), Entwicklungskrisen kompetent meistern, Heidelberg 1995

diese immer wieder rückzukoppeln mit der globalen Entwicklungsdynamik.

Ganzheitliches Lernen versucht, eine möglichst umfassende sinnliche und kulturelle Wahrnehmung von Phänomenen und Problemen zu eröffnen, um einseitige (klischeehafte) und vorschnelle Deutungsmuster zu relativieren. Es versucht, neue und überraschende Zugänge zu ermöglichen und kulturell oder biographisch vernachlässigte Wahrnehmungs- und Erlebnisweisen zu aktivieren, z.B. über meditative Verfahren, durch faszinierende und emotional ergreifende Erzählungen und Begegnungen, durch bewußtes Einbeziehen körperlicher Empfindungen u.a.

Auf diese Weise können Erfahrungen und Erkenntnisse emotionalisiert und personalisiert werden und für den einzelnen eine tiefere persönliche Bedeutung mit nachhaltiger Wirkung erhalten. Dabei sollte die Emotionalisierung auf universelle Ideale und humane ethische Orientierungen zielen: Liebe, Partnerschaft, Schutz von Schwächeren, Achtung anderer Lebewesen, Verantwortungsbereitschaft, Verzicht auf persönliche Vorteile, usw.

Ganzheitliches Lernen versucht darüber hinaus, unterschiedliche Erfahrungsmöglichkeiten und fachliche Zugänge zu verbinden („Interdisziplinarität").

Zugleich wird damit auch die Vielfalt der individuellen Wahrnehmungs- und Erlebnisweisen , Interessen und Kompetenzen ins Spiel gebracht. Plurales Lernen bedeutet, daß verschiedene inhaltliche und methodische Zugangs- und Bearbeitungsweisen möglich sein sollten . Sie sind zusammenzuführen in der schwierigen Frage nach globalen Auswirkungen und Bezügen.

Wichtige Kompetenzen sind:

- eine vielseitige Wahrnehmungs- und Erfahrungsfähigkeit, durch die Phänomene und Probleme in verschiedenen Dimensionen und Bedeutungen wahrgenommen werden können,
- ein konstruktiver Umgang mit Vielfalt, d.h. die Fähigkeit, verschiedene Methoden, Sichtweisen und Kompetenzen bei der Problemlösungssuche zusammenzuführen ,
- eine globale Perspektive [34], durch die lokale Lebenswelterfahrungen sowie einzelne Probleme und Problemlösungswege rückgekoppelt werden mit möglichen Auswirkungen auf die globale Entwicklung.

---

34) Vgl. "Globales Lernen", Bericht der Pädagogischen Kommission des Forums „Schule für eine Welt", Schweiz 1996

2. Innovative Lernformen und -verfahren: Pädagogik der Vielfalt

Bildung für eine nachhaltige, umweltgerechte Entwicklung, die sich an den genannten Prinzipien zu orientieren versucht, wird innovative Organisationsformen, Methoden und Verfahren des Lernens aufgreifen und weiterentwickeln müssen. Sie wird diese verbinden müssen mit nach wie vor sinnvollen Phasen des Lehrgangslernens bzw. der lehrerzentrierten Unterweisung.

Wir wissen aus der Narzißmustheorie (H. Kohut u.a.[35]) und aus anderen psychologischen Untersuchungen (z.B. A. Banduras Selbstwirsamkeitstheorie[36]) wie wichtig es ist, daß sich Menschen in ihren besonderen Stärken und Interessen wahrgenommen, angesprochen und herausgefordert fühlen, wie wichtig es ist, daß sie ein positives Gefühl eigener Kompetenz und Selbstwirksamkeit entwickeln. Die Lernorganisation sollte daher verstärkt Bezug nehmen auf die Vielfalt menschlicher Motivlagen, Interessen und Kompetenzen.

So können z.B. sehr unterschiedliche Motivlagen ein Interesse für das Sustainability-Leitbild begründen: Tier- und Naturliebe, eine konsum- und gesellschaftskritische Haltung, eher traditionelle Sparsamkeits- und Pflegeorientierungen, ein individuelles Gesundheitsbewußtsein, die Faszination an technologischen Innovationen.
Eine Pädagogik der Vielfalt[37] sollte verschiedene inhaltliche Zugänge und methodische Bearbeitungsweisen sowie entsprechend arbeitsteilige Aufgaben eröffnen und anbieten. Die noch vielerorts praktizierte Zwangskollektivierung des Lernens - (alle beschäftigen sich zur gleichen Zeit mit der gleichen Aufgabe bei vorgegebener Lösung) - ist ineffektiv und demotivierend. Sie führt zu einer Vergeudung von „Humanressourcen“.

Damit wird zugleich die Vielfalt methodischer Zugangs-, Bearbeitungs- und Sichtweisen erfahrbar: Dichter und Künstler z.B. haben andere Zugänge zu Problemen und zu Problemlösungen als Naturwissenschaftler, Tech-

---

[35] H. Kohut, Die Zukunft der Psychoanalyse, Ffm.1975

[36] Vgl. W. Edelstein (Hg.), a.a.O., Heidelberg 1995

[37] Vgl.A. Prengel, Pädagogik der Vielfalt, Opladen 1993, und D. Benner, H.-E. Tenorth, Bildung zwischen Staat und Gesellschaft, in: Ztschr. für Pädagogik 1/96, S.13: Die Autoren betonen, „daß Vielfalt und Pluralität (...) als universale Bedingung modernen Lernens erkannt und offensiv gesehen werden müssen. Individuelle Bildung ist nur im Kontext einer Mannigfaltigkeit möglich, die im alltäglichen Leben selbst sich zeigen und auswirken können muß. Hierfür ist die plurale Struktur der pädagogischen Welt selbst unentbehrlich und eine Vielfalt methodischer Zugänge ebenso unverzichtbar wie eine Vielfalt thematischer Aspekte, unter denen die Inhalte des Schullernens eröffnet und strukturiert werden.“

niker, Computerfachleute oder Journalisten usw. Auch Lernprozesse müssen in Zukunft stärker „dezentralisiert“ und „desynchronisiert“ werden.

In den Bildungsinstitutionen werden bereits vielfältige innovative Methoden und Verfahren entwickelt und erprobt, die Lernprozesse im Sinne der oben genannten didaktischen Prinzipien eröffnen - und zwar in allen Fachbereichen. Beispielhaft sollen im Folgenden einige Methoden genannt und andeutungsweise in Beziehung zu den didaktischen Prinzipien und Schlüsselqualifikationen gesetzt werden.

Auf die Entwicklung von Problemlösekompetenzen zielen z.B. Methoden der Kreativitätsförderung und des kreativen Problemlösens, des experimentellen Arbeitens und Forschens, Simulationsverfahren und -spiele sowie Fallstudien. Kommunikativ-kooperatives Problemlösen kann in Form von Zukunftswerkstätten, Zukunftskonferenzen oder Runden Tischen organisiert werden.

- Der Einsatz von Computersimulationsverfahren für die Problemlösung in komplexen Situationen wird z.B. von D. Dörner beschrieben.[38] Einen kurzen Überblick über Simulationsspiele (z.B. „Ökolopoly“ von Frederic Vester) geben D. Bolscho, H. Seybold (1996, S. 165ff.).
- Die u.a. von R. Jungk entwickelte Methode der „Zukunftswerkstatt“[39]. mit dem typischen Ablaufschema Kritikphase - Phantasiephase - Umsetzungsphase versucht, die kollektive Kreativität und Intelligenz von Gruppen bei der Problemwahrnehmung und Problemlösung zu entwickeln und zu nutzen. Sie ist in ihrer Wirksamkeit stark von einer guten Moderation abhängig.
- Das Konzept der „Zukunftskonferenz“ ist eine Weiterentwicklung der Zukunftswerkstattmethode. In einem mehrphasigen Ablauf werden hierbei alle „Schlüsselpersonen“ eines Systems (z.B. Schule) in einen Dialog- und Problemlöseprozeß eingebunden. Auf diese Weise sollen Systemdenken und „dialogisches Handlungswissen“ entwickelt und umsetzbare Ergebnisse erzielt werden.[40]

Methoden der Umwelt- und Konfliktmediation, des „Sokratischen Gesprächs“ und der Teamarbeit in verschiedenen Varianten werden vielerorts erprobt, um selbstreflexive, kommunikative und kooperative Kompetenzen zu fördern.

---

38) Vgl. D. Dörner, Die Logik des Mißlingens. Strategisches Denken in komplexen Situationen, Hamburg 1992

39). Jungk, N. Müllert, Zukunftswerkstätten.Mit Phantasie gegen Routine und Resignation, München 1989.- Vgl. auch D. Bolscho, H. Seybold, 1996, S. 174ff

40) Vgl.O.-A. Burow, Lernen für die Zukunft - oder die „fünfte Disziplin des Lernens“, in: AnSchUB 3/96

- In einigen Schulen werden z.Z. Streitschlichtungsmodelle erprobt und Schülerinnen und Schüler als Moderatoren qualifiziert. Gerade im Umweltschutz spielen Mediationsverfahren zur Konfliktlösung und -vermittlung eine wachsende Rolle. Sie können an realen oder fiktiven Beispielen auch durch Schüler praktiziert werden. Insbesondere die Umsetzung der Agenda 21 auf lokaler Ebene bietet reizvolle Anlässe für Mediationsverfahren.[41)]

- Das „Sokratische Gespräch" ist eine vielerorts bereits mit Schülern erprobte Methode des gemeinsamen Nachdenkens über offene und existentielle Fragen (z.B. „Kann man in der heutigen Zeit noch hoffen ?"). Der Gesprächsverlauf folgt bestimmten Regeln. Das Sokratische Gespräch ist eine besondere Möglichkeit der Schulung des Denkvermögens und der Selbstreflexivität sowie der ethisch orientierten Verständigung.[42)]

Im Zusammenhang mit öffentlichen Veranstaltungen und Aktionen oder im Rahmen der Mitwirkung an regionalen oder internationalen Kampagnen und Projekten werden vielfältige Kooperations-, Handlungs- und Partizipationskompetenzen entwickelt: Teamarbeit, praktische Fähigkeiten und Fertigkeiten, Moderations- und Präsentationstechniken sowie Strategien der Öffentlichkeitsarbeit.

- Umwelt- und entwicklungsbezogene Kampagnen, Kooperationsprojekte und Förderwettbewerbe sind eine hervorragende Möglichkeit anwendungsorientierten Lernens. Aus Niedersachsen seien beispielhaft genannt: Vorhaben zur Umsetzung einer lokalen Agenda 21 in der Erwachsenenbildung, das „Klimabündnis niedersächsischer Schulen", das D.G.U.-Projekt „Umweltschule in Europa", regionale Projekte zur Energieeinsparung an Schulen, Kooperationsprojekte zwischen Schulen, Regionalen Umweltbildungszentren (RUZ) und der Landwirtschaft bzw. der Forstwirtschaft.[43)]

- Gerade in praxisbezogenen Initiativen können Schülerinnen und Schüler vielfältige Methoden- und Handlungskompetenzen sowie Partizipationsfähigkeit entwickeln: Sie lernen als „Energiemanager", Schwachstellenanalysen an ihren Schulen durchzuführen und Konzepte zur Energieeinsparung zu entwickeln und umzusetzen; andere führen in Zusammenarbeit mit Ämtern regelmäßige Fließgewässerkontrollen durch und beteiligen sich an Umweltüberwachungsprogrammen; wieder andere entwickeln Informationsblätter oder Schautafeln für Lehr- und Erlebnispfade in

---

41) Vgl. H.-J. Fietkau, Leitfaden Umweltmediation, Berlin 1994

42) Vgl. D. Horster, Das Sokratische Gespräch in Theorie und Praxis, Opladen 1994

43) Nähere Informationen zu den niedersächsischen Projekten sind über das Niedersächs. Kultusministerium in Hannover zu beziehen.

ihrer Region; oder sie erproben in Zusammenarbeit mit Betrieben ökologische Betriebserkundungen und einfache Öko-Auditver-fahren.

Methoden der selbständigen Lern- und Arbeitsorganisation und der Selbstevaluation werden nicht nur in der Projektarbeit, sondern u.a. im Rahmen von Freiarbeit, Wochenplanarbeit und in Lernwerkstätten entwikkelt.[44)]

„Phantasiereisen“, Meditations- und Entspannungsverfahren, Übungen zum bewußten Erleben körperlicher Empfindungen, usw. sollen die Selbst- und Fremdwahrnehmungsfähigkeit erweitern, die Lernfähigkeit fördern und eine „ganzheitliche“ Wahrnehmungsweise entwickeln helfen.

Die Zahl der Beispiele ließe sich fortsetzen.

Dabei scheint es mir möglich zu sein, einige der eben genannten Methoden lehrgangsartig zu vermitteln. Wesentlich ist, daß sie in die Aus- und Fortbildung der Lehrerinnen und Lehrer integriert werden.

3. Inhaltlich-thematische Schwerpunkte einer Bildung für nachhaltige, umweltgerechte Entwicklung

Die inhaltlich-thematischen Schwerpunkte einer Bildung für nachhaltige, umweltgerechte Entwicklung können zum einen auf objektive Relevanzen bezogen werden, wie sie z.B. in der Agenda 21[45)] formuliert oder in der Studie „Zukunftsfähiges Deutschland“ beschrieben werden. Aus der Agenda 21 ergibt sich eine lange Liste relevanter Themen bzw. Problembereiche, z.B.: Armutsbekämpfung, Konsumgewohnheiten, Bevölkerungsdynamiken, Gesundheitsförderung, Siedlungsentwicklung, Schutz der Erdatmosphäre, nachhaltige Landwirtschaft, Biotechnologie, Schutz der Wasserressourcen, giftige Chemikalien, Abfälle, Stärkung der Rolle der Kinder und Jugendlichen und der Frauen usw.

Die lokale oder regionale Umsetzung der Agenda 21 oder einiger Teilbereiche wäre eine inhaltlich vorrangige Aufgabe, an der sich auch Bildungsinstitutionen beteiligen sollten.
Aus der Studie „Zukunftsfähiges Deutschland“[46)] lassen sich (zumindest für Mitteleuropa) objektive Prioritäten ableiten, d.h. Bereiche, die im Hinblick auf eine nachhaltige, umweltgerechte Entwicklung vorrangig umgestaltet und verändert werden müssen. Zentrales Kriterium ist dabei die

---

44) Vgl. H. Schulze: „...und morgen fangen wir an!“ Bausteine für Freiarbeit und offenen Unterricht in der Sekundarstufe, AOL Verlag 1995

45) Die Agenda 21 ist als Dokument über das Bundesministerium für Umwelt, Naturschutz und Reaktorsicherheit zu beziehen.

46) Hrsg. BUND und Misereor, vorgelegt vom Wuppertaler Institut für Klima, Umwelt, Energie, Basel 1995

Entwicklung einer höheren Naturverträglichkeit. Demnach wären folgende Themen besonders zu gewichten:

1. Energieversorgung; 2. Mobilität/Verkehr und Freizeit; 3. Wohnen und Siedlungsentwicklung; 4. Lebensmittelerzeugung und Ernährung; 5. ökologische Produktinnovation; 6. Lebensstile; 7. Verschränkung lokaler und globaler Entwicklungen.
Die inhaltlich-thematische Schwerpunktsetzung sollte aber nicht nur auf die „politische Logik" objektiver Relevanzen setzen, sondern auf „pädagogische Logik": auf subjektive Motive und Interessen, auf persönliche Zugangsweisen und Umsetzungsmöglichkeiten, auf didaktisch und methodisch bewährte oder neue Wege der Motivierung, der Entwicklung von Verständnis und Engagement. Sie sollte möglichst an erprobte Inhalte anknüpfen und diese zu erweitern suchen.
Dies versuche ich in der folgenden (noch sehr vorläufigen) Themenvorschlagsliste zu berücksichtigen. Für die exemplarische pädagogische Er- und Bearbeitung des Sustainability-Konzepts schlage ich drei Orientierungen vor:

I. die grundlegende Frage nach dem Verhältnis der Menschen zur Natur und zu Mitmenschen, also eine natur- und kulturbezogene Selbstvergewisserung;

II. die Entwicklung und Umsetzung von Nachhaltigkeitskonzepten für persönliche Lebens- und Erfahrungssituationen (Haushalt, Wohnen und Freizeitbereich; Mobilitäts-, Konsum- und Risikoverhalten, Schule; Arbeitsplatz, Wohnort und heimatliche Region u.a.), also eine lebensweltbezogene Orientierung und

III. die Entwicklung und Umsetzung von Nachhaltigkeitskonzepten für einzelne inhaltliche, zugleich gesellschaftspolitische Problembereiche (z.B. Energieversorgung; Verkehr, Stadtentwicklung , Agenda 21 usw.), also eine exemplarische gesellschaftsbezogene Orientierung.

Selbstverständlich können alle drei Orientierungen verbunden werden.

Themenbereich I: Das Verhältnis des Menschen zu Natur und Mitmenschen

- das Verhältnis zu Natur, Mitmenschen und sich selbst
- Lebensansprüche, Entwicklungsprinzipien und Problemlösestrategien in der Natur
- Lebensansprüche und Problemlösestrategien der Menschen in verschiedenen Kulturen

- Das Sustainability-Konzept : kulturelle und anthropologische Voraussetzungen und Möglichkeiten einer Neuorientierung und Erweiterung der Wahrnehmung, der ethischen Orientierung und des Handelns

Themenbereich II: Entwicklung von nachhaltigen, umweltgerechten Lebens- und Arbeitsweisen in persönlichen Lebenssituationen (Schwerpunkt: Lebensweltbezug):

- Privathaushalt, Wohnen, Konsum- und Lebensstile
- Freizeit- und Mobilitätsbereich (z.B. Vereine, Reisen)
- Schule, Bildungsinstitutionen
- Arbeitsplatz (Betrieb, Beruf)
- Wohnort, heimatliche Region (Mitwirkung an der Umsetzung lokaler Agenden)
- Kommunikation und Mediennutzung
- Gesundheit, Wohlbefinden, Ernährungs- und Risikoverhalten

Themenbereich III: Entwicklung und Umsetzung von Nachhaltigkeitskonzepten für exemplarische inhaltliche Problembereiche (Schwerpunkt: Gesellschaftsbezug):

- Energieversorgung
- Mobilität, Verkehr und Freizeit
- Wohnen und Siedlungsentwicklung
- Lebensmittelerzeugung und Ernährung
- ökologische Produktinnovation
- Leitbilder und Lebensstile
- Verschränkung lokaler und globaler Entwicklungen
- Umsetzung der Agenda 21

4. Die Bildungsinstitutionen: Modelle für nachhaltige, umweltgerechte Entwicklung

Es kann nicht nur darum gehen, neue oder erweiterte Lerninhalte in den bestehenden Unterricht zu integrieren oder gar ein neues Unterrichtsfach zu fordern. Eine einseitige Didaktisierung und Verschulung würde den Bildungsanspruch des Sustainability-Konzepts unterlaufen.

Die Bildungsinstitutionen müssen selber das Leitbild einer nachhaltigen, umweltgerechten Entwicklung repräsentieren, wenn sie entsprechende Lernerfahrungen glaubwürdig eröffnen wollen. Sie müssen nicht nur in den Lerninhalten, sondern auch in ihren Kommunikations- und Organisationsformen zu einem Modell für eine nachhaltige, umweltgerechte Entwicklung werden. Eine entsprechende Weiterentwicklung bezieht sich auf folgende Bereiche:

1. **Inhaltliche Gestaltung**
   Die im Abschnitt I formulierten inhaltlichen Leitziele sollten sich also auch so weit wie möglich in der Arbeit der Institutionen niederschlagen: etwa in einer naturverträglichen Gestaltung und Pflege der Räume und des Geländes, in der Entwicklung einer nachhaltigen, ökonomisch tragfähigen Betriebsorganisation, in der Integration der Einrichtung bzw. der Projekte in lokale und regionale Netze, in der Entwicklung selbstgenügsamer Formen des Wohlbefindens und der Lebensqualität, in der Eröffnung von Selbstwirksamkeits- und Mitbestimmungserfahrungen für alle Beteiligte, in der Entwicklung eines besonderen, identifikationsfördernden Profils sowie internationaler Kontakte und Kooperationsformen.

2. **Arbeitsprozeßgestaltung**
   Auch die im Abschnitt III formulierten didaktischen Prinzipien der Lernprozeßgestaltung sind nur dann glaubwürdig, wenn sie zugleich das Lernfeld, das Zusammenleben und -arbeiten der Menschen in den Institutionen orientieren. So müssen Schülerinnen und Schüler erfahren können, daß die Schule bzw. die Lehrerschaft insgesamt z.B. problemlöseorientiert zu arbeiten versucht, kommunikative und selbstreflexive Arbeitsformen praktiziert, in Sachfragen zu kooperieren versucht, externe Beratung und Unterstützung einbezieht und eigenverantwortete Handlungsfelder für Schüler, Lehrkräfte und Eltern schafft.

3. **Einbindung in Netzwerke**
   Netzwerkarbeit („Networking“) wird an Bedeutung gewinnen.
   Dies schließt den Auf- und Ausbau von Kooperationszusammenhängen zwischen verschiedenen Institutionen und Partnern ein. So wie Menschen lernen, Informationen, Bildungs- und Umsetzungserfahrungen in verschiedenen Lernorten zu sammeln, so werden diese Bereiche selbst in einen Informations- und Erfahrungsaustausch eintreten müssen. Das kann über regionale Gesprächskreise und Hospitationsgruppen, über Runde Tische oder über gemeinsame, zeitlich befristete Projekte geschehen, evtl. auch durch Nutzung moderner Informations- und Kommunikationsmedien organisiert werden.

4. **Beteiligung an umwelt- und entwicklungspolitischen Programmen, Projekten und Kampagnen**
   Diese bieten die Chance einer verstärkten Rückkopplung von Bildungsmaßnahmen mit anderen (politischen und marktwirtschaftlichen) Steuerungsinstrumenten und damit einer erhöhten Wirksamkeit. Die Bildungsmaßnahmen können auf diese Weise an Ernsthaftigkeit und Glaubwürdigkeit gewinnen, ohne daß sie in eine zu enge Instrumentalisierung für politische Zielsetzungen gezwungen werden.

5. **Lernende Organisationen**
   Durch erweiterte Gestaltungsräume in inhaltlicher, personeller, organisatorischer und finanzieller Hinsicht haben Bildungsinstitutionen selber die Chance, zu „lernenden Organisationen" zu werden. Sie können eigene Schwachstellen und Stärken identifizieren, eigenverantwortlich Optimierungskonzepte erarbeiten und sich über eine besondere pädagogische Profilbildung verständigen.
   Das Sustainability-Konzept setzt Lernbereitschaft und Lernfähigkeit voraus. Bildungsinstitutionen stehen inhaltlich und organisatorisch vor einer interessanten Herausforderung, die sie als Chance begreifen sollten, die eigene Arbeit glaubwürdig und sinnvoll zu orientieren.

5. Pädagogik und gesellschaftspolitischer Rahmen

Immer wieder werden pädagogische Maßnahmen zur Lösung gesellschaftlicher Probleme aller Art angemahnt und in der Regel mit hohen Wirksamkeitserwartungen bedacht. Dies erzeugt auch innerhalb des Systems der Pädagogik einen starken Erwartungs- und Erfolgsdruck - mit paradoxen Ergebnissen: Gerade die auf rasche Wirkungen orientierten Lernformen und -methoden lösen Abwehr aus, insbesondere wenn sie auf „tiefere" Persönlichkeitsänderungen zielen. Es ist im Grunde seit längerem bekannt: Durch Bildungsmaßnahmen lassen sich weder gezielt und systematisch gesellschaftliche Wandlungsprozesse, noch Persönlichkeits- oder Verhaltensänderungen herbeiführen. Die Bildungsidee schließt die selbstbestimmte Persönlichkeitsentfaltung ein, d.h. sie setzt prinzipiell auf die Einsicht- und Vernunftfähigkeit des Menschen.

Die Einstellungs- und Verhaltensänderungen, die das Sustainability-Konzept formuliert, sind meines Erachten nicht durch systematische Lernprozesse oder gar Trainingsprogramme zu vermitteln. Sie können durch gute Pädagogik allenfalls als sinnvolle Aufgabe, glaubwürdige Möglichkeit bzw. persönliche Chance eröffnet werden.

Zudem verlaufen Bildungs- und Lernprozesse nicht geradlinig. Lernen ist ein personen- und situationsabhängiger, sehr eigensinniger Prozeß, der eher

„chaotisch" abläuft, jedenfalls kaum nach dem Input-Output-Modell[47]. Die Möglichkeiten und die Grenzen pädagogischer Maßnahmen sollten also realistisch wahrgenommen werden. Sie sind zudem abhängig vom gesellschaftspolitischen Rahmen. Die Politik kann von der Pädagogik nicht erwarten, was sie selber nicht ernsthaft einzulösen versucht.

Bildungsmaßnahmen werden nur dann die im politischen Raum erhoffte Wirksamkeit auch auf der Verhaltensebene entfalten können, wenn sie mit politischen bzw. marktwirtschaftlichen Instrumenten verbunden werden. Zu diesen Steuerungs- und Umsetzungsinstrumenten zählen:

- (internationale) Vereinbarungen mit entsprechenden Kontroll- und Sanktionsmöglichkeiten
- wirtschafts- und finanzpolitische Instrumente wie die „Ökologisierung" des Steuersystems, Wirtschaftsförderprogramme für nachhaltige Konzepte und Projekte, Kostenanreize u. a.
- Gesetze und Verordnungen (technische Normen, Ge- und Verbote, Abgaben u.a.)
- Haftungsrecht: z.B. Verursacherprinzip, Versicherungspflicht für Risikotechnologien
- Informationspolitik: z.B. über positive Modelle und Beispiele; über „externe Kosten"
- Förderung neuer Partizipationsstrukturen (Bürgerforen, Runde Tische, Qualitätszirkel u.a.)

Bildungsmaßnahmen können den Einsatz dieser und anderer Instrumente kritisch begleiten, ggf. akzeptanzfördernd vorbereiten, aber nicht ersetzen. Sie sollten verhaltenssteuernde Regelsysteme und institutionelle Rahmenbedingungen des Handelns verdeutlichen und Alternativen aufzeigen. In diesem Sinne setzen Bildungsmaßnahmen nicht mehr einseitig auf „Gesinnungswandel", sondern auf ein Ineinandergreifen von „Bedingungs"- und „Gesinnungswandel"[48]. In diese Richtung zielen auch die Empfehlun-

---

[47] Die Wirkungsforschung im Rahmen der Umweltbildung bzw. die Forschungen zum Umweltbewußtsein zeigen: Weder bei „Wissensvermittlung" noch bei den „persönlichen Einstellungen" besteht ein direkter Zusammenhang mit dem tatsächlichen „Umwelthandeln" der Personen. Dieses ist im hohen Maße abhängig von der jeweiligen Situation, den Gewohnheiten, persönlichen Interessen und Lebensstilorientierungen. Je nach Situation können Menschen mal mehr, mal weniger umweltbewußt handeln. Die Hoffnung auf ein durchgehend umweltbewußtes Verhalten verkennt diese starke Kontextabhängigkeit des Verhaltens (nach G. de Haan, Perspektiven...).

[48] Nach Karl Homann sind gesellschaftliche Übel in der Regel „nicht auf schlechte Motive oder Charakterschwächen zurückzuführen, sondern auf Defizite im Regelsystem". Die Devise müsse daher lauten : „Bedingungswandel statt Gesinnungs-

gen des Wissenschaftlichen Beirats der Bundesregierung Globale Umweltveränderungen (WBGU), der in seinem Jahresgutachten 1995 fordert, Umweltbildung in den gesellschaftlich-politischen Kontext einzubinden.[49)]

Das Sustainability-Konzept ist der derzeit einzige Entwurf einer verantwortungsbewußten und gerechten globalen Entwicklungsstrategie. Es hat gute Chancen, die Orientierungssehnsucht gerade junger Menschen und ihre Hoffnungen auf Zukunftsfähigkeit zu begründen. Politik und Pädagogik stehen hier, neben anderen gesellschaftlichen Gruppen und Bereichen, in einer besonderen Verantwortung.

---

wandel, oder präziser: Bedingungswandel aufgrund von Gesinnungswandel. Daher ist eine moderne Wirtschaftsethik, die dem Ziel der Solidarität aller verpflichtet bleibt, in bezug auf die Steuerungsebene als Ordnungsethik und in bezug auf die unmittelbare Handlungsmotivation als Anreizethik zu entwickeln: Alles andere bleibt vormodern." (K. Homann, Verfall der Moral?, in: Wirtschaftswoche Nr.38, 12.9.1996) - Vgl. auch G.-J. Krol, Fußnote 6).

49) Wissenschaftlicher Beirat der Bundesregierung: Globale Umweltveränderungen. Welt im Wandel. Wege zur Lösung globaler Umweltprobleme. Jahresgutachten 1995, Berlin/Heidelberg 1995

Literatur

Arnold, R.: Deutungslernen in der Erwachsenenbildung, in: Zeitschrift für Pädagogik 3/96

Benner, D.; Tenorth,H.-E.: Bildung zwischen Staat und Gesellschaft, in: Zeitschrift für Pädagogik 1/96

Bildungskommission NRW: „Zukunft der Bildung- Schule der Zukunft", Neuwied 1995

Bolscho, D.; Michelsen,G.: Globale Umweltentwicklungen als Herausforderungen an Umweltbildung, Gutachten für den Wissenschaftlichen Beirat der Bundesregierung „Globale Umweltveränderungen"

Bolscho, D.; Seybold, H.: Umweltbildung und ökologisches Lernen, Berlin 1996

Bundesministerium für Umwelt, Naturschutz und Reaktorsicherheit, Umweltpolitik. Konferenz der Vereinten Nationen für Umwelt und Entwicklung im Juni 1992 in Rio de Janeiro - Dokumente - Agenda 21, Bonn (o.J.)

Burow, O.-A.: Lernen für die Zukunft- oder die „fünfte Disziplin des Lernens", in: Zeitschrift „AnSchUB" 3/96, Hg.: BUND, Berlin 1996

BUND, Misereor (Hg.): Zukunftsfähiges Deutschland, Basel 1996.

BUND (Hg.): Berliner Forum Schulische Umweltbildung, Fachtagung des Modellversuchs SchUB, Tagungsband, Berlin 1995

BUND (Hg.): Nachhaltige Entwicklung - Aufgabe der Bildung, Symposium des Modellversuchs SchUB, Zeitschrift „AnSchUB", 3/96, Berlin, Juni 1996

Der Rat von Sachverständigen für Umweltfragen: Umweltgutachten 1994. Für eine dauerhaft-umweltgerechte Entwicklung, Wiesbaden 1994

Deutsche Gesellschaft für die Vereinten Nationen e.V.: Bericht der UNDP über die menschliche Entwicklung 1996, Bonn 1996

Deutscher Bundestag: Bericht der Enquete-Kommission „Schutz des Menschen und der Umwelt", Bonn 1994

Dörner, D.: Die Logik des Mißlingens. Strategisches Denken in komplexen Situationen, Hamburg 1992

Dohmen, G.: Das lebenslange Lernen, Bonn 1996.

Edelstein, W. (Hg.): Entwicklungskrisen kompetent meistern. Der Beitrag der Selbstwirksamkeitstheorie von Albert Bandura zum pädagogischen Handeln, Heidelberg 1995

Fietkau, H.-J.: Leitfaden Umweltmediation. Hinweise für Verfahrensbeteiligte und Mediatoren, Wissenschaftszentrum Berlin für Sozialforschung, Berlin 1994

Gottwald, Fr.-Th.; Rinneberg,C.; Wilhelmi, H.H. (Hg.): Bildung und Wohlstand. Auf dem Weg zu einer verträglichen Lebensweise, Wiesbaden 1994

de Haan, G.: Perspektiven der Umwelterziehung/Umweltbildung; DGU-Nachrichten Nr. 12, Oktober 1995

de Haan, G.: Die Zeit in der Pädagogik, Weinheim 1996

de Haan, G. u.a.: Umweltbildung als Innovation - Bilanzierungen und Empfehlungen zu Modellversuchen und Forschungsvorhaben, Bonn 1996 (unveröffentlichtes Manuskript)

Hauff, V.(Hg.): Unsere gemeinsame Zukunft. Der Brundtland-Bericht der Weltkommission für Umwelt und Entwicklung, Greven 1987

Homann, K.: Verfall der Moral?, in: Wirtschaftswoche Nr. 38, 12.9.1996

Ilien, A.: Bildungsperspektiven jenseits des Wachstums?, DGU-Nachrichten 4/96

Jüdes, U.: Hat Umweltbildung eine Zukunft? Zur Bedeutung von „Sustainability Development“ und „Öko-Konto“ für die Umweltpädagogik; in: Umweltbildung in Rheinland-Pfalz, Mainz 1996

Jungk, R.; Müllert,N.: Zukunftswerkstätten. Mit Phantasie gegen Routine und Resignation; München 1989

Kane, H.: Mikro-Unternehmen: Fortschritt von unten, in: World Watch, Heft 3/96

Klafki, W.: Neue Studien zur Bildungstheorie und Didaktik, Weinheim 1995

Kohut, H.: Die Zukunft der Psychoanalyse, Frankfurt/M 1975

Krol, G.-J.: Das Verhältnis von Ökologie und Ökonomie in der Umweltbildung, in: Kaiser, F.-J. u.a.(Hg.), Grundlagen der beruflichen Umweltbildung in Schule und Betrieb, Bad Heilbronn 1995

Mayer, J.: Nachhaltige Entwicklung - ein Leitbild zur Neuorientierung der Umwelterziehung ?; in DGU-Nachrichten Nr. 12, Oktober 1995

Mayer, J.: Die Rolle der Umweltbildung im Leitbild „nachhaltige Entwicklung“, Vortragsmanuskript, DGU-Tagung Oktober 1996 in Schwerin

Pädagogische Kommission des Forums „Schule für eine Welt“: Globales Lernen. Anstöße für die Bildung in einer vernetzten Welt - Schweiz 1996

Peccei, A.(Hg.): Das menschliche Dilemma - Zukunft und Lernen. Bericht an den Club of Rome, München 1979

Prengel, A.: Pädagogik der Vielfalt, Opladen 1993

Reißmann, J.: Probleme mit Umweltunterricht, in: Pieschl,W.(Hg), Umweltkrise als Bildungskrise ,Theorie und Praxis Bd.47, Schriftenreihe des Fachbereichs Erziehungswissenschaften I der Universität Hannover, 1993

Schulze, H.: „...und morgen fangen wir an!“ Bausteine für Freiarbeit und offenen Unterricht in der Sekundarstufe, AOL 1995

Siebert, H.: Ökopädagogik aus konstruktivistischer Sicht, in: Pädagogik und Schulalltag 50, 1995

Weinert, Fr.-E.: Vermittlung von Schlüsselqualifikationen, Gutachten für ein Projekt der Akademie für Technikfolgenabschätzung in Baden-Württemberg „Das Potential der erneuerbaren Ressourcen in Baden-Württemberg - „Humanressourcen“, Juni 1996

Wissenschaftlicher Beirat der Bundesregierung: Globale Umweltveränderungen: Welt im Wandel. Wege zur Lösung globaler Umweltprobleme. Jahresgutachten 1995, Berlin/Heidelberg 1995

Anlage 1

Leitziele und Kriterien einer nachhaltigen, umweltgerechten Entwicklung:

1. **Naturverträglichkeit**

a) Erhaltung der Naturvielfalt (Biodiversität)

- Vielfalt der Ökosysteme, Arten und Populationen
- besondere Lebensansprüche nichtmenschlicher Lebewesen
- Anpassungs- und Regenerationsfähigkeit von Lebewesen und Ökosystemen

b) Schonung der natürlichen Lebensgrundlagen (Klima, Boden, Wasser, Luft, Vegetation u. a.) und Sicherung ihrer Regenerationsfähigkeit

- Grenzen der Belastbarkeit
- Bioakkumulation
- Indikatoren und Grenzwerte

c) Berücksichtigung von Entwicklungsprinzipien natürlicher Systeme:

- Selbstorganisation
- Vielfalt (der Problemlöse- und Überlebensstrategien)
- Vernetzung (Retinität)
- Wandel (Nebeneinander von Stabilität und Veränderung; Abgrenzung und Austausch)
- Rhythmisierung und Gemächlichkeit
- Balance zwischen Konkurrenz und Kooperation

d) Berücksichtigung von Problemlösestrategien der Natur

- Nutzung solarer Energieformen
- sparsamer und effizienter Energie- und Materialeinsatz
- Abfallvermeidung durch Kreislaufsysteme
- Rhythmisierung von Lebens- und Arbeitsprozessen
- technische Problemlösungen nach dem Vorbild der Natur (Bionik)

2. Ökonomische Tragfähigkeit

a) Verlangsamung von Stoff- und Energieströmen

b) Effizienzsteigerung im Energie- und Materialeinsatz

- verstärkte Nutzung erneuerbarer Ressourcen/Energieträger (im Umfang ihrer Regeneration)
- Minimierung des Einsatzes von nicht-erneuerbaren Ressourcen/ Energieträgern (und Ersetzung durch erneuerbare)
- Minimierung von Emissionen (in Orientierung an der Aufnahmekapazität und am Reaktionsvermögen betroffener natürlicher Systeme)

c) Minimierung des Einsatzes von Risikotechnologien

- Einsatz traditioneller Technologien und traditionellen Know-Hows
- Einsatz neuer Technologien (Biotechnologie; Informationstechnologie u.a.)

d) Entwicklung und Stärkung lokaler und regionaler Wirtschaftsstrukturen

- Aufbau von Netzen lokaler oder regionaler Produktion und Vermarktung
- Schaffung und Sicherung umweltverträglicher Arbeitsplätze in der Region
- Entwicklung einer Balance von ländlichen und städtischen Strukturen

e) Entwicklung neuer politischer und marktwirtschaftlicher Steuerungsstrumente

- Berücksichtigung „externer" (ökologischer, gesundheitlicher, sozialer) Kosten
- ökologische Steuer- und Subventionspolitik
- Risikohaftpflicht

3. Soziale Gerechtigkeit

a) Verteilungs- und Entwicklungsgerechtigkeit

- gleiche Ansprüche auf Nutzung natürlicher Ressourcen (bzw. des „Umweltraumes")
- Recht auf Arbeit und persönliche Entfaltung
- Bekämpfung von Arbeitslosigkeit, Armut, Analphabetismus, Hunger, Krankheit
- gerechter Welthandel
- Ausgleich der Entwicklungschancen verschiedener Wirtschaftsregionen der Erde
- Ausgleich der innergesellschaftlichen Entwicklungschancen (benachteiligte gesellschaftliche Gruppen, Minderheiten u. a.)
- Beseitigung von einseitiger Abhängigkeit und Unterdrückung
- Förderung von Kleinstunternehmen und Selbsthilfegruppen

b) Entwicklung selbstgenügsamer Lebensstile

- Förderung von Gesundheit und Wohlbefinden der Menschen
- Förderung selbstgenügsamer Lebensstile und entsprechender Leitbilder
- Erhaltung und Entwicklung neuer (immaterieller und ressourcenschonender) Formen der Lebensqualität und Selbstentfaltung
- Grenzen der Freiheit

c) Tragfähige Weltbevölkerungsentwicklung

- Ausgleich der disparaten demographischen Entwicklungen (im Norden und Süden)
- Stärkung der Rolle der Frauen (Bildung, Geburtenkontrolle, ökonomische Selbständigkeit u.a.)

d) Friedenssicherung und gewaltfreie Konfliktregulierung

4. Kulturelle Identität

a) Partizipation der Betroffenen

- Förderung von Möglichkeiten der Mitbestimmung und Mitgestaltung für die Betroffenen
- Handlungsräume für Selbstwirksamkeitserfahrungen; Entfaltung und Förderung der „Humanressourcen"
- Entwicklung lokaler und regionaler Formen der Selbsthilfe und wechselseitiger Unterstützung
- Transparenz von Planungen, Entscheidungen, Prozessen u. Erkenntnissen

b) Respektierung und Förderung kultureller (regionaler, lokaler) Besonderheiten

- Pflege eigener kultureller, identitätsstiftender Besonderheiten
- Recht auf eigenständige Entwicklungswege für verschiedene Kulturen, Regionen, Kommunen

c) Integration von Rationalität - Ethik - Ästhetik

- im Mensch-Natur-Verhältnis
- im Weltbild
- in der Wissenschaft

d) Rhythmisierung und Intensivierung der Lebenszeit

5. Globale Zusammenarbeit

a) Berücksichtigung globaler Auswirkungen und Vernetzungen

- mögliche Auswirkungen auf die Biosphäre
- mögliche Auswirkungen auf andere Regionen, Kulturen, Menschen u. a.

b) Berücksichtigung der Zukunftsfolgen

- mögliche Auswirkungen auf die Entwicklungsdynamik von Ökosystemen, Wirtschafts- und Sozialsystemen sowie Kulturen
- mögliche Auswirkungen auf d. Lebensbedingungen künftiger Generationen

c) Internationale Vereinbarungs- und Kooperationspolitik

- Vereinbarungen über Schutz der natürlichen Lebensgrundlagen, gerechten Handel, Technologietransfer, Armutsbekämpfung usw.
- Etablierung internationaler Überwachungsinstrumente, Kontrollgremien sowie Finanzierungsfonds
- internationale Kooperationsprojekte

Anlage 2

Didaktische Prinzipien und Schlüsselqualifikationen[1] einer Bildung für nachhaltige, umweltgerechte Entwicklung

1. Problemlöseorientierung:

- *spielerisches Lernen*
- *entdeckendes Lernen*
- *forschendes Lernen*

- intelligentes Wissen (problem- und phänomenbezogenes Wissen, Urteilsfähigkeit, Kenntnis alternativer Problemlösungen und Lösungswege)
- systemisches (vernetztes) Denken; Denken in Zusammenhängen
- Umgang mit Komplexität; mit Unvorhersehbarem
- antizipatorisches (vorausschauendes) Denken
- Denken des Möglichen; des Wahrscheinlichen (probabilistisches Denken)
- kreatives Problemlösen (individuell; im Team)
- Forschungskompetenz
- Methodenkompetenz (Methoden der Informations- und Datenerhebung; Methoden der Schwachstellen- und Fehleranalyse; Prognoseverfahren, Forschungsmethoden u. a.)

---

1) Vgl. Franz E. Weinert, Vermittlung von Schlüsselqualifikationen, Gutachten für ein Projekt der Akademie für Technikfolgenabschätzung in Baden-Württemberg: „Das Potential der erneuerbaren Ressourcen in Baden-Württemberg - Humanressourcen“, Juni 1996
Kompetenzen, die in hohem Maße strukturelle Persönlichkeitsmerkmale betreffen, z. B. auch emotionale Bindungen und ethische Orientierungen, werden in der obigen Auflistung eher zurückhaltend formuliert, da sie sich einer direkten pädagogischen Beeinflussung in der Regel entziehen.

2. Verständigungsorientierung:

- kommunikatives Lernen
- (selbst)reflexives Lernen
- Konfliktlöselernen

- Wahrnehmungsfähigkeit
- Nachdenklichkeit, (Selbst-)Kritikfähigkeit, Standpunkt- und Standortbestimmung
- Umgang mit Risiken und Unsicherheiten
- Verständigung über ethische Orientierungen/Werthaltungen (z. B. Gerechtigkeit, Verantwortung)
- Kommunikationsfähigkeit, Dialogbereitschaft
- (interkulturelle) Verständigungsorientierung
- Dissenzfeststellung (und -toleranz)
- Fähigkeit zum Rollen- und Perspektivenwechsel
- Konfliktbewältigung, Konfliktlösekompetenz (z. B. Mediationsverfahren)

3. Kooperationsorientierung:

- kooperatives Lernen
- Lernen in Netzwerken

- Kooperationsbereitschaft und Teamfähigkeit
- Fähigkeit zu interdisziplinärer Zusammenarbeit; Zusammenarbeit mit Experten
- Erfahrung in internationaler Zusammenarbeit
- Bereitschaft zur Beteiligung an sinnvollen Gemeinschaftsaufgaben
- Nutzung und Einbeziehung verschiedener Lernorte, Informations- und Erfahrungsquellen
- Bereitschaft und Fähigkeit zum Erfahrungsaustausch

4. Anwendungsorientierung:

- praktisches Lernen
- partizipatorisches Lernen
- lebensweltbezogenes Lernen

- Entscheidungskompetenz (z. B. in unterschiedlich komplexen und risikoreichen Situationen)
- Handlungskompetenz (Entwicklung und Erprobung von Handlungsalternativen)
- anwendungs- und umsetzungsbezogene Kompetenzen
- berufsrelevante Kompetenzen; lebenswelt- und lebenssituationsbezogene Kompetenzen
- Selbst- und Mitbestimmungsfähigkeit
- Fähigkeit zur öffentlichen Präsentation von Ergebnissen; Akzeptanzförderung

5. Selbstorganisation:

- selbständiges, selbstgesteuertes Lernen
- Lernen durch Selbstwirksamkeitserfahrungen

- selbständige Lern- und Arbeitsprozeßgestaltung
- Planungs-, Organisations- und Steuerungskompetenz
- (Selbst-)Evaluationskompetenz (Auswertungskompetenz)
- Entwicklung von Eigenverantwortlichkeit
- Lernfähigkeit: Lernen des Lernens
- Leistungsbereitschaft im Hinblick auf selbstgewählte Aufgaben

6. Ganzheitlichkeit:

- *ganzheitliches Lernen („mit Kopf, Herz und Hand")*
- *plurales Lernen (Vielfalt der di-dak- tisch-method. Zugänge u. Lernorte)*
- *globales Lernen*

- umfassende sinnliche Wahrnehmungs- und Erlebnisfähigkeit
- Zusammenführung von hermeneutisch-interpretativen, sozialwissen-schaft-lichen, ökonomischen, naturwissenschaftlichen, technologisch-praktischen, ästhetischen u. a. Kompetenzen und Erfahrungsweisen
- Herstellen globaler Bezüge und Zusammenhänge

Sustainability Spätlese - ein Kommentar zum Konzept „Bildung für eine nachhaltige, umweltgerechte Entwicklung“ von Jens Reißmann

Christine M. Merkel

In seinem ausdifferenzierten und zupackenden Konzept kommt Jens Reißmann zu dem Schluß, daß „das Sustainability-Konzept der derzeit einzige Entwurf einer verantwortungsbewußten und gerechten globalen Überlebensstrategie (ist). Es hat gute Chancen, die Orientierungssehnsucht gerade junger Menschen und ihre Hoffnungen auf Zukunftsfähigkeit zu begründen“.

In der Tat fordert uns das Konzept der Nachhaltigkeit mit produktiver Spannung zu einer mehrdimensionalen Fragestellung heraus, die auch einen Ausweg aus den Sackgassen der Liste der Bindestrich-Bildung zu finden sucht (von Umweltbildung neben Bevölkerungspolitischer-Bildung zu entwicklungspolitischer Bildung u.s.w.).

Dem Konzept gebührt das Verdienst, daß es zum ersten versucht, Sustainability als Leitbild mit fünf Leitzielen zu fassen, und zum zweiten diese Fragen auf Lernprozesse und Bildungsinstitutionen in ihrem heutigen gesellschaftlichen Rahmen anwendet.

Dieser Kommentar wird Kernaussagen dieser beiden Argumentationsstränge prüfen und aus der Sicht der Programmentwicklung der UNESCO reflektieren.

Mit den Leitzielen Naturverträglichkeit, ökonomische Tragfähigkeit, soziale Gerechtigkeit, kulturelle Identität und globale Zusammenarbeit verbindet Dr. Reißmann in seinem Konzept das Plädoyer, Sustainability als Leitbild aufzufassen, welche eine handlungsleitende Idee für das 21. Jahrhundert werden kann, konsensbildendes Potential hat und in demokratisch organisierten Prozessen von einer breiten Palette gesellschaftlicher und wirtschaftlicher Akteure ausgehandelt werden muß. Als Vorteil wird hervorgehoben, daß es keinen völligen Neuanfang von den Menschen fordert, sondern vorhandene innovative Praxisansätze orientiert, verbindet, ermutigt und in einen globalen Zusammenhang stellt.

Bei genauerem Hinsehen läßt sich eine widersprüchliche Spannung zwischen Teilen der Leitziele und dem Plädoyer für ein mobilisierendes Demokratieleitbild feststellen:

- So wird z.B. im Leitziel 'Naturverträglichkeit' die Frage nach der Entwicklung und Regenerierung von natürlichen Systemen und ihrer Problemlösungsfähigkeit gestellt. Auch wenn das vermutlich nicht intendiert ist, gerät hier der Faktor Mensch (menschliche Gemeinschaft, Gesellschaft) mit seinen Handlungen außer Sichtweite.

Wir verlieren die langen historischen Entwicklungszyklen menschlicher Gesellschaften *in* ihrem Bezug zu den natürlichen Systemen, die sie tragen, aus dem Auge, wenn wir z.B. die Mittelmeerlandschaft Italiens zur Zeit von Goethes Reise als selbstregulierten Kreislauf denken, obwohl sie doch von den Spätfolgen der flächendeckenden Abholzungen geprägt war, die fast zweitausend Jahre früher getätigt worden waren. Analoge Überlegungen lassen sich für nomadische Gesellschaften anstellen, die sehr genaue soziale und kulturelle Vorschriften zum Beschützen und Wiederherstellen ihrer Weidegründe hatten.

In diesem Zusammenhang ist daran zu erinnern, daß eines der großen UNESCO Programme, welches seit über zwanzig Jahren das Rückgrat der internationalen ökologischen Zusammenarbeit ist, aus diesem guten Grund „MAN AND BIOSPHERE" heißt. In der deutschsprachigen Fassung ist dies leider zu dem verkürzenden Begriff „Biosphärenreservate" eingeschrumpft.

- Ein ähnliches Spannungsverhältnis entsteht, wenn im Leitziel „Globale Zusammenarbeit" darauf hingewiesen wird, daß wir die ökologischen, ökonomischen, sozialen und kulturellen Indikatoren für eine nachhaltige, umweltgerechte Entwicklung in globaler Zusammenarbeit (weiter) entwickeln müssen, und „ebenso die Etablierung globaler Überwachungs- und Kontrollsysteme (notwendig sein) wird... Die Weiterentwicklung der Vereinten Nationen zu einer Art 'Weltregierung' im Sinne globaler Partnerschaft scheint buchstäblich notwendig zu sein".

Diese Forderung steht erst einmal in unvermittelter Spannung neben dem Plädoyer, Sustainability als Ergebnis demokratisch organisierter Konsensbildungsprozesse zu fassen, „einen ergebnisoffenen Suchprozeß, ... (in dem) jeweils diskursiv zu entscheiden (ist), welche Entwicklung bzw. welche Projekte als >*nicht* nachhaltig umweltgerecht< gewertet werden müssen. Zuverlässige und abschließende Kriterien für Nachhaltigkeit gibt es nicht".

Die Diskussion um die Zielorientierung der Reformen der VN sowie ihrer Sonderorganisationen kann hier nicht wiederholt werden; sie ist an anderer Stelle ausführlich dokumentiert (z.B. "Our global neighbourhood", Bericht der Weizsäcker-Kommission u.a.).

Sicher ist unbestritten, daß die VN-Einrichtungen in den letzten fünf Jahren große Anstrengungen unternommen haben, gesammelte Daten über den verwundbaren Zustand der Menschheit aufzubereiten und zugänglich zu machen. Mit Instrumenten wie den Berichten über die menschliche Entwicklung (UNDP), Bildung (UNESCO), Bevölkerung (UNFPA), Wissenschaft (UNESCO), Lage der Frauen (UNIFEM) und Lage der Kinder (UNICEF) sowie den großen Weltkommissionen, vor allem dem Bericht der Brundtland-Kommission zu nachhaltiger Entwicklung (1987), ist ein eindrucksvolles Informationsnetz gespannt, mit dessen Hilfe politische, gesellschaftliche und wissenschaftliche Akteure in einen Dialog über Indikatoren eingetreten sind.

Die vermutete Notwendigkeit zu „globaler Überwachung und Kontrolle" (s.o.) im Namen des guten Ziels „Sustainability" ist jedoch eine riskante Schlußfolgerung angesichts der Realität eines Staatensystemes, welches immer noch eine erhebliche Anzahl nicht-demokratisch legitimierter Regierungen umfaßt, die teils mit massiver Gewalt gegen ihre Bevölkerungen vorgehen.

Es steht auch in Widerspruch zu der Tatsache, daß das Konzept Sustainability als *demokratische* Leitidee der aufgeklärten Vernunft beschreibt, eine aufgeklärte Vernunft, die schlußendlich auch zu der Einsicht kommen kann, daß die Notwendigkeit radikaler Selbstbeschränkung im Ressourcenverbrauch einen Zuwachs an Lebensqualität bringen kann. Dies impliziert aber wesentlich die Aufgabe der nachhaltigen Stärkung demokratischer Prozesse *innerhalb* gegebener Gesellschaften, insbesondere in Weltregionen, die noch sehr weit von demokratischen Minimalstandards entfernt sind. Überwachung und Kontrolle von außen, durch globale Marktkonzentration mit Sanktionsrechten, ist für dieses Ziel nicht nur nicht hilfreich, sondern steht ihm sogar diametral entgegen.

Das Bild stellt sich anders dar, wenn man das weltweit gespannte Informationsnetz und die Aktionsfähigkeit transnationaler Organisationen daraufhin befragt, inwieweit sie zur Stärkung und ggfs. auch Beschleunigung autochtoner Demokratisierungsprozesse beitragen können. Hier hat die Serie der großen VN-Weltkonferenzen vom Umweltgipfel 1992 bis hin zu HABITAT bzw. dem Welternährungsgipfel 1996 bei aller Konferenzmüdigkeit sicherlich einen beträchtlichen Schub in der Bewußtwerdung, Mobilisierung und Selbstorganisationsfähigkeit sowohl der lokalen als auch der internationalen Zivilgesellschaft bewirkt, und, vielleicht noch wichtiger, dies auch sichtbar werden lassen.

Mit den Themen Umwelt und Entwicklung, Menschen- und Bürgerrechte, Bevölkerung und Entwicklung, soziale Entwicklung, Lage und Rechte der Frauen, HABITAT und Lebensmittelsicherheit sind Eckpfeiler des Sustainability Konzeptes von einer weltweit aufeinander bezogenen Lerngemeinschaft in Kooperation und streitbarer Auseinandersetzung bearbeitet worden. Diese großangelegte "Erwachsenenbildungsarbeit" hat im Zeitraum von fünf Jahren schätzungsweise rund zwanzigtausend RegierungsvertreterInnen, dreißigtausend JournalistInnen, und hundertfünfzigtausend NGO-VertreterInnen *direkt* involviert, wobei alle Gruppen gleichzeitig als MultiplikatorInnen in vielfältige Räume hineinwirken, vom privaten über institutionelle bis hin zu politischen.

Diese Generation wird mit darüber befinden, in wieweit sich das Sustainability Leitbild in der internationalen Gemeinschaft *dauerhaft* verankern lassen wird, und nicht nur diskursbildend sondern *handlungs*leitend wirkt. Dies gibt die Richtung an, wie die Auseinandersetzung um Sustainability dazu beitragen könnte, die jeweiligen Gemeinschaften in die Lage zu versetzen, über den Umgang mit den ihnen zugänglichen und anderweitig benötigten Lebensressourcen durch demokratische Teilhabe zu entscheiden. Daß dies Konflikthaftigkeit, teils harte Auseinandersetzungen bis hin zu schwerer grausamer Repression und Tötung von Menschenleben bedeuten kann, daran ist im Zusammenhang mit dem ersten Jahrestag der Ermordung von Ken Saro Wiwa und seinen Gefährten im November 1995 besonders zu erinnern.

Konzeptionell und organisatorisch gesehen stellt diese Evolution der Umweltbildung hin zu einer mehrdimensionalen Aufgabe mit multi- und interdisziplinären Zügen, wie es die Arbeit am Sustainability Konzept erfordert, eine zwischenstaatliche Organisation wie die UNESCO vor erhebliche Herausforderungen. Die in Dr. Reißmanns Konzept geforderte *Lernfähigkeit* für eine Umorientierung der menschlichen Entwicklung auf naturverträgliche Nachhaltigkeit gehört zum Kernbereich des Mandates der Organisation.

Die UNESCO hat sich schon früh, nämlich unmittelbar nach der ersten Weltkonferenz zu Umweltfragen 1972 in Stockholm, der Aufgabe gestellt, Umweltbildung als Beitrag zur internationalen Verständigung grenzüberschreitend zu entwickeln und zu verstärken. Mit dem durch den Umweltgipfel in Rio 1992 gesetzten Impuls, im Kapitel 36 der Agenda 21 niedergelegt, sowie der sich anschließenden Ausarbeitung der Bedeutung von Sustainability für weitere Zukunftsfragen wie Bevölkerungsentwicklung

(ICPD[1] 1994) und tragfähige Demokratie auf sozial gerechter Basis (UNHRC[2], Wien 1993, WSSD[3], Kopenhagen 1995, WCW[4], Beijing 1995 und HABITAT 1996) hat sich diese Aufgabe auf die Triade "Bildung für Umwelt, Bevölkerungsentwicklung und Entwicklungsfragen" erweitert.

Die erste Dekade der Umweltbildung als UNESCO Anliegen führte zur Initiierung von zwei großen Programmen, die sich wie ein roter Faden durchziehen: Zum einen das bereits oben genannte "Man and Biosphere" (Biosphärenreservate), das auf dem naturwissenschaftlichen Sektor der UNESCO aufbaute, jedoch soziale und kulturwissenschaftliche sowie Bildungsaspekte einbeziehen wollte (und will), wobei letzteres mit unterschiedlichem Erfolg gelang.

Zum zweiten entwickelte sich in Zusammenarbeit mit UNEP (UN Umweltpgoramm) ab 1975 ein weitgefächertes Programm, das enger auf Umwelt*bildung* fokussiert war. Es funktioniert(e) wesentlich als Clearing-House, das sowohl örtliche als auch international verbindende Aktivitäten besonderer Qualität, Originalität und Impulskraft identifizierte, unterstützte, sichtbar machte und teils auch wesentlich anregte oder initiierte. In diesem Zusammenhang erwies sich auch das weltweite Netz von UNESCO-Projektschulen als nützliches Instrument. Internationale Konferenzen zur Umweltbildung (1977 in Tiflis, 1987 in Moskau - letztere kurz nach dem Erscheinen des Brundtlandt-Berichtes) trugen dazu bei, dieses wichtige Anliegen zu legitimieren, in staatlicher Bildungspolitik zu verankern[5] und konsensbildend zu wirken.

1992 wurde - in Folge des Rio-Erdgipfels - der UNESCO die Aufgabe zugewiesen, im UN-Sytem den Bildungsteil der Agenda 21 umzusetzen. Bei konstanten bis abnehmenden Ressourcen wurde diese Aufgabenstellung in den Folgejahren zudem inhaltlich erweitert, noch bevor konzeptionell im Rahmen der *Commission on Sustainable Development* (CSD, Rio-Nachfolgemechanismus) abgeklärt war wie im einzelnen, in welcher Arbeitsteilung und Partnerschaft, die multidimensionale und interdisziplinäre Aufgabe "Lernfähigkeit für Sustainability" umzusetzen sei. De facto ergab sich ein starker Akzent auf Fragen der Bevölkerungsentwicklung, sicher auch ein Spiegel vorhandener Ressourcen und Schwerpunktsetzung bei Geldgebern. Die CSD setzte im April 1996 zum ersten Mal seit Rio das

---

1 ICPD = UN Konferenz zu Bevölkerung und Entwickung
2 UNHRC = UN Menschenrechtskonferenz
3 WSSD = Weltsozialgipfel
4 WCW = Weltfrauen-Konferenz
5 ab 1991 auch mit bewußtem Akzent im Hochschulbereich (UNITWIN)

Thema der Umsetzung von Kapitel 36 der Agenda 21 auf die Tagesordnung. UNESCO soll zur CSD-Sitzung im Frühjahr 1997 ein Arbeitskonzept vorlegen, wie "Bildung zur Sustainability" insbesondere mit Blick auf (Massen-)Medien und Werbeindustrie angegangen werden kann. Parallel dazu hat die Organisation eine Auswertung der Arbeitseinheit „Bildung für Umwelt, Bevölkerungsfragen und Entwicklung" eingeleitet, die im Frühsommer 1997 abgeschlossen sein soll.

Meines Erachtens weist dies auf das objektive Dilemma, mit dem auch die Deutsche Gesellschaft für Umwelterziehung (DGU) und die Konzeptersteller ringen, gleichzeitig die Konzeptklärung voranbringen zu wollen und parallel dazu schon handhabbare Arbeitsformen zur Verfügung zu haben, die „learning by doing" ermöglichen. Aus gutem Grund plädiert wohl auch deshalb Dr. Reißmanns Konzept für die Vorgehensweise „bündeln, sammeln, kommunizieren von Initiativen", also ein klassisches Clearing-House Konzept. Im Lichte der ersten zwanzig Jahre Erfahrungen im UNESCO Rahmen ist dies wohl der fruchtbarste Ansatz - vor allem, wenn man die Einsicht teilt, daß wir zu integrierten Lernformen über *Zusammenhänge* der Entwicklung unserer Gesellschaften in der Weltgemeinschaft kommen sollen und müssen.

In diesem Sinne überrascht das starke Plädoyer für aktivierende und mobilisierende Lernformen im zweiten Teil des Konzeptes nicht. Dr. Reißmann stellt hier in sehr knapper und anregender Form Kernelemente zusammen, die die derzeitige „Lernreformdiskussion" prägen. Lerngesellschaft und die Notwendigkeit einer neuen Lernkultur mit Elementen wie sokratischem Gespräch und Konfliktmediation, ein leidenschaftliches Plädoyer gegen die „Zwangskollektivierung von Lernprozessen", die Orientierung auf lokale und regionale Umsetzungs- und Lernmöglichkeiten der Agenda 21 als Schritte zu einem zukunftsfähigen Deutschland werden hier genannt. Wichtig ist sein Verweis auf „Grenzen der Didaktisierbarkeit" und die Folgerung, daß ein Ernstnehmen der Leitidee „Sustainability" zu einer Öffnung von Bildungsinstitutionen führen muß. Zu Recht wird erinnert, daß „die Politik von der Pädagogik nicht(s) erwarten (kann), was sie selber nicht ernsthaft einzulösen versucht". Zudem folgen Lern- und Bildungsprozesse auch „eigensinnigen", ja „chaotischen" Regeln).

Hier zeigt sich eine deutliche Nähe und Verwandtschaft mit Leitideen zur Lernfähigkeit, wie sie in verschiedenen UNESCO-Foren derzeit aktuell entwickelt und artikuliert werden.

Mit der Anerkennung der Existenz und Notwendigkeit unterschiedlicher Wissenssysteme, von denen das kognitiv-akademische *eines* ist, hat das

"Ad-hoc Forum zur intellektuellen Zusammenarbeit" 1992 einen wichtigen Baustein zur Pluralität des Lernens formuliert. Der mittelfristige Arbeitsplan der UNESCO (1996 - 2001) greift das Leitmotiv lebenslangen/lebensbegleitenden Lernens auf, und sieht es als entscheidendes Werkzeug zur Erreichung tragfähiger menschlicher Entwicklung (sustainable human development) in Naturverträglichkeit sowie zur Begründung einer Kultur des Friedens. Der Bericht der Weltkommission „Bildung für das 21. Jahrhundert“[6] hebt Lernfähigkeit als wesentliche Zukunftsinvestition hervor, die soziale Integration, demokratische Pluralität und die Fähigkeit zur Konflikttransformation begründet.

Hier ist die Brücke zum ersten Teil des Konzepts zu schlagen: Eine Zukunftsfähigkeit auf der Basis von Nachhaltigkeit wird hoffentlich Ergebnis eines demokratisch ausgehandelten Konsenses sein können. Wo Interessenslagen unvereinbar sind, braucht es die Fähigkeit zum Konfliktaustrag ohne Gewalt. Diese beiden Leitideen werden die Arbeit der 5. Weltkonferenz 'Lernfähigkeit von Erwachsenen - ein Schlüssel zum 21. Jahrhundert' prägen, die im Juli 1997 in Hamburg ihre Arbeiten durchführen wird. Es ist der Deutschen Gesellschaft für Umwelterziehung und den Konzeptschreibern zu danken, mit ihrer Tagung das Gespräch über die Leitidee "Sustainability" voranzubringen.

6 Originaltitel: Learning - the Treasure within. Ab Juni 1997 auf Deutsch erhältlich.

Bildung für nachhaltige Entwicklung? Sustainable Development im Kontext pädagogischer Umbrüche und Werturteile Eine Skizze

Gerhard de Haan

1. Sustainable Development als neue Rahmung der Umweltbildung

Seit der Rio-Konferenz von 1992 kann man von einer neuen Rahmung der Umweltbildung sprechen, die seit 1996 mit den Beiträgen zur Schweriner Tagung der Deutschen Gesellschaft für Umweltbildung (Oktober 1996) als abgeschlossen gelten kann. Diese Rahmung vollzog sich entlang des neuen Paradigmas „Sustainable Development". Sie diente in den letzten Jahren zur Reorientierung des Umweltbildungsdiskurses (vgl. repräsentativ die Diskussion in den DGU-Nachrichten 1995ff; die Diskussion in der Zeitschrift für berufliche Umweltbildung 1995ff; die Zeitschrift AnSchUB 1995ff. sowie de Haan/Kuckartz 1996 und Bolscho/Seybold 1996). Zwar sind die Termini und der Inhalt dessen, was unter „Sustainable Development" in Deutschland verstanden wird, in der breiten Bevölkerung bisher kaum bekannt - nicht einmal jeder 10. Bundesbürger kann im Februar 1996 mit dem Begriff „nachhaltige Enwicklung" etwas anfangen (vgl. Preisendörfer 1996, S. 86). Aber der theoretische Diskurs wird eindeutig - und nur noch - von dieser Debatte bestimmt, in der es um mehr als eine bloß ökologische Entwicklungsperspektive geht: Nicht weniger als eine globale (Verteilungs-)Gerechtigkeit, als Gemengelage aus ethischen, generationellen, ökonomischen und sozialen Faktoren (vgl. de Haan 1996) prägt den SD-Diskurs.

Exkurs zum Terminus „Bildung für Nachhaltige Entwicklung"

Die seit einiger Zeit kursierende Übersetzung des im angelsächsischen Raum schon üblich gewordenen Terminus „Education for Sustainable Development" ins Deutsche unter dem Terminus „Bildung für Nachhaltige Entwicklung" hat durchaus nicht nur Befürworter. Neben der Befürchtung, damit das bescheidene Terrain der Umweltbildung durch die neue Wortwahl im Bestand zu gefährden, wird der berechtigte Einwand formuliert, mit der Präposition „für" würde auf die Indienstnahme der Bildung pro Nachhaltigkeit abgestellt. Das hat ein Mißverständnis von „Bildung" zur Voraussetzung. Für Bildung ist - anders als in der Erziehung - das reflexive Verhältnis zum Gegenstand der Auseinandersetzung konstitutiv - jedenfalls wenn man einem zeitgemäßen Konzept von Bildung nahekommen will. Insofern ist auch der Indienstnahme-Vorwurf nur schwach zu fundieren. Daher könnte man den Terminus „Bildung für Nachhaltige Entwicklung" auch transformieren in „Reflexion auf Nachhaltige Entwicklung". Der Terminus „Bildung für Nachhaltige Entwicklung" wird im Folgenden in diesem Sinne genutzt.

Die vorliegenden Analysen und Konzeptionen zum Sustainable Development und die derzeit offerierten Überlegungen zum Transfer der Visionen, Appelle, Empfehlungen und Gutachten in pädagogische Handlungsorientierungen macht es sinnvoll, innezuhalten und zu fragen, ob nicht aus dem derzeitigen Zustand der Umweltbildung und der Kritik an ihr etwas zu gewinnen ist, das es erlaubt, mehr aus der Debatte um das Sustainable Development für Erziehung und Bildung zu machen als ein Querschnittsthema des Lehrens und Lernens bzw. - etwas abschätzig formuliert - mehr zu machen als ein bloßes Additivum in der institutionalisierten Bildungslandschaft. Denn darauf läuft der Transfer der Sustainable Development-Debatte in die Umweltbildung derzeit hinaus. Die These des folgenden Artikels lautet demgegenüber: Mit der Vision eines Sustainable Development ist eine Herausforderung an die Umweltbildung entstanden, die letztere zu einem Paradigmenwechsel nötigt. Paradigmenwechsel sind nach Fleck (1980) und Kuhn (1967) dann gegeben, wenn neue Probleme oder Herausforderungen im Bereich wissenschaftlichen oder kulturellen Handelns nicht mehr mit den bis dato genutzten Modellen der Erkenntnisgewinnung, Problembearbeitung, Verfahren und Methoden der Wissenschaft, Technik oder auch des Handelns in einer Kultur bewältigt werden können. Paradigmenwechsel schließen nicht aus, daß weiterhin die überkommenen Verfahren der Erkenntnisgewinnung oder des Handelns beibehalten werden.

Das traditionelle Paradigma der Umweltbildung, so lautet die These genauer ausformuliert, umfaßte drei „Beispiele" (i. S. Kuhns) der Erkenntnis und des Handelns: Das erste konstatiert eine zerstörte, geschädigte und/oder bedrohte Umwelt und offeriert analytische, technische und politische Wege, Abhilfe zu schaffen. Das zweite sieht Natur als zerstört, geschädigt und/oder bedroht an und offeriert Strategien der Sensibilisierung, der Bewahrung sowie Hege und Pflege, um zu besseren Zuständen zu kommen. Auch das dritte „Beispiel" hat seine Basis in der zerstörten, geschädigten und/oder bedrohten Umwelt und offeriert analytische Reflexion auf die Thematisierung der Umwelt in der eigenen und in fremden Kulturen sowie zukunftsoffene Modelle des anderen Umgangs mit der Umwelt. Alle Beispiele hatten die zerstörte, geschädigte oder gefährdete Umwelt zum Ausgangspunkt.

Für das neue Paradigma ist die zerstörte, geschädigte oder bedrohte Umwelt nur ein - wenn auch wesentlicher - Teilbereich des Gesamtprojektes Sustainable Development, wie man etwa an der Agenda 21 ablesen kann. Zum neuen Paradigma gehören ebenso die konstatierte Ungleichheit zwischen den hochindustrialisierten Ländern und der großen globalen Mehrheit sowie die Frage, wie ist Entwicklung und Prosperität jenseits der Zerstörung und Gefährdung von Umwelt möglich? Das Paradigma des Sustainable Development umfaßt mithin drei Bereiche: den klassischen der zerstörten, geschädigten und gefährdeten Umwelt, den der Gerechtigkeit zwischen den armen und reichen Ländern und den der Entwicklung, der Prosperität jenseits von Naturzerstörung, Schädigung und Gefährdung.

Schon diese Andeutung der drei „Fenster“, die mit dem Sustainable Development geöffnet werden, läßt erwarten, daß mit dem - in den Sustainable Development-Diskurs integrierten - Fenster der heutigen Umweltbildung allein keine angemessene Sicht auf das neue Paradigma gewonnen werden kann. Umweltbildung in Richtung des Sustainable Development ein wenig weiter zu denken, ist Absicht des Artikels.

Dies geschieht im Folgenden in drei Schritten.

Zunächst wird die heute dominierende „klassische Thematisierung ökologischer Problemlagen in der Umweltbildung“ skizziert. Diese erste Skizze enthält auch die „klassische“ Kritik an der Umweltbildung.

Aus den damit sichtbar werdenden eklatanten Defiziten in der theoretischen Konzeptionierung der Umweltbildung wie ihrer Praxis wird in der Konsequenz ein zweites Modell etwas ausführlicher skizziert. Es wird dafür plädiert, den Sustainable Development-Diskurs als Feld zu begreifen, in dem die fortgeschrittensten, innovativsten Theorien, Techniken, Werturteile und kulturellen Trends ihren Ausdruck finden. Von daher sollte, so die Überlegung, den basalen Theoremen des Sustainable Development-Diskurses nachgegangen werden, um über diese wiederum eine Revision und Reform der Organisationsstruktur und Inhalte von Bildung und Erziehung mit voranzutreiben. Dieser zweite Schritt ist mit „Sustainable Development als Ausgangspunkt für einen Umweg in die Revision und Reform von Bildung und Erziehung“ überschrieben.

Drittens schließlich wird - ebenfalls in einer Skizze - die alles dominierende Norm im Sustainable Development-Diskurs genauer betrachtet. Das ist das Werturteil, man müsse den Weg ins Sustainable Development suchen, damit künftige Generationen gleiche Lebenschancen hätten wie wir heute. Diese Auseinandersetzung scheint dringlich geboten, um nicht ähnlich in die Irre zu gehen wie bei einer „Begründung" der Umweltbildung, die sich auf das gefährdete Überleben der Menschheit stützt.

2. Die klassische Thematisierung ökologischer Problemlagen in der Umweltbildung

Schaut man sich die Formulierung von und die Auseinandersetzung um die Umweltbildung in ihrer bis zum aktuellen Datum dominierenden Form an, dann hat sie - grob schematisiert und knapp umrissen - folgenden Verlauf mit folgender Struktur:

1. *Es wird im Umweltdiskurs ein Thema aufgebracht - zum Beispiel die Verschmutzung der Flüsse, das hohe Hausmüllaufkommen, die atomare Verseuchung, der Treibhauseffekt und vieles andere.*
2. *Diese Thematik wird von Erziehungswissenschaftlern, Pädagogen und anderen an Erziehung interessierten Einrichtungen und Personen als bedeutsames Thema für institutionalisierte Lernprozesse identifiziert. Die Identifikation geschieht auf der Basis von Wertentscheidungen, die nur teilweise transparent, in der Regel aber unreflektiert sind.* Unter den bisherigen Bedingungen der Themengenerierung in der Umweltbildung könnte es unter den unaufgeklärten Prämissen dieser Disziplin heißen: Das Waldsterben[1] ist ein Indiz für die künftige Gefährdung des Überle-

[1] Es bietet sich an, auf das Thema „Waldsterben" zu verweisen, da - vertraut man den neuesten Nachrichten - bezüglich dieses Themas seit nunmehr 17 Jahren ganzen Schulklassen, VHS-Kursgruppen etc. Falsches gelehrt wurde. Jedenfalls besagt die im September 1996 vom Europäischen Forstinstitut vorgestellte europaweit durchgeführte Studie mit dem Titel „Growth Trends in European Forests" (vgl. Spiekker/Mielikäinen/Köhl/Skovsgaard 1996), daß die Waldbestände in den letzten 40 Jahren stark gestiegen seien. Zudem seien die braunen Nadeln an Tannen und Fichten sowie Blattverluste von Eichen und Buchen noch nicht ohne weiteres ein Indikator fürs Absterben. Mehr als 60% Nadel- und Blattverlust führen noch nicht zu einem reduzierten Wachstum, heißt es nun. Und die Absterbequote, so wird jetzt vorgerechnet, habe sich im europäischen Forst in den letzten 100 Jahren nicht wesentlich verändert. Die Autoren sind gleichzeitig vorsichtig: Niemand will bestreiten, daß ganze Waldflächen in den letzten Jahrzehnten verwüstet, abgestorben sind. Allerdings nützt es nichts, auf Fälle zu verweisen, während das Ganze doch - wie es nun heißt - prosperiert. Daß Waldsterbensforscher wegen dieser Studie noch nicht aufgeben und ihre

bens der Menschheit. Man muß sich - weil Pädagogik mit Zukunft zu tun hat - damit auseinandersetzen (zur Kritik an dieser Form des Zukunftsbezugs vgl. de Haan 1985).

Hinsichtlich des Sustainability-Diskurses ist die zentrale Wertentscheidung jene für intergenerationelle Gerechtigkeit, die Pädagogen mit den Konzeptionisten des Sustainable Development teilen. Die „ökologische Zielrichtung" der „Intergenerationalität" wird dann etwa wie folgt beschrieben: „Die Bedürfnisse der heute lebenden Menschen (sollen) befriedigt werden ohne die Bedürfnisse künftiger Generationen zu gefährden" (vgl. Hauff 1987).

Manchmal wird versucht, den Komplex „Umweltbildung" von einer allgemeinen Idee der Bildung her zu legitimieren, oder - „deutscher" - zu „be*gründen*". Allerdings ist noch nicht viel damit gewonnen, etwa auf Klafkis Konzept von Allgemeinbildung zu verweisen, das „epochaltypische Schlüsselprobleme unserer Gegenwart und der vermuteten Zukunft" (Klafki 1991, S. 56) zum Ausgangspunkt von Bildung macht und dabei auch „die *Umweltfrage*, d.h. die in globalem Maßstab zu durchdenkende Frage nach Zerstörung oder Erhaltung der natürlichen Grundlagen menschlicher Existenz und damit nach der Verantwortbarkeit und Kontrollierbarkeit der wissenschaftlich-technologischen Entwicklung" (ebd., S. 58) als Schlüsselproblem identifiziert. Denn damit ist noch nicht die entscheidende Frage aufgeworfen, was die „Umweltfrage" in den letzten Jahrzehnten zum „Schlüsselproblem" avancieren ließ. „Umweltfragen" werden schließlich erst generiert, indem sie kommuniziert werden, es gibt sie nicht „an sich". Es kommt eher auf die Betrachtung der Prämissen des Umweltdiskurses an als auf diesen selbst, wenn man ihn in die Konzeption einer Allgemeinbildung einbinden will. Denn schließlich wird diese - auch bei Klafki - unter der Prämisse der relativen Autonomie der Pädagogik entwickelt und nicht unter affirmativen Vorzeichen.

Lehrmeinung aufrechterhalten, versteht sich von selbst. Doch ist ihre Glaubwürdigkeit nun arg in Mißkredit geraten - und die der Medien noch weitaus mehr, da sie die Horrorszenarien vom kahlen Deutschland in Wort und Bild über Jahre verbreiteten. Man sollte sich aber davor hüten, jetzt dem Europäischen Forstinstitut einfach in seiner Analyse und seinen Diagnosen zu folgen. Besser man läßt Vorsicht walten und beharrt - mit Luhmann, wem es gefällt - auf der Position des *Nichtwissens*. Sie ist jedenfalls für die Umweltbildung, in der man mit den widersprüchlichen Daten umgehen will - die angemessenste und läßt in der Konsequenz die Pflege von Differenzen zu einem adäquaten Umweltbildungskonzept avancieren (vgl. de Haan 1993).

Das Resultat fällt kaum anders aus als bei dem abkürzenden Verfahren, sich sogleich auf die Zukunftsbezüglichkeit pädagogischen Handelns festzulegen (vgl. de Haan 1985) und von dort her zu argumentieren.

3. *Didaktiker und Lehrende greifen diese Thematik auf: Sie entwerfen*

   a) Konzeptionen zur Umweltbildung mit Dimensionen wie „Umwelterfahrung", „Umgang mit ökologischer Komplexität" etc. Sie verweisen auf „angemessene" Methoden wie „Handlungsorientierung", „Situationsorientierung" etc.

   b) Unterrichtseinheiten, Projektwochen, Kurse, Erlebnisfahrten etc. zum Thema „Waldsterben", zum „Energiesparen", zur „Klimakatastrophe", zu „Stoffströmen", zur „ökologischen und ökonomischen Nachhaltigkeit", zur „Retinität" und „Globalität" etc. Man folgt dabei - wenn diese Vorschläge gut gemacht sind - den Maximen modernen Unterrichts: Handlungsorientiert, situationsadäquat, partizipatorisch, komplex, interdisziplinär etc. sollen die Lehr- und Lernprozesse gestaltet sein.

   Man hofft dabei auf einen Transfer der grundlegenden Gedanken auf andere Situationen: Antizipatorisches Denken, Handlungskompetenz, vernetztes Denken etc. sollen entfaltet und für andere Situationen von den Lernenden bewahrt werden.

4. *Die eine oder andere Lehrkraft baut die Unterrichtseinheit, die gute Idee, das Projekt mehr oder weniger entlang den Beschreibungen in ihren Unterricht ein.*

5. *Die Empiriker* kommen. Sie sagen:

   - *Umweltbildung ist ein Additivum.* Es breitet sich quantitativ in den Bildungseinrichtungen in den letzten Jahren kaum aus. Oft nimmt es ab (seit 1987 etwa an den VHS). Es hält einen Anteil am gesamten Unterrichtsvolumen in den Schulen, in außerschulischen Einrichtungen der Erwachsenenbildung, in den Hochschulen von 1 bis 2%.

   - *Umweltbildung ist nicht sehr erfolgreich* beim Durchsetzen neuer Inhalte, wohl aber Motor für neue Methoden des Lehrens und Lernens (Projektwochen; Handlungsorientierung; Multimedia; Runde Tische). Diese sind auffälligerweise ablösbar vom Inhalt. Man kann auch sagen: Umweltbildung ist - wenn sie denn bedeutsam ist - ein Methodenmodernisierungsvehikel.
   - *Umweltwissen hat ebenso wie die Umwelteinstellungen nur einen außerordentlich schwachen Einfluß auf das Umweltverhalten.*

   - *Eine gewisse Umweltbildungsmüdigkeit macht sich breit.*

Die Kritik der Empiriker zielt in erster Linie auf Punkt vier der hier eröffneten Verlaufsstrukturen der Umweltbildung.

6. *Die konzeptionellen Kritiker* monieren:
   - *Umweltbildung ist Gesinnungserziehung oder gar Indoktrination.*
   - *Umweltbildung ist Ersatzhandeln für politisch zu lösende Problemlagen.*
   - *Umweltbildung basiert auf unhinterfragten Prämissen.*
   - *Umweltbildung ist nicht in der Lage, ihre Methoden und große Bereiche ihrer Ziele von den Aufgaben anderer pädagogischer Aufgabenfelder (etwa: Religion; Politische Bildung) abzugrenzen.*

   Die konzeptionelle Kritik zielt in erster Linie auf Punkt zwei des Diskursverlaufs.

Schematisiert folgt der traditionelle Argumentationsverlauf folgendem Muster:

Abb. 1 Das Traditionelle Diskursmuster der Umweltbildung

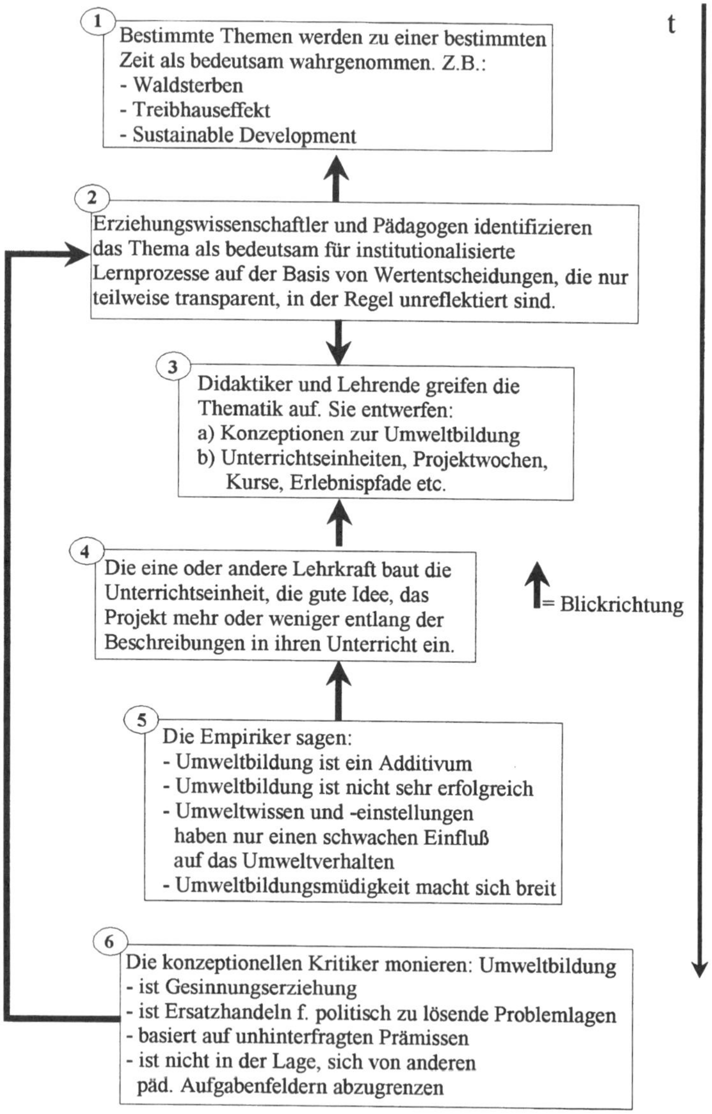

Wer bei der Plazierung von Umweltthematiken, bei dem Versuch, aus dem Sustainable Development-Diskurs etwas für Bildung und Erziehung zu gewinnen, *so* verfährt, handelt sich - das zeigen Punkt fünf und sechs des Verlaufsschemas - einige Probleme ein, die von ihrem Effekt her unerwünscht sind und die den Hoffnungen auf eine große Verbreitung der Umweltbildung und - so die Prognose an dieser Stelle - der „Bildung für eine Nachhaltige Entwicklung“ nur wenig Substanz verleihen:

- Erstens stehen die Umweltbildung wie die Bildung für Nachhaltige Entwicklung immer in der Gefahr, als ‘Bindestrichpädagogik’ auf der Strecke zu bleiben: Wenn sich die Rahmenbedingungen ändern (geringere Etatisierung der Bildungseinrichtungen; das Waldsterben hat womöglich gar nicht stattgefunden; die engagierten Umweltschützer in den Kollegien und anderen Einrichtungen ermüden an der Sache; in der Gesellschaft macht sich ein „Ökooptimismus“ breit (vgl. zum Ökooptimismus Maxeiner/Miersch 1996), gehören die Umweltbildung und die Bildung für Nachhaltige Entwicklung zu den „gefährdeten Arten“ im Bildungskanon. Man hat zudem bei den sogenannten „Querschnittsaufgaben“ der Bildung und Erziehung immer mit einem stark konservativen System zu rechnen, das sich aus etablierten Fächern und Organisationsstrukturen, Verwaltungen, Gesetzen und Vorschriften, Lehrplänen, abgesteckten Claims und anderem zusammensetzt.
  Wer wissen will, wie ein Thema marginalisiert werden kann, der schaue sich das strukturell außerordentlich ähnlich gelagerte Thema „Friedenspädagogik“ an. Gibt es nicht sogar ein dreibändiges Handbuch, das beide Themen, Umwelt und Frieden, miteinander verschweißte? (Vgl. Calließ/Lob 1987f.)

- Zweitens steht die Umweltbildung derzeit schon unter dreifachem Legitimationsdruck:
  a) Die Empirie erklärt die Umweltbildung quantitativ wie im Effekt zur Marginalie. (Freilich kann man einwenden: Wer fragt dagegen nach der Wirksamkeit in Sachen Gläubigkeit beim Religionsunterricht und zweifelt an der Bedeutung des Fachs anbetrachts der geringen Quantität? Wer verlangt, daß nach der Vermittlung von Wissen über Versmaße im Deutschunterricht alle ein Gedicht schreiben können?).

  b) Die reflexive Erziehungswissenschaft erklärt die Umweltbildung tendenziell zur Ausgeburt von Dummheit (Intransparenz der eigenen Grundlagen) und Besessenheit (Gesinnungspädagogik und Indoktrination).
  c) Skeptiker werden zudem einwenden, die Umweltbildung verfüge im

Grunde nicht über eine eigenständige Zielsetzung oder eigenständige Methoden, allenfalls über eigenständige Inhalte.

Man kann nun nach der Watzlawickschen „Anleitung zum Unglücklichsein“ verfahren und „mehr desselben“ fordern: Mehr Umweltbildung, nun unter dem Schlagwort „Bildung für Nachhaltige Entwicklung“. Schließlich geht es um das „Glück zukünftiger Generationen“.

Wir werden dann neue Unterrichtseinheiten (nun zum Thema „Effiziente Mobilität“, zum „Faktor vier im schulischen Papierverbrauch“, zu Stoffströmen unter dem Titel „Pommes rot-weiß“) haben, die mit den neuen Methoden in der Pädagogik (Zukunftswerkstatt; partizipatorisches und antizipatorisches Lernen) verbunden sind. Manchmal wird man beklagen, daß es gesicherte Erkenntnisse im Sustainable Development-Diskurs bisher nicht gebe. Etwa in Hinblick darauf, was denn nun unter Sustainable Development zu verstehen sei. Andere werden dagegen fragen, wie lange man noch warten soll. Bis die Sache so klar ist wie noch vor einem Jahr bezüglich des Waldsterbens, als die braunen Nadeln an den Trieben gemeinhin als sicherer Indikator fürs allgemeine Waldsterben galten?

Wir werden dann weiterhin auf Schadstoffmessungen, individuelle Sparsamkeit, Wiederverwendung sowie den Schutz, die Hege und Pflege der Natur abstellen, bis schließlich erneut von irgendeiner Seite eingewandt wird, daß die fundamentalen Begründungen dieser Umweltbildung nicht zu halten sind: Weder war und ist das Überleben der Menschheit gefährdet (vgl. de Haan 1993), noch ist gesichertes Wissen in der komplexen Ökosystemforschung zu erwarten. Wo Umweltbildungsanhänger gerne die Unsicherheit des Überlebens der Gattung Mensch sehen, ist von den Prognosen her mehr Sicherheit gegeben als dort, wo man in der Umweltbildung mit Gewißheiten aus der Ökosystemforschung zu rechnen wagte. So scheint es etwa mit der Berechnungsmöglichkeit für eine „nachhaltige Entnahmemöglichkeit“, für eine Balance der Bestände - z.B. von Fisch in einem Gewässer - nicht sehr weit her zu sein (hilfreich für das Öffnen der Augen in dieser Hinsicht ist Botkin 1990; vgl. auch den Haan 1996c).

Um mit der Wende zur Sustainability nicht erneut einem Pool an falschen Begründungsmustern und forcierter Marginalisierung aufzusitzen, soll im Folgenden ein anderer Ansatz favorisiert werden als jener in den oben dargelegten sechs Punkten. Dabei sei ausdrücklich betont, daß der geschilderte Weg - bei aller daran von Empirikern und Konzeptionstheoretikern geäußerten Kritik - gangbar und auch notwendig ist. Man kann auch in dem vorgestellten Modell aus der Kritik lernen und Konsequenzen aus der empirischen Forschung ziehen, ohne freilich das gesamte Procedere entscheidend zu verändern. Es geht gar nicht darum, den geschilderten Weg der Sondierung von Themen, Methoden und Zielen der Umweltbildung zurückzuweisen. Im Gegenteil: Die hier geschilderte fünfschrittige Konzeption (plus zwei Kritikaspekte) ist nicht etwa abzuschaffen, sondern durchaus zu unterstützen. Sie kann als ebenso verbesserungswürdig wie notwendig angesehen werden, ist aber, wie im folgenden gezeigt werden soll, nicht hinreichend für eine Bildung für Nachhaltige Entwicklung.

3. Sustainable Development als Ausgangspunkt für einen Umweg in die Revision und Reform von Bildung und Erziehung

Der hier vorgeschlagene zweite Weg ist aus der Tradition der Pädagogik hinlänglich bekannt. Er soll lediglich in Erinnerung gerufen und ergänzt werden.

In Erinnerung gerufen sei kurz die Curriculum- und Strukturreform der 1960er Jahre. Man stellte damals aufgrund der fundamentalen Bedeutung von Wissenschaft für den Alltag wie für die Entwicklung der Gesellschaft curricular auf das „wissenschaftsorientierte" Lehren und Lernen (von den Verfahren und vor allem von den Inhalten her) um. Strukturell versuchte man unter dem Stichwort „Chancengleichheit" eine Reform der Institutionen in Richtung der Aufhebung der Dreigliedrigkeit des Schulsystems. Die gesellschaftsbezogene Präferenz des Werturteils, es solle mehr „Gleichheit" sein, ging einher mit der entwicklungsbezogenen Ansicht, in der Orientierung an den Wissenschaften läge die Zukunft für Prosperität. Knapp formuliert glaubte man, daß eine durchgängige Wissenschaftsorientierung Basis und Motor für eine Wirtschaftsentwicklung sei, die ein großes Wachstum beschere und sichere. Dieses Wachstum aber wäre die Basis für eine Angleichung des Wohlstands im emphatischen Sinne: Gleichheit der Chancen und Gleichheit der Ressourcen für alle. Je mehr Wachstum, desto mehr Sozialstaat und Wohlbefinden.

Der Diskurs um das Sustainable Development wird nun als Reden über einen kulturellen Umbruch wahrgenommen, der weitaus substantieller ist als jener der 1960er Jahre, in dem wissenschaftliches Kalkül und Gleichheitsmaximen Reformmotoren waren. Mit dem Sustainable Development-Diskurs wird die Maxime der Gerechtigkeit stark gemacht. Und die Wissenschaftsorientierung erfährt eine Verschiebung sowie fundamentale Ergänzung. Die Verschiebung zielt auf den Wirklichkeitsbezug von Wissenschaft. Die Ergänzung zielt auf die enge Verknüpfung von Wissenschaft und mit der Entscheidung, was ihr Gegenstand, ihre Forschungsfelder und ihre Resultate sein sollen. Letzteres wird verhandelt unter den Maximen der Effizienz und der Konsistenz. Das heißt, für die Förderung der Zielrichtung von Naturwissenschaft und Technikwissenschaft existieren mit dem Sustainable Development-Diskurs Maximen, die sie eng rückkoppeln an die Grundentscheidungen der kulturell gewünschten inter- und intragenerationellen Gerechtigkeit.

Die Implikationen dieser Verschiebungen von der Chancengleichheits- zur Gerechtigkeitsorientierung und von der einfachen Wissenschafts- zu einer kulturell-reflexiven Wissenschaftsorientierung können in einer extensiven Form nicht Gegenstand dieser Skizze sein - sie auszuführen ist Thema einer größeren in Arbeit befindlichen Studie.

Nun bewegt sich die Hinwendung zum Sustainable Development und die Option, aus ihr mehr zu gewinnen als einige Unterrichtsmaterialien und die Ökologisierung der Bildungseinrichtungen, nicht im luftleeren Raum. Im Sustainable Development-Diskurs weiß man, was auch in der Bildungsreform längst bekannt ist: Veränderungen sind als Top-Down-Strategie wenig wirksam - und zudem heute gar nicht mehr opportun. Wer Veränderungen will, der muß sie a) attraktiv erscheinen lassen und b) ihre Anschlußfähigkeit an den Alltag und schon bestehende Trends belegen.

Man wird, so der Vorschlag hier, Umwege gehen müssen, wenn man die Punkte der Kritik am oben dargestellten Verfahren der pädagogischen Reaktion auf die ökologische Krisenwahrnehmung auffangen will. Gibt man der hier favorisierten Struktur des Aufgreifens des Sustainable Development-Diskurses ein Verlaufsschema, so hat es folgende Aspekte:

1. *In einer bestimmten Kultur wird ein Thema als bedeutsam im Umweltdiskurs wahrgenommen. In diesem Fall: Sustainable Development.* Das folgt ebenso dem Muster der gewöhnlichen Themengenerierung in der Umweltbildung wie der folgende zweite Punkt:

2. *Der Sustainability-Diskurs wird von Erziehungswissenschaftlern, Pädagogen und anderen an Erziehung interessierten Einrichtungen und Personen als bedeutsames Thema für institutionalisierte Lernprozesse identifiziert.*
   So weit folgt dieses Modell noch dem der traditionellen Umweltbildung. Nun wird aber ein anderer Weg eingeschlagen.

3. *Die Prämissen der Bedeutsamkeit des Sustainable Development-Diskurses für den pädagogischen Kontext werden hinterfragt.* Man wird etwa in kritischer Distanz fragen müssen:

- Ist das Überleben der Menschheit unweigerlich in Gefahr, geht man nicht den Weg der Sustainability?

- Muß Erziehung auf umweltgerechtes Verhalten zielen?

- Ist eine inter- und/oder intragenerative Gerechtigkeit nur mit einem Sustainable Development zu erreichen?

- Welche kulturellen Rahmenbedingungen führen zur Kommunikation über Sustainable Development?

4. Es kommt nun nicht darauf an, die zentralen Punkte der Debatte um das Sustainable Development zu identifizieren und sie schließlich in Unterrichtseinheiten und -vorschläge umzuschütten. Vielmehr besteht die entscheidende Leistung nunmehr darin, *die Wissenschaftskonzepte, kulturellen Leitbilder und Trends zu identifizieren, die dem Sustainable Development-Diskurs zugrunde liegen*. Die aus meiner derzeitigen Wahrnehmung heraus wesentlichen seien hier genannt:

   - *der Konstruktivismus als wissenschaftliche Grundorientierung*

   - *Leitbildforschung als analytisches Instrument*

   - *Reflexivität als kulturelle und wissenschaftliche Grundorientierung*

   - *Intergenerationelle Gerechtigkeit als kulturelle Maxime*

   - *Individuierungsprozesse als kultureller Trend*

   - *Partizipation als kultureller Trend.*

   Diese sechs Aspekte sollen als Basistheoreme des Sustainability-Diskurses benannt werden. Sie sind auf Vollständigkeit hin noch nicht geprüft, die genannten dürften aber notwendig zum Kanon gehören. Auf einige der sechs Basistheoreme wird weiter unten näher eingegangen. Die Problematik der intergenerationellen Gerechtigkeit wird unter Abschnitt 4 behandelt.

5. *Die neuen Theoreme und Trends - und nicht allein die Themen des Sustainable Development-Diskurses - sollten nun zur Basis für eine curriculare und strukturelle Reform des Bildungssystems gemacht werden.* Das kann aller Voraussicht nach nicht einfach mit einem Top-Down-Verfahren geschehen, wenn die Reform erfolgreich sein will. Man wird auch hier Umwege gehen müssen. Der erste Umweg besteht in der Suche nach der *Anschlußfähigkeit* an *Trends im Bildungssystem* selbst.

6. Nun läßt sich leicht nachzeichnen, daß in jüngster Zeit selbst für den schulischen Bereich *der Trend zur Individuierung und Partizipation* an Bedeutung gewinnt. Individuierung wird hier verstanden als Chance *und*

Notwendigkeit zur Wahl, zum Treffen von Entscheidungen, zur Gestaltung des Alltags und der Selbstinterpretation. Ein Beispiel: Noch um die Jahrhundertwende war es in unserer Kultur geradezu zwingend zu heiraten, wenn man mit einem andersgeschlechtlichen Partner zusammenleben wollte. Scheidung war nicht im Horizont des Akzeptierten. Heute wählt man (und muß man wählen) die Form des Zusammenlebens und die Zeiträume (Stichwort: Lebensabschnittspartner) selbst. Und die Lebensstile belegen: Wer kaum monetäre Ressourcen hat, in einer Schichtenanalyse zu den Armen gerechnet werden muß, kann sich dennoch zu einer Lebensstilgruppe rechnen, die avantgardistisch oder gar hedonistisch ist (z.B. einige Studenten). Gleichzeitig haben die Partizipationsbestrebungen entscheidend zugenommen. Erinnert sei nur an die Bürgerinitiativen, die Gleichberechtigungsbestrebungen der Frauen, die neuen Verfahren der Bürgerbeteiligung in diesem Jahrhundert etc. Partizipation wird mithin nicht nur in der Agenda 21 als außerordentlich wichtiges Element auf dem Weg ins Sustainable Development identifiziert. Partizipation ist Trend (vgl. Beck/Beck-Gernsheim 1994; Inglehart 1989, Kap. 10ff.). Mit der Diskussion um „Schule in eigener Verantwortung“, mit der Auflösung starrer Lehrplanbindungen, mit Wochenarbeitsplänen, der Rückbindung der Schule an die Community, dem Bemühen um die Schule als sozialem Erfahrungsraum, der lokal orientierten Diversifizierung der Lehrinhalte wird sichtbar, daß die Programmatik der Agenda 21 und zahlreicher nachfolgender Gutachten, Empfehlungen etc. eine gewisse Anschlußfähigkeit selbst im starren staatlichen Bildungsbereich hat (vgl. exemplarisch: Reinhardt 1992; Daschner/Rolff/Stryck 1995). Denn auch hier verstärkt sich das Plädoyer für Partizipation und Individuierung, lassen sie sich im Trend nachweisen.

7. *Schwieriger ist die Suche nach der Anschlußfähigkeit in Hinblick auf den Konstruktivismus, die Leitbildforschung, die Reflexivität als wissenschaftliche Grundorientierungen und Analyseinstrumente sowie die intergenerationelle Gerechtigkeit und - noch einmal - die Reflexivität als kultureller Grundorientierung.*

Das hängt mit der *Fehlerunfreundlichkeit* zumindest der schulischen Curricula zusammen. Man glaubt bisher, daß das Gelehrte nur dann zum Gegenstand des Unterrichtens werden soll, wenn man sich sicher sein kann, daß es auch der Wirklichkeit entspricht.

Der *Konstruktivismus* aber lehrt, daß eine Aussage darüber, wie die Welt „da draußen“ wirklich ist, nicht zu haben ist. Damit wird in alle wissenschaftliche Erkenntnis Unsicherheit eingeschleust. Der kulturelle Kontext wird von großer Bedeutung für den Aussagewert und die Blickrichtung von Wissenschaft (vgl. für einen ersten Überblick: Maturana/Varela 1987; Gumin/Meier 1992; Rorty 1994; Glasersfeld 1996; vgl. für die konstruktivistische Sicht in der Umweltbildung de Haan 1985). Die Wirklichkeit wird flüchtig, wie die Aufmerksamkeitsrichtungen auch. Sich zu den kursierenden Erkenntnissen, den Folgen technischer Neuerungen, dem ökonomischen Handeln wie dem sozialen Handeln *reflexiv* zu verhalten, ist ebenfalls ein schwieriges und seltenes Unterfangen in heutigen Bildungsprozessen. Auch dies scheint dem Sicherheitsdenken im bisherigen Lehren geschuldet zu sein. Solange man glauben kann, die eigene Lehre basiere auf sicheren Einsichten (und sichere den Lehrenden damit auch „Sachautorität"), ist Reflexivität nicht erforderlich. Dagegen ist Reflexivität als ein Unsicherheitsabsorptionsverfahren gedacht. Ohne das an dieser Stelle weiter ausführen zu können, sei auf die beiden Bedeutungen der „Reflexivität" verwiesen. A. Giddens (1994; 1995) versteht unter „reflexiver Moderne" die Reflexion (oder auch: das Wissen) über die Basis, Konsequenzen und Probleme von Prozessen der Modernisierung (der Gesellschaft, von Wissenschaft etc.). U. Beck versteht unter „reflexiver Modernisierung", daß die Beschäftigung mit den (ungewollten) Nebenfolgen der Modernisierung (etwa: die ökologischen Probleme, die Eskalation von Risikowahrnehmung etc.) zum Hauptpunkt der Aufmerksamkeit und des neuen (subpolitischen) Handelns werden (vgl. Beck 1986; 1993; 1996). Beide Reflexivitätsdimensionen, die von Giddens wie von Beck, sind keine Additiva in modernen Kulturen, sondern inhärentes Moment ihrer Entwicklung.

Ähnliches gilt für die *Leitbildforschung*: Die von Blumenberg vorgeprägte Analyse der Metaphern, die das Denken und Handeln leiten, hat einen breiten Verbindungsstrom zu der Identifikation von „Denkstilen" (Douglas 1991), „Denkrahmen" (Fleck 1980), denen Sozietäten folgen, die man implantieren möchte oder als Orientierungsrahmen offeriert (vgl. im Überblick de Haan 1996b, de Haan u.a. 1996). Die Relevanz der Leitbilder, der darin eingeschlossenen Metaphern sowie der Gefühle, der Intuition für das Verhalten, für die Visionen und die kulturellen Konstellationen wird immer mehr betont. Mit anderen Worten: Kulturen werden der Tendenz nach nicht mehr allein aus den in ihnen dominierenden rationalen Kalkülen heraus verstanden. Vielmehr werden diese rückgebunden an die Leitbilder, aus denen das rationale Kalkül sich allererst speist. Emotionale Intelligenz, Kreativität, die Analyse von Metaphern, die das Alltagsleben steuern, werden nicht mehr als Durchgangsstadien und defizitäre Modi von Rationalität begriffen, sondern als deren Basis und bewegendes Motiv von und in Sozietäten.

Man kann sich das an dem Bild deutlich machen, das mit „Natur-

schutzerziehung", oft auch mit „Umweltbildung" assoziiert wird (vgl. die systematische Untersuchung der Leitbilder in einem Modellversuch zur schulischen Umweltbildung von Schaar 1996).
Ohne mit einer detaillierten Leitbildanalyse aufwarten zu wollen, läßt sich sicherlich die Hypothese riskieren, daß eines der fundamentalen Leitbilder der Umweltbildung in der intakten Landschaft besteht, allenfalls in der kleinstädtischen Welt, die man sozusagen von der intakten kleinteiligen Landschaft aus betrachtet. Nichts gegen eine intakte kleinteilige Landschaft und darin eingebettete umweltfreundliche Kleinstädte. Aber: Wenn sich die Hypothese bestätigen ließe, würde man wieder einmal, wie schon bezüglich der gutgemeinten Arbeitspädagogik eines Kerschensteiner am Anfang dieses Jahrhunderts oder bezüglich der Inhalte der Volksschule in den 1950er Jahren, sagen müssen: Das ist keine Pädagogik auf der Höhe der Zeit, sie ist schon von der Grundorientierung her antiquiert. Denn die Menschheit wird zu einer städtischen Gattung: „Kurz nach Anbruch des 21. Jahrhunderts wird die Hälfte der Menschheit in Städten und städtischen Gebieten unterschiedlicher Größenordnung leben und arbeiten; die andere Hälfte der Weltbevölkerung wird zwar auf dem Lande leben, aber für ihr wirtschaftliches Überleben auf die Städte angewiesen sein. Innerhalb eines einzigen Jahrhunderts wird die Stadtbevölkerung weltweit von 15 auf 50% angewachsen sein, und die Zahl wird sich aller Voraussicht nach weiter erhöhen." (Giradet 1996, S. 2) Die Städte wachsen dreimal so schnell wie die Weltbevölkerung. Der erste Teil der Aussage benennt die Wahrnehmung eines Faktums, der zweite Teil dagegen ist erklärungsbedürftig. Es ist zwar immer noch (und auch wohl weiterhin) in allererster Linie das Land, das die Städte ernährt. Doch sind die Entwicklungen auf dem Land von den Städten selbst abhängig. Die Städte sind Träger der Zivilisation, der Forschung, der Entwicklungen von Innovation. Zum Beispiel ist die Grüne Revolution, die uns in den letzten Jahrzehnten einer Verdopplung der Ernteerträge zahlreicher Pflanzen gebracht hat, in den Städten in Laboratorien entwickelt worden. Und die Identifikation dessen, was als Klimakatastrophe die Medien beschäftigt, ist ebenso ein Resultat der Forschung, die in Städten verwirklicht wird wie die Entfaltung der Idee eines Sustainable Development. Weder der ostfriesische Marschbauer noch die Landwirte einer GmbH in Mecklenburg-Vorpommern haben sich in den drei genannten Beispielen mit besonderen erfinderischen oder wissenschaftlichen Leistungen hervortun können.
Städte haben alle Voraussetzungen für die Möglichkeit zum Sustainable Development. Auf engem Raum leben zahlreiche Menschen zusammen. In ihnen konzentrieren sich Arbeitsplätze, Versorgungseinrichtungen

und Wohnraum. Sie bieten die wichtigsten Wirtschafts-, Forschungs- und Entwicklungsvoraussetzungen. Eine Bildung für Nachhaltige Entwicklung wäre, so meine Vermutung, auf ein Leitbild angewiesen, das die Attraktivität von Großstädten betrifft, weniger auf ein Leitbild, das das Leben auf dem Lande als die attraktivste Zukunftsvorstellung erscheinen läßt.

Alle genannten Facetten, konstruktivistische Wissenschaften, Leitbildforschung und Reflexivität, haben etwas Unsicheres und sind *Ausdruck von Unsicherheit.* Sind sie in einem auf Sicherheit und Fehlerunfreundlichkeit setzenden Bildungssystem nur in einem Top-Down-Verfahren einzubringen? Nicht ganz. Man wird - das läßt sich aus dem *Kommunitarismus* lernen - am ehesten eine Chance haben, wenn man an „guten Beispielen“ anknüpfen kann. Für den Bildungsbereich ist das noch ein völlig ungeprüftes Feld. Es ist dann nicht mit dem Verweis auf schulische Energiesparkonzepte getan (welche Einrichtung bringt es da schon auf den Faktor vier?). Was fehlt, ist eine Durchsicht bisheriger Praxis auf konstruktivistische Elemente, auf Reflexivität im Sinne von Giddens und Beck, auf die Auseinandersetzung mit Leitbildern, die die heutigen Kulturen mit ihren Lebensstilen und Wertmustern bestimmen.

8. *Aus der Zusammenführung der basalen Wissenschaftstheorien, Werturteile des Sustainable Development-Diskurses mit den kulturellen Trends, mit Veränderungsbestrebungen im Bildungssystem und mit Beispielen „guter Praxis“ läßt sich schließlich versuchen, eine pragmatische Idee von Bildung und Erziehung samt ihren Einrichtungen zu entwickeln.*

Daß man dabei auf die Denkschrift aus Nordrhein-Westfalen (Bildungskommission NRW 1996) zurückgreifen kann, ist ebenso selbstverständlich wie die Einbindung der Überlegungen H. von Hentigs zur Schule (1993) und zur Bildung (1996) - um nur auf drei markante Punkte der aktuelleren Debatte zu verweisen. Mit ziemlicher Sicherheit wird man allerdings mit dem hier vorgeschlagenen Procedere und der skizzierten Fundierung mehr und anderes zu sehen bekommen, als die genannten Studien offerieren. Der Vorteil des Sustainable Development-Diskurses ist es schließlich, außerordentlich modern zu sein, sehr weit nach vorne zu schauen, eben in der Zukunftsbezüglichkeit zu fußen, während doch v. Hentig wie die NRW-Studie sehr reaktiv ausfallen, eher Defizitausgleichsreformen und Rettungsstrategien offerieren - man schaue sich aus dieser Warte nur einmal das Inhaltsverzeichnis des Bandes „Die Schule neu denken“ (v. Hentig 1993) an.

Schematisch dargestellt hat der hier vorgeschlagene Weg folgende Struktur:

Abb. 2 Struktur der Revision und Reform von Bildung und Erziehung vor dem Hintergrund der Sustainable-Development-Debatte

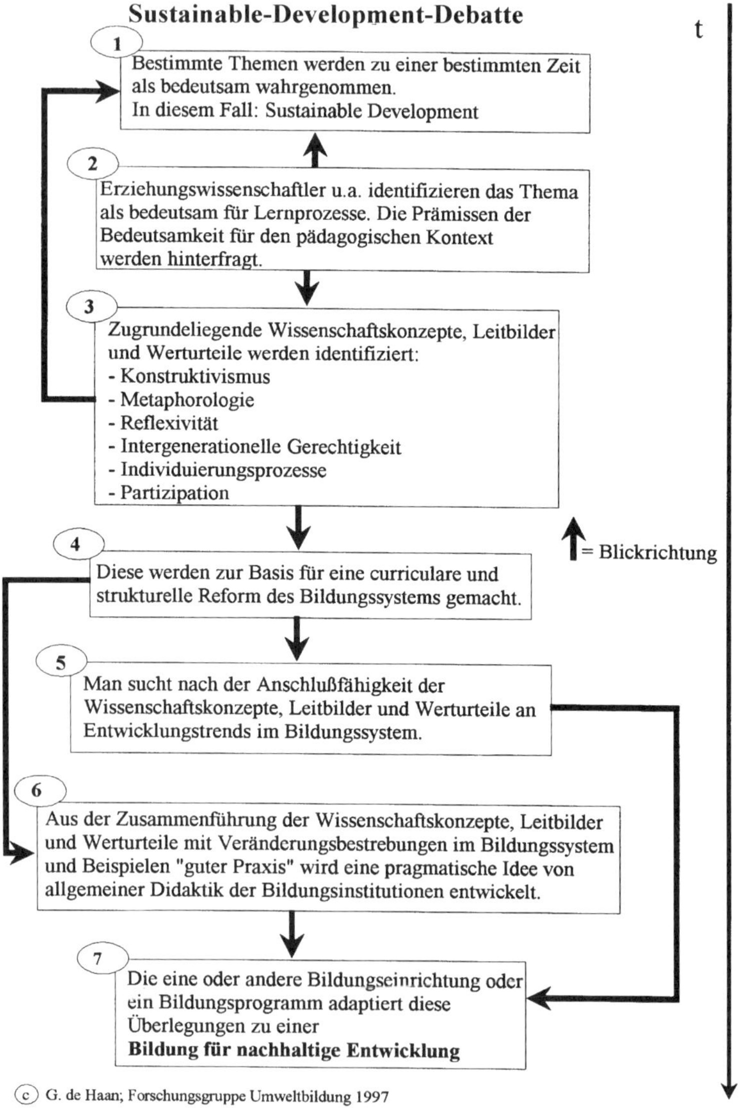

© G. de Haan; Forschungsgruppe Umweltbildung 1997

Der Vorteil des hier vorgeschlagenen Weges gegenüber dem weiter zu verfolgenden direkten Weg des zunächst beschriebenen Verfahrens scheint einerseits darin zu liegen, der Kritik an den Grundlagen, wie sie bisher in Hinblick auf die Umweltbildung geübt wird, besser begegnen zu können. Denn schließlich werden die Basistheoreme, Werturteile jenseits der direkten Linie Sustainable Development-Pädagogik im hier vorgeschlagenen Verfahren notwendigerweise zum Thema. Damit wird man den Ansprüchen, die von Seiten der Bildung an die Struktur einer Thematisierung kultureller Phänomene gestellt werden, eher gerecht als bei einer direkten Umsetzung von Themen der Nachhaltigskeits-Debatte in Unterrichtseinheiten.

Andererseits besteht die berechtigte Hoffnung, daß die Irrelevanzbescheinigungen aus der Empirie nicht mehr ausgestellt werden müßten, wenn es gelingt, die unter Punkt zwei und drei angerissenen Basistheoreme im Bildungssystem *resonanzfähig* zu machen. Schließlich liegt die Differenz auf der Hand: Es käme nicht darauf an, in die bestehenden Lehrpläne noch den Hinweis einzubauen, auch das Sustainable Development sei mit dem Thema „effiziente Verkehrsströme“, „Energiesparen“ als fächerübergreifendes Querschnittsthema aufzunehmen. Am Ende des hier vorgeschlagenen Weges wäre zu formulieren, daß die konstruktivistische Weltsicht und die Individuierungsprozesse z.B. auch an den Themen „effiziente Verkehrsströme“, „Energiesparen“ etc. behandelt werden können.

Dieses siebenschrittige, auf einen Umweg hinauskommende Verfahren ist freilich kein Ersatz für das fünfschrittige, unter Punkt 2 skizzierte. Man wird beide Wege gehen müssen, wenn man den Diskurs um Sustainable Development in die Sozietäten hineintragen will. Nur darf man sich hinsichtlich des ersten Weges, der Ergänzung und Umstellung von Umweltbildung um bzw. auf Sustainable Development nicht zu viel erhoffen. Es muß nach den Erfahrungen mit der Umweltbildung fraglich bleiben, ob man unter dem neuen Paradigma zu größeren Erfolgen kommt als mit der Umweltbildung bisherigen Zuschnitts. Wenn sich - wie hier behauptet - in der Sustainability-Debatte eine globale Modernisierung in vielfacher Hinsicht ankündigt, dann wird man sich in der Tat bemühen müssen, längerfristig gesehen die Basistheoreme dieser Debatte zum Ausgangspunkt von Reform und Revision zu machen.

Strategisch gesehen können beide Wege in eine Richtung führen, zumal sie auf dem gemeinsamen Paradigma beruhen.

4. Problembewußtsein und Wertorientierung im Diskurs zu nachhaltiger Entwicklung - Schwierigkeiten mit den Generationen

In der Studie „Zukunftsfähiges Deutschland" heißt es: „Auf einen Sachverhalt soll deutlich hingewiesen werden. Zukunftsfähigkeit ist ein normatives Konzept und erfordert mindestens ein Werturteil. Warum sollte man künftigen Generationen die Möglichkeit zu einer eigenständigen Gestaltung ihres Lebens geben? Es ist eine ethische Entscheidung, gleiche Lebenschancen für künftige Generationen zu befürworten. Für diese Entscheidung sprechen gute Gründe, nicht zuletzt auch ein aufgeklärter Eigennutz, wenn man etwa an eigene Kinder und Enkel denkt." (BUND/Misereor 1996, S. 24)

Es scheint nun, daß dieses Werturteil, diese Orientierung, die besagt, man müsse Verantwortung für künftige Generationen und für andere Menschen in anderen Ländern übernehmen, nun durchaus nicht von allen Bürgern dieses Landes geteilt wird. Die Verantwortungsbereitschaft - wenigstens in der Form, wie sie zum Fundament der Nachhaltigkeitsdebatte erklärt wird, ist, so soll belegt werden, nicht konsensfähig.

Zur Erläuterung soll noch einmal an der Studie „Zukunftsfähiges Deutschland" und der Aufforderung zur Verantwortungsübernahme für künftige Generationen angeknüpft werden. Worin hat diese Aufforderung ihr Fundament?

In der BUND-Misereor-Studie wird behauptet, wenn wir nicht den Weg ins Sustainable Development verfolgen, würden wir den künftigen Generationen a) nicht nur die Gleichheit der Lebenschancen verwehren, wir würden ihnen b) zudem die Chance zur eigenständigen Lebensgestaltung nehmen. Eingefordert wird also eine *inter*generationelle *Verteilungsgerechtigkeit*. Dabei sollen die Ressourcen pro Kopf berechnet werden; innerhalb eines Staatsgebildes aber soll nach Gutdünken verfahren werden, wie die an der Bevölkerungszahl gemessenen Gesamtkapazitäten verteilt werden. Insofern kann bei globaler Verteilungs*gleichheit* ein national differierendes Verteilungs*gerechtigkeits*konzept greifen. In einer Gelegenheitsarbeit wie dieser kann nun nicht die Debatte geführt werden, ob und unter welchen Bedingungen Verteilungsgerechtigkeit sein soll, ja wie es sich generell mit der Begründung von Gerechtigkeiten verhält und welche Varianten sich ausmachen lassen. Verwiesen sei aber auf die derzeit international wohl als loci classici geltenden Publikationen zu diesen Fragen: John Rawls „Theory of Justice" (1971), Robert Nozicks „Anarchy, State and Utopia" (1974), Michael Walzers „Spheres of Justice" (1983), Alasdair MacIntyres

„Whose Justice? Which Rationality?“ (1988)[1]. Verwiesen sei aber wenigstens auf eine oft getroffene Unterscheidung, nämlich der zwischen Bedürfnisgerechtigkeit, Leistungsgerechtigkeit und Besitzstandsgerechtigkeit (vgl. Huber 1995, Kap. 3).

Huber erläutert näherhin den Bezug dieser drei Gerechtigskeitskonzepte zu politischen Systemen und Grundorientierungen. So ist die Bedürfnisgerechtigkeit nach ihm eng gekoppelt an sozialistische Vorstellungswelten: Gemeinschaftliche Bedürfnisentfaltung und Bedürfnisdeckung ist das Fundament einer Sozialpolitik unter sozialistischer Flagge.

Eine liberale Position setzt dagegen eher auf das Leistungsprinzip. Die Erfüllung der Grundbedürfnisse wird möglichst auf die Sicherung von Existenzminima reduziert, und jede Person soll nach ihren Leistungen, also auf der Basis von Eigeninitiative und Tatkraft erwerben, was sie benötigt.

Das konservative Verteilungsprinzip läßt sich mit der Idee der Besitzstandsgerechtigkeit verbinden. Besitzstände kann man erarbeiten oder ererben, sie bestehen in Geld, anderem Vermögen, aber auch in erworbenen Rechten: etwa in Rentenansprüchen, einem Recht auf Urlaub, im Schutz des Eigentums vor Enteignung etc.

Von den drei genannten Verteilungsprinzipien, die sich natürlich auch in Mischformen und Modifikationen ausdifferenzieren, interessiert vor allem das Konzept der Bedürfnisgerechtigkeit. Es ist nämlich in aller Regel verbunden mit dem Prinzip der Streuungsminimierung, das besagt, man müsse die Bandbreite der Einkünfte und Besitztümer eher schrumpfen als weiter expandieren lassen. Die Einkommens- und Vermögensunterschiede zwischen dem reichsten und ärmsten Fünftel der Bevölkerung sind, wie wir alle wissen beträchtlich. In Deutschland ist das obere Fünftel 3 bis 6 mal reicher als das untere Fünftel, in Brasilien beträgt der Unterschied sogar das 33fache. Das Prinzip der Streuungsminimierung fußt auf einem gemäßigten

[1] Die Zahl der Titel, die bezüglich des Gerechtigkeitsdiskurses zu nennen wären, ist hinreichend, um eine CD zu füllen. Für die Debatte um die Agenda 21 und das Sustainable Development halte ich, da in beiden Konzepten der Grundsatz der Partizipation und der gemeinsamen, mentalen Problemlösung stark in den Vordergrund rückt, neben den genannten „basics“ die Überlegungen von Charles Taylor (1988), Michael Sandel (1982), Alasdair MacIntyre (engl. 1981), Robert Selznick (1992), Rainer Forst (1994) für bedenkenswert.
Im Hinblick auf den Zusammenhang zwischen Umweltfragen und Gerechtigkeit gibt der von B. Bryant (1995) herausgegebene Band eine Übersicht. Die Diskussion erreicht dort allerdings - soweit ich das überblicke - nirgends die Tiefe der Gerechtigkeitsdebatte, die durch Rawls und die Kommunitarier (wieder) in Gang gebracht wurde. Exemplarisch für das niedrige Niveau kann der Artikel von Sachs (1996) gelten.

Gleichheitsstreben: Dem Bedürfnisprinzip wird vor dem Leistungsprinzip der Vorrang eingeräumt. Wer größere Besitzstände hat, gerät unter Legitimationsdruck.

Das mit der Agenda 21 hierzulande weit nach vorne geschobene Gerechtigkeitskonzept ist nun jenes der gerechten Verteilung. Es wird nicht nur in der Wuppertaler Studie zum „Nachhaltigen Deutschland" vorgebracht, sondern auch von Dritte-Welt-Gruppen, Naturschutzverbänden, vielen sozialen Trägern und generell vom Links-Alternativen Spektrum (soweit es das noch gibt), getragen. Das Prinzip lautet: Gleiche Nutzungs- und Verschmutzungsrechte pro Kopf weltweit. J. Huber schreibt dazu: „Man kann dies ohne Umschweife als Ressourcenkommunismus bezeichnen. Außer einer grob postulierten Bedürfnisgerechtigkeit werden weitere Aspekte nicht in Betracht gezogen." (Huber 1995, S. 96)

Im Folgenden wird nicht auf die knapp betrachteten Modi der Gerechtigkeit abgestellt, sondern auf die derzeit ebenso stark vertretene wie bisher unhinterfragt gebliebene *Verteilungsgleichheit zwischen den Generationen.*

Wenn im Folgenden von Verteilungsgerechtigkeit oder intergenerationeller Gerechtigkeit gesprochen wird, ist um der Vereinfachung dieser Skizze wegen die *Verteilungsgleichheit* als Problemhorizont gemeint.

Vorab sei ausdrücklich darauf hingewiesen, daß nicht für eine Verteilungs-*un*gerechtigkeit eingetreten werden soll. Es soll auch nicht behauptet werden, man müsse sich künftigen Generationen gegenüber gleichgültig verhalten, obschon man auch dieses mit guten Gründen kann.

Nehmen wir an, wir wollten anerkennen, daß auf die *künftigen Generationen* Rücksicht genommen werden soll. Sich hier anzulehnen, scheint nämlich zunächst ganz aussichtsreich zu sein. Wenn man nämlich in der Bevölkerung der Bundesrepublik eine Umfrage startet, warum man für mehr Naturschutz eintreten solle, dann sind die künftigen Generationen der alles dominierende Grund (siehe Abbildung 3).

Abb. 3 Warum ist Umweltschutz notwendig?

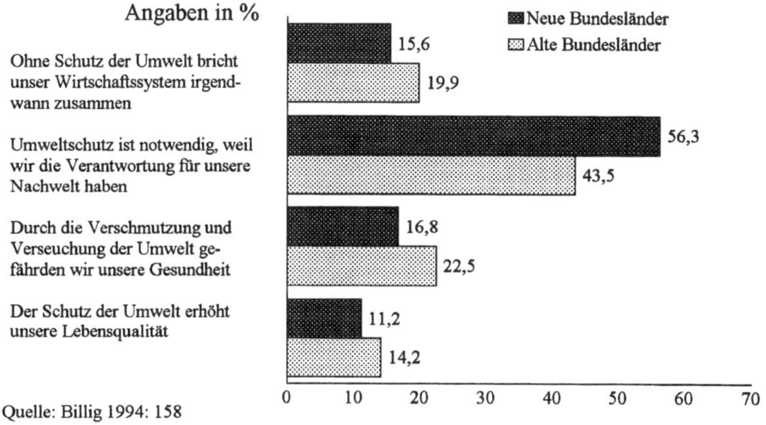

Quelle: Billig 1994: 158

Man macht sich also Sorgen - weniger um die eigene Lage in der heutigen Umwelt, als um die Lage der Kinder in der künftigen Umwelt. Damit scheinen wir ein tragfähiges Motiv für Nachhaltigkeit gefunden zu haben.

Dann bleibt also nur noch zu sondieren, ob und wie im Kontext des Sustainable Development der geforderten Rücksichtnahme entsprochen werden kann? Nun zeigt schon ein kurzes Nachdenken, wie sehr man sich in Probleme und Unsicherheiten verstrickt.

Es ist zunächst nützlich, sich einer Überlegung von Gaulthier (1986) zuzuwenden, da die Rede von „*den* künftig lebenden Generationen" unter erheblichem Mangel an Präzision leidet.

> „The generations of humankind do not march on and off the stage of life in a body (...). Each Person interacts with others both older and younger than himself (...). Mutually beneficial co-operation directly involves persons of different but overlapping generations, but this creates indirect co-operative links extending throughout history. Each person, in considering the terms on which he is to co-operate with those in an earlier generation than himself, must keep in mind his need to establish similar terms with those of a later generation, who in turn must keep in mind their need to co-operate with members of a yet later generation, and so on. Thus, although each individual might be prepared to agree with his contemporaries that they should exhaust the world's resources without thought for those yet to be born, the need to continue any agreement as time passes, to extend it to those who are born as it ceases for those who die, ensures that,

> among rational persons, the terms must remain constant, so that exhaustion of the world's resources does not present itself as an option. No matter when one lives, one should expect the same relative benefits from interaction with one's fellows as were enjoyed by one's predecessors and as will be enjoyed in turn by one's successors." (Gaulthier 1986, S. 298f.)

Das ist wundervoll erdacht. Zunächst hat Gaulthier schlicht erkannt: Gemeinsamkeit läßt sich nur zwischen denen herstellen, die gleichzeitig leben und miteinander interagieren. Sonst ist Zustimmung ja auch gar nicht zu haben. Ungeborene Generationen und auch verstorbene können unserem Denken über Gerechtigkeit in dieser Welt nicht zustimmen - und auch die nicht, mit denen wir nicht kommunizieren. Man ahnt schon, daß die Partizipation, die Teilhabe aller Personen an den Entscheidungsprozessen unumgänglich ist, wenn man entscheiden will, wie denn nun verteilt werden soll. Wie kann man nun intergenerationelle Gerechtigkeit herstellen, wenn man mit den künftigen Generationen gerade nicht sprechen kann, wenn sie *nicht* mit am runden Tisch sitzen? Gaulthier macht das vor: Es leben immer mehrere Generationen gleichzeitig, die auf Verständigung untereinander angewiesen sind: Die ältere muß mit der jüngeren kommunizieren, und diese wird ihren Anspruch auf Verteilungsgleichheit dann schon anmelden. Damit hat man einen Generationenfluß zu vergegenwärtigen, indem sich die einzelnen Generationen überlappen. Stirbt die eine, ist schon wieder eine neue da. Sie steht dann für das „Glück künftiger Generationen" und wird im Laufe der Zeit mit einer jüngeren Generation konfrontiert sein, die nun eben dieses Glück künftiger Generationen repräsentiert.

So zu denken, kommt der aktuellen Debatte ums Sustainable Development sehr entgegen. Das ist der Weg, über den die Schonung der Ressourcen, die gleichen Chancen für die künftigen Generationen eingeklagt werden können.

Unglücklicherweise gerät Gaulthiers Idee in Turbulenzen, versucht man, sie an einem Beispiel zu überprüfen (vgl. dazu Temkin 1995, S. 80ff.). Wählen wir einen simplen Ansatz. Nehmen wir den Normalfall an. Eine Ressource ist in begrenztem Umfang vorhanden. Nehmen wir der Einfachheit halber zudem an, daß die Größe der Weltbevölkerung in Zukunft konstant ist, daß zudem keine umfänglichen Mengen neuer Ressourcen gleicher Art bekannt oder ausbeutbar werden und auch kein Ersatzstoff erfunden wird (würde man hinsichtlich der beiden letztgenannten Punkte anders denken, würde man einen ungesicherten Kredit von den künftigen Generationen aufnehmen). Nehmen wir an, die endlichen Ressourcen sollten unter allen gleichmäßig verteilt werden. Gaulthier macht nun plausibel, daß ja nur die bei der Verteilung mitreden können, die aktuell leben. Nehmen wir an, das seien vier Generationen. Die über 75jährigen, die im Alter von 50 bis 75, jene, die derzeit zwischen 25 und 50 Jahre zählen und die gerade Geborenen bis hin zu den 25jährigen. Der Einfachheit halber nehmen wir ferner an, die Generationen 1 und 2, also die zwischen 25 und 75, entscheiden über die Verteilung und kommen überein, daß allen gleich viel zustehen soll, also auch den noch Unmündigen und bis 25jährigen sowie den längst Verrenteten, den Alten und Gebrechlichen mit über 75 Lebensjahren. Jede Generation erhält 25% der endlichen Ressource.

25 Jahre später ist Generation 1 ausgestorben. Sie hat ihre 25% der Ressource verbraucht. Generation 5 ist inzwischen auf der Welt. Generation 5 kann mit der aktuell laufenden Verteilung nicht einverstanden sein, bliebe doch für diese Generation nichts übrig. Generation 2 wird 50% der ihr zustehenden Ressource verbraucht haben, Generation 3 rund 33% und Generation vier 25%. Generation 5 wird auf Verteilungsgerechtigkeit insistieren und sagen, daß der Restbestand von ca. 47% jetzt zumindest durch alle geteilt werden müsse, wenn nicht gar einem selbst mehr zustünde, kommt doch Generation 5 dann auf lediglich ca. 12% für rund 75 Lebensjahre, wo Generation 1 für 25 Lebensjahre noch 25% zur Verfügung hatte. Werden sich die Generationen 2 bis 4 auf dieses Modell einlassen, wenn es doch dazu führt, daß vergangenen Generationen immer mehr zur Verfügung stand als der eigenen?

Man kann das Dilemma der Berücksichtigung nachgeborener Generationen nun versuchen zu entschärfen, indem man 10 oder gar 20 oder auch 100 Generationen von Anfang an mit berücksichtigt. Das Resultat ist eine *eskalierende Repression*, die künftige, noch ungezeugte Generationen auf die gegenwärtigen Generationen ausüben. „The upspot of all this is that there will be a leveling pressure extending backwards from future generations to the present." (Temkin 1995, S. 83) Wie soll man dem begegnen? Indem weniger Rücksicht auf die dritte, vierte, fünfte Generation genommen wird? Immer gerät ab einem bestimmten Punkt jede folgende Generation in Nachteil. Man befindet sich in einem echten Dilemma: Will man Verteilungsgleichheit zwischen den Generationen erreichen, wird das zu Repressionen gegenüber den heute lebenden Generationen führen. Je weiter dieses Gleichheitsansinnen reicht, desto repressiver ist die Situation für die heute Lebenden. Will man dieser Repression entkommen, kann das nur um den Preis geschehen, künftigen Generationen gleiche Ansprüche zu verweigern. *Dieses Phänomen wird als das „Repressionsdilemma der Berücksichtigung künftiger Generationen" bezeichnet.*

Allein schon um das Maß an Repression, das ungezeugte Generationen im Kontext einer Verteilungsgleichheit auf uns heute Lebende im Namen der Sustainability ausüben, ist es angeraten, sich für nachwachsende Rohstoffe, Kreislaufwirtschaft und die Sicherheit ihrer künftigen Nutzungsmöglichkeiten stark zu machen. Doch lassen wir das Repressivitätsdilemma zunächst auf sich beruhen und gehen wir der Generationenfrage noch etwas weiter nach.

Komplexer als Gaulthier setzt Epstein (1992) an. Eine seiner Überlegungen lautet: Eine Politik, die darauf hinausläuft, künftigen Generationen die gleichen Möglichkeiten der Ressourcennutzung einzuräumen wie den heute lebenden, wird dies nur auf Kosten der intragenerationellen Verteilungsgerechtigkeit realisieren können. Nun aber nicht im Sinne von Gaulthier, sondern mit einer anders gelagerten Begründung. Unter den derzeitigen Bedingungen käme der Wunsch, künftige Generationen zu bedenken, immer darauf hinaus, das Niveau der Kapitalakkumulation erheblich unter das Maß des Möglichen zu drücken, weil ja weniger verbraucht werden würde. Die ganze Debatte um Reduktionsziele im Sinne von Suffizienzstrategien - also im Sinne von Genügsamkeit und Bescheidenheit - läuft schließlich auf immer weniger Verbrauch hinaus: weniger Energie nutzen, weniger Automobile bauen, kaufen und fahren, weniger Rohstoffe nutzen, die Dinge länger gebrauchen und mit anderen teilen, die Nahrungsmittelverschwendung drosseln etc. Die heutige Selbstbeschränkung, so lautet das Argument von Epstein, schadet heute Lebenden und vor allem künftigen Generationen, da wir mit der Selbstbescheidung die Kapitalakkumulation drosseln. Selbstbescheidung ist demnach nur dort sinnvoll, wo man subsistenzwirtschaftlich lebt. Wo aber mit der Geldzirkulation und nicht über den einfachen Tausch Gerechtigkeit als Gleichheit hergestellt werden soll, muß man Geld aus den Zirkulationsprozessen abschöpfen (Steuern, Abgaben einziehen) um dieses Geld wieder - zum Beispiel für Wohlfahrt, Entwicklungsförderung etc. - einsetzen zu können. Wo nun aufgrund der Selbstbescheidung immer weniger Wertschöpfung stattfindet, weil man lieber nur „SEIN" möchte, statt zu „HABEN", dort kann man auch immer weniger einnehmen. Man hätte also weniger zu verteilen und müßte mit diesem weniger auch noch eine *intra*generationelle Gerechtigkeit realisieren. Aufs Ganze käme (bei aller Rede davon, weniger sei mehr) ein Weniger für alle dabei heraus. Das läßt sich sogar noch verlängern: Wenn man aktuell in der Kapitalakkumulation das Niveau zurücknimmt, so hat das unmittelbar Folgen für die zukunftsbezogene Forschung. Wir können das schon heute bemerken, wenn es nur um leichte Konjunkturschwankungen geht: Reduzierte Einnahmen auf der Staatsseite, bedingt durch ein reduziertes Steueraufkommen, führen zu reduzierten Sozialleistungen, zu reduzierten Kulturetats, zu reduzierten Forschungsetats.[1] Strukturell identisch verhalten sich die Unternehmen: Auch bei ihnen vermindert sich in Phasen der Stagnation die Investition, sei es ins Sozialsponsoring, in technische Innovationen oder sei es in die anwendungsbezogene innovative Forschung. Ein Plädoyer also für Wachstum - dessen Form und Qualität freilich auch die drei Maximen der Nachhaltigkeit (Erhöhung der Effizienz in der Nutzung von Ressourcen, Produkten und Dienstleistungen; Umstellen auf Permanenz in der Ressourcennutzung; Konsistenz im Zusammenspiel zwischen Produktion, Mobilität, Arbeitsprozessen etc. und Naturhaushalt) zur Basis haben kann. Wer heute weniger verbraucht, könnte man zugespitzt sagen, der reduziert die Lebensmöglichkeiten künftiger Generationen. *Das wird als das „Verbrauchsdilemma der intergenerationellen Gerechtigkeit" bezeichnet.*

Ein drittes Modell der Debatte über intergenerationelle Gerechtigkeit kann so ausfallen: Die Basis der bisherigen Überlegungen zur intergenerationellen Gerechtigkeit war eine Konstanz der zur Verfügung stehenden Ressourcen und Senken (vgl. dazu den außerordentlich instruktiven Band von Kastenholz/Erdmann/Wolff 1996; inbesondere den Aufsatz von Mohr 1996). Nun kann man aber im Rückblick auf die letzten 300 Jahre mit Recht behaupten, daß aufs Ganze gesehen in diesem Zeitraum die Lebensqualität gestiegen ist. Die jeweiligen künftigen Generationen haben in aller Regel bessere Lebensbedingungen angetroffen und geschaffen als ihre Väter und Mütter. Neue Erfindungen, die Entwicklung in den Wissenschaften, technische Innovationen, die Entdeckung neuer und anderer Ressourcen, die Entwicklung der demokratischen Gesellschaften, das Wohlfahrtssystem etc. haben die Lebensstituation durchgreifend verbessert - ablesbar etwa an dem harten Datum der durchschnittlichen Lebenserwartung. Wenn nun Epstein sagt: „Taxation and regulatory policies that are designed to secure

[1] Die Überlegung gilt auch dann noch, wenn man der Behauptung Glauben schenkt, das Wirtschaftswachstum habe sich längst in seinen Effekten vom Wohlfahrtswachstum entfernt. Wer im Sinne der neuen Wohlstandsmessungen argumentiert, wird gegen das Bruttosozialprodukt und seine Steigerungsraten den „Index of Sustainable Economic Welfare" (ISEW) ins Feld führen und uns zeigen, daß seit dem Ende der 1960er Jahre die beiden Indices nicht mehr parallel laufen, daß sich - etwa für die USA - der ISEW kontinuierlich nach unten bewegt - trotz gesteigertem Bruttosozialprodukt. (Vgl. van Dieren 1995; in einer Kurzfassung auch: Weizsäcker/Lovins/Lovins 1995, S. 302ff.). Die Entkopplung mag richtig sein. Sie ließe sich global gesehen bestreiten, wenn „Welfare" zunächst meint, nicht hungern zu müssen und eine Chance zum Überleben sowie zum längeren Leben zu haben; dann ist die Kopplung zuwischen BSP und ISEW unmittelbar evident. Niemand aber hat bisher die Entkopplung auch dergestalt zu behaupten gewagt, daß ein abgeschwächtes BSP für den ISEW-Index ohne negative Folgen wäre.

equality of wealth in the next generation do so at the cost of reducing the levels of capital accumulation, so that (...) the effort to redistribute wealth within the second generation reduces the amount of wealth passed on to that generation" (Epstein 1992, S. 86), so kann dennoch die nachfolgende Generation eine höhere Lebensqualität einfach dadurch erreichen, daß auch diese Generation Erfindungen macht, Entwicklungen vorantreibt etc. Prognostisch gesehen sind künftige Generationen besser als die heute lebenden in der Lage, mit begrenzten Ressourcen umzugehen und diese effektiver zu nutzen. Das spricht *für* die Aufnahme eines ungesicherten Kredits von den künftigen Generationen.

Abb. 4

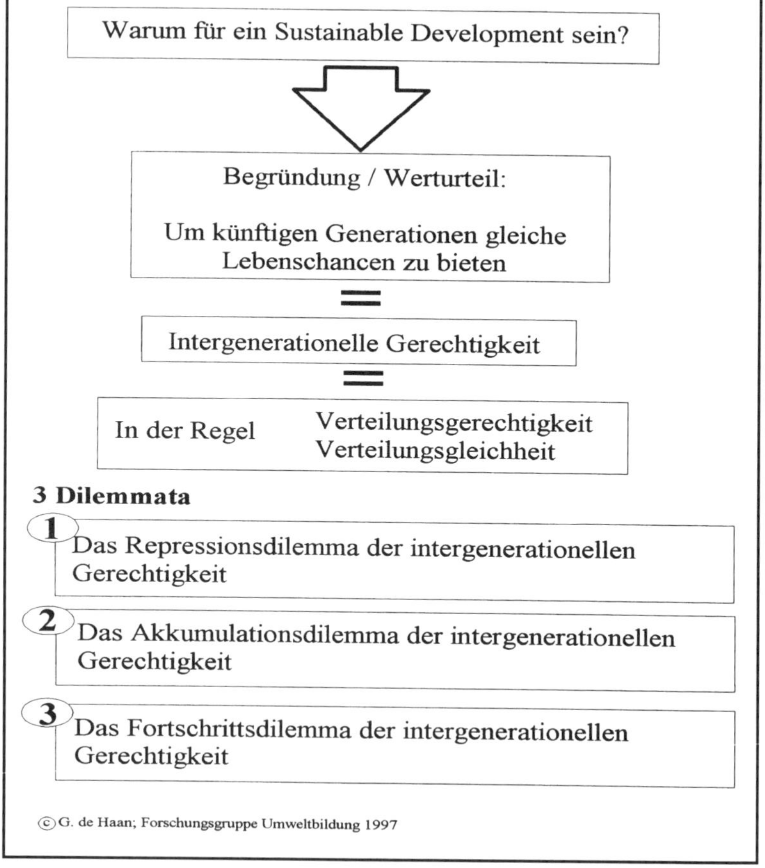

Mit diesem Gedanken verschiebt sich die Gewichtung zwischen der inter- und intragenerationellen Verteilungsgerechtigkeit. Denn aus der nun aufgemachten Perspektive liegt die Konsequenz nahe, der *inter*generationellen Gerechtigkeit weniger Gewicht beimessen zu müssen, da diese Generationen prognostisch gesehen gegenüber den gegenwärtigen immer im Vorteil sein werden. Mehr Aufmerksamkeit muß man dann der intragenerationellen Gerechtigkeit (hier verstanden als Gerechtigkeit zwischen den derzeit lebenden Generationen) beimessen, da diesen schlicht nicht mehr Wissen, Technik, Ressourcen etc. zur Verfügung steht als aktuell bekannt. *Das ist nun ein ganz entschiedenes Plädoyer für den Gegenwartsbezug, und für ein gutes Maß Ignoranz gegenüber künftigen, ungeborenen, ungezeugten Generationen und für die Beachtung der derzeit lebenden Menschen.*

Kurz: Bei der Begründung der Verantwortlichkeiten und Orientierungen in Hinblick auf ein Sustainable Development sollte man sich nicht auf das Glück künftiger Generationen stützen, das es erforderlich mache, den Status Quo der Ressourcenvielfalt und -quantität zu tradieren.[1] Wenn man schon für Verteilungsgleichheit plädiert, dann scheint es sehr plausibel zu sein, dies in Hinblick auf die *heute* lebenden Generationen und auf die *heute* herrschende Verteilungsungerechtigkeit zu tun.

Damit bleiben Probleme und Fragen genug. Etwa: Wenn uns an einer Verteilungsgerechtigkeit gelegen ist, was ist dann zu bevorzugen? Soll man sich - da alle Ressourcen, auch die der Aufmerksamkeit, des Engagements etc. begrenzt sind - zunächst um die Armen in unserem Land kümmern? Wenn ja, darf man das auch auf Kosten der Menschen in anderen Ländern tun? Nach welchem Standard ist dabei zu verfahren? Darf man ab sofort nur noch 20% dessen verbrauchen, was der Durchschnittsbürger in diesem Land verbraucht? *Darf der Standard auch oder muß er sogar abhängig sein von den Wünschen der Menschen?* Ist Bedürfnisgerechtigkeit am heute Verfügbaren oder am Gewünschten festzumachen?

---

[1] Das bedeutet freilich nicht, nun hemmungslos alles ausbeuten zu dürfen, so daß in kurzen Fristen von sagen wir 25 Jahren oder weniger nur noch Ressourcen von geringer Qualität und Quantität, miserable Umweltbedingungen (etwa bezüglich der Boden- und Wasserqualität) existieren. Aber auf diesem Weg befinden sich zumindest die Industrieländer meines Wissens nicht. Jedenfalls bestätigt dies keine mir bekannte solide Prognose. Ein entscheidendes Problem ist dagegen schon heute die Qualität der landwirtschaftlich genutzten Böden in den semiariden Gebieten, vor allem in Afrika, aber auch in Asien. Hier nötigt der Hunger derzeit zu Bodenzerstörungen, die weitaus dramatischer auszufallen scheinen als die Bodenbelastung und Ausbeutung z.B. im industrialisierten Europa (vgl. Schug/Léon/Gravert 1996, S. 28f.).

Aus der Warte gegenwärtiger Verteilungsgerechtigkeit und aus der Warte der sozialen Seite der Agenda 21 sollte man auch einen Blick zurück, auf die ältere Generation tun. Wenn man sich vor Augen hält, welche Überlebenschancen mit der heutigen Medizin bestehen, und sich dann anschaut, wie früh und an welchen Krankheiten und Verletzungen noch in den 60er Jahren Menschen sterben mußten, wenn man, die ungleiche Verteilung zwischen der Gesundheitsvorsorge und -lage, bei der sozialen Einbindung, der Wohnsituation, der bezahlten Beschäftigung zwischen den heute lebenden Generationen sieht, werden Verteilungsungerechtigkeiten vor allem in Hinblick auf die älteren Menschen von Bedeutung - und weniger in Hinblick auf die jüngeren. Die älteren Menschen haben mit Verlusten in der Hörfähigkeit, mit geringerer Sehkraft, mit dem Verlust von Gedächtniskraft und verschlechteter allgemeiner Gesundheit, mit dem Verlust von ihnen liebgewordenen Menschen durch deren Tod zu kämpfen.[1] Den 25jährigen aber stehen bis zu ihrem Altwerden noch gut 40 Jahre zur Verfügung - und sie haben den Vorteil, daß Erfindungen, Innovationen und Entwicklungen ihre Lage künftig nachdrücklich verbessern können. Älteren Menschen sind in diese Richtung gehende Hoffnungen nur noch in bescheidenem Maße offen.

Bisher wurde in diesem Abschnitt die intergenerationelle Seite der Verteilungsgerechtigkeit beleuchtet. Im Focus stand also die Zukunftsbezüglichkeit. Letztlich wurde eher gegen diese und für einen starken Gegenwartsbezug bei der Frage nach der Verteilungsgerechtigkeit plädiert. Abschließend sollen nun - das liegt auf der Hand - einige Überlegungen zu Schwierigkeiten mit einer Verteilungsgleichheit in der Gegenwart umrissen werden.

Der Gerechtigkeitsanspruch, wie er in der Agenda 21 und in den meistdiskutierten Studien zum Sustainable Development formuliert wird, ist radikal. Es wird, wie gesagt, eine Verteilungsgerechtigkeit gefordert, die sich als zwischenstaatliche Verteilungsgleichheit - gemessen an der Einwohnerzahl - ausdrückt. Lassen wir zwei Probleme außer acht, nämlich die Frage, wie man nicht nachwachsende Ressourcen (Quarzsande, Erze, Erdöl, Erdgas, Kohle etc.) verteilt und wie man mit dem Wachstum der Weltbevölkerung umgeht, die ja die Verfügbarkeit für den Einzelnen unverschuldet reduziert, zumal wenn er oder sie sich nicht vermehrt. Zwei Fragen müssen in

[1] Die Beispiele sind bewußt so gewählt, daß man einwenden kann, es handle sich um natürliche Formen der „Ungerechtigkeit", wenn einem ein liebgewordener Mensch stirbt oder die Sehkraft nachläßt. Wie aber, so muß eine Anschlußfrage lauten, gehen wir mit der Verteilung der Ressourcen in den heutigen Sozietäten um: Müssen die, die von Natur aus benachteiligt sind, mehr bekommen als die, die sozial benachteiligt sind? Zählt eine natürliche Benachteiligung gar nicht?

diesem Modell der Verteilungsgerechtigkeit immer schon mit „nein“ beantwortet werden: Kann eine Sozietät gerecht sein, wenn sie ignoriert, was anderen Sozietäten zur Verfügung steht? Ist es von Belang, ob diese Sozietäten zur gleichen Zeit existieren? Die Puristen werden sagen müssen: Es ist gleichgültig, um welche Sozietät es sich handelt und in welchen Zeiten sie lebt, die Verteilungsgerechtigkeit kennt keine räumlichen und zeitlichen Grenzen.

Die puristische Position der gleichen Verteilung ist aber nicht für alle attraktiv. Viele werden sagen, es käme doch darauf an, den jetzt Lebenden in der eigenen Gemeinschaft - nehmen wir an, es sei der Staat Deutschland - erst einmal eine Verteilungsgerechtigkeit widerfahren zu lassen. Verteilungsgerechtigkeit ist dann relativ zu Zeit und Sozietät. Ob in den USA ebenso viele Ressourcen zur Verfügung stehen oder künftigen Generationen ebenso viele wie den heute Lebenden, ist dann eine allenfalls sekundäre Frage. Die puristische Position ist dagegen neutral gegenüber Zeit und Sozietät. Man muß dann eben auch an die ungezeugten Generationen in Rußland denken und mit ihnen teilen. Andere mögen argumentieren, eine gleiche Verteilung sei unter gleichzeitig lebenden Sozietäten anzustreben, aber man sei für künftige Generationen nicht verantwortlich. Es ist also von Belang, was dem heutigen Bangladesh zur Verfügung steht, nicht aber, wie man dort in ferner Zukunft zurechtkommt? Und eine vierte Position könnte darin bestehen zu sagen, es käme darauf an, daß „unseren“ Kindern, und das meint, den Kindern dieser Sozietät, Gleichheit widerfährt. Man ist dann neutral in der Haltung zur Zeit, aber relativierend in der Frage, welcher Sozietät Verteilungsgerechtigkeit widerfahren soll. Die heute und in Zukunft in Kanada lebenden Menschen sind dann nicht im Horizont der Betrachtung, wohl aber künftige Generationen in diesem Land.

Abb. 5

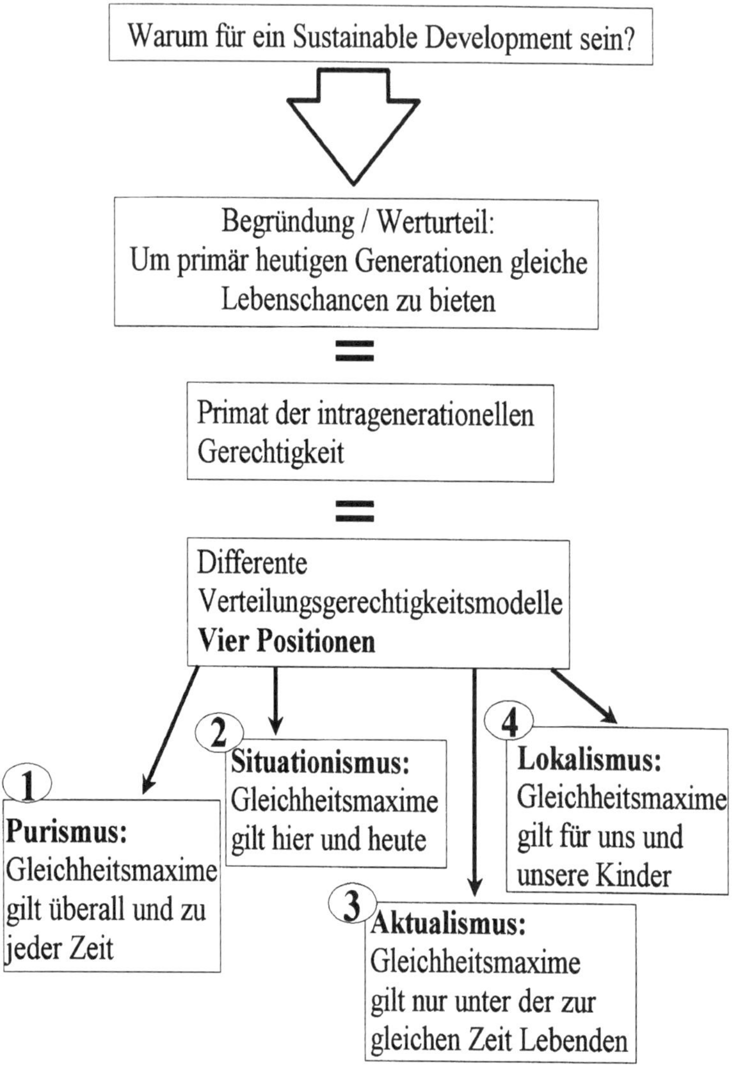

(c) G. de Haan; Forschungsgruppe Umweltbildung 1997

Es lassen sich Mischformen zwischen den vier Typen denken (etwa: wichtig ist noch, daß den Menschen in den Nachbarländern Verteilungsgerechtigkeit widerfährt oder daß „künftige Generationen“ immer nur die Menschen umfassen, die zeitgleich existieren). Das soll hier nicht weiter stören, wie auch nicht die ganz und gar nicht unerhebliche Einsicht, daß auf der Zeitachse Gerechtigkeit immer nur in Hinblick auf die Gegenwart und die Zukunft diskutiert wird.

Die Verteilungsgerechtigkeit zwischen den heute Lebenden und den vergangenen Generationen wird derzeit im Sustainable Development-Diskurs gar nicht erst in den Blick genommen (vgl. dazu Parfit 1984). Man könnte ja auch sagen: heute lebende Menschen sollten nicht mehr Ressourcen nutzen als der Durchschnittsbürger von Weimar um 1802. Man muß die Ressourcen ja nicht zwingend bis zur Belastbarkeitsgrenze hin ausbeuten. Leichter fällt es schon zu bedenken, daß die Konsequenzen von Umweltzerstörungen in der Regel in den Sozietäten wiederum die Ärmsten am ehesten treffen, also jene, die ihnen am wenigsten ausweichen und am wenigsten gegen die Zerstörung und ihre Gefährdung unternehmen können (vgl. die Artikel in Johnston 1994).

Es soll hier gar nicht versucht werden, die einzelnen Möglichkeiten gegeneinander abzuwägen. Es sollte nur - recht formal - deutlich werden, wie unterschiedlich die Möglichkeiten sind. Und man darf erwarten, daß nicht alle Menschen einer der vier markierten Positionen zustimmen werden. Man kann sogar erwarten, daß eine einzelne Person mehreren Positionen in unterschiedlichem Maße zustimmen wird. Kurz: Einigkeit in Hinblick auf die puristische, ressourcenkommunistische Position der Sustainability-Debatte ist nicht zu erwarten. Selbst innerhalb der Konzeption der Bedürfnisgerechtigkeit, die sich als ressourcenkommunistische Verteilungsgleichheit ausformuliert, wird man mit einer Einigung Schwierigkeiten haben. Zu facettenreich sind die Möglichkeiten, wen man, bei prinzipiell immer zu knappen Ressourcen, als erstes zu Gleichen machen sollte.

Ein Fazit wird daher an dieser Stelle auch lauten müssen, daß das Prinzip des Pro-Kopf-Denkens, der Verteilungsgerechtigkeit in sich selbst unstimmig und kaum mehr als ein Gesinnungsidealismus ist. Wer das Prinzip der Bedürfnisgerechtigkeit verabsolutiert, wird nur zu unsinnigen und auch ungerechten Lösungen kommen können, einfach schon aus dem Grund, daß andere Gerechtigkeitskonzepte, wie jenes der Leistungs- und Besitzstandsgerechtigkeit gänzlich außer Acht gelassen werden.

Es scheint, daß man sich in der Debatte um die Agenda 21, insbesondere dann, wenn sie ein starkes Gewicht auf den Ausgleich zwischen hochindustrialisierter, reicher, Erster und Zweiter Welt auf der einen Seite und Dritter und Vierter Welt auf der anderen Seite legt, immer zu stark auf die Konzeption der Verteilungsgleichheit kapriziert, ohne diese selbst zur Diskussion zu stellen. Partizipation der Bürger ist auch deshalb für diese nicht attraktiv, weil sie das in sich völlig desolate Verteilungsgerechtigkeitsmodell vieler Initiativen nicht teilen.

Wo ist ein Ausweg? Einer zumindest soll hier verschlossen werden: es ist der Gedanke, am Ende könnte man doch mit den besseren Argumenten der Verteilungsgleichheit allen anderen Gerechtigkeitsvorstellungen gegenüber zum Durchbruch verhelfen.

Wenn alle Argumente ausgetauscht sind, dann ist es in aller Regel nicht so, daß im Resultat eine Einigung zwischen den Kontrahenten zustande käme (etwa zwischen denen, die die Position einer Leistungsgerechtigkeit vertreten, und jenen, die nur in der Verteilungsgerechtigkeit eine akzeptable Norm sehen). Es sind nicht die besten Argumente, die bezüglich eines Werturteils entscheiden, weil es das bessere Argument für ein bestimmtes Werturteil am Ende nicht gibt. Um es am Beispiel der Leistungs- versus Verteilungsgerechtigkeit zu verdeutlichen: Wir könnten folgendermaßen argumentieren:

Position 1 :

Die Gerechtigkeit verlangt, daß alle ihre Bedürfnisse in gleichem Maße befriedigen können, damit sie sich unter gemeinsamen, unter humanen Bedingungen entwickeln können. Daher müssen alle den gleichen Zugang zu den Ressourcen dieser Welt bekommen. Die Gerechtigkeit verlangt, um die gleiche Verteilung zu gewährleisten, daß in jedem Staat dieser Erde auch dafür gesorgt wird, daß kein Land und keine Person in dem jeweiligen Staat sich einen unbilligen Vorteil gegenüber anderen innerhalb des eigenen Staates, aber auch nicht unter den vielen Staaten dieser Erde besorgt. In der Konsequenz wird man daher für die Beschränkung der Freiheit des Einzelnen eintreten müssen.

Position 2:

Jeder hat aufgrund seiner Freiheit das Recht, seine Bedürfnisse so zu befriedigen, wie er im Rahmen der Rechtmäßigkeit und entsprechend seinen Leistungen kann und möchte. Daher muß eine Person auch die Möglichkeit haben, nach den ihm genehmen Bedingungen Ressourcen zu erwerben und zu nutzen oder zu verbrauchen, und sie muß die Freiheit haben, mit anderen Personen - gleichgültig wo diese lebt - auszuhandeln, wie die Entlohnung von nachgefragten und angebotenen Leistungen ausfallen soll. Die

Freiheit verlangt also Privatinitiative und zudem die Abschaffung jeglicher Behinderung für die private Gestaltung von Verträgen zur Ausbeutung, Nutzung und Entlohnung von Ressourcen jedweder Art.

Die Argumentationen sind jeweils in sich schlüssig oder könnten doch leicht um weitere Argumente angereichert werden, die die Beispiele schlüssig machen. Dabei sind die Beispiele gleichzeitig miteinander unvereinbar. Das liegt an den basalen Prämissen, die aber wiederum nicht gegeneinander abgewogen werden können. Denn jede Prämisse enthält unterschiedliche normative oder wertende Begriffe. Im ersten Beispiel fußt alles auf der Präferenz von Gleichheit, im zweiten wird die Idee der Freiheit präferiert. Es gibt keine eindeutige Möglichkeit in unserer Kultur, sich zwischen beiden zu entscheiden. Damit wird die Argumentation für oder gegen das jeweilige Werturteil prinzipiell endlos - ohne zu einer gemeinsamen Entscheidung zu gelangen.

Eine Theorie, die *am Ende* aller *Argumente* noch eine Erklärung für das Ausbleiben einer gemeinsamen Entscheidung bieten kann, ist der *Emotivismus*. „Der Emotivismus lehrt, daß alle wertenden Urteile oder genauer alle moralischen Urteile nur Ausdruck von Vorlieben, Einstellungen oder Gefühlen sind, soweit sie ihrem Wesen nach moralisch oder wertend sind. Einzelne Urteile können selbstverständlich moralische und faktische Elemente in sich vereinen. (...) Aber das moralische Element ist bei einem solchen Urteil stets streng vom faktischen zu trennen. (...) Im Bereich des Faktischen gibt es rationale Kriterien, mit deren Hilfe wir Übereinstimmung darüber erlangen können, was richtig und was falsch ist. Aber moralische Urteile sind als Ausdruck von Haltungen oder Gefühlen weder richtig noch falsch (...) Wenn überhaupt, kann Übereinstimmung nur dadurch erreicht werden, daß ein bestimmter nichtraditionaler Einfluß auf die Empfindungen oder Haltungen derjenigen ausgeübt wird, deren Urteil abweicht. Wir gebrauchen moralische Urteile nicht nur, um unsere eigenen Gefühle und Haltungen auszudrücken, sondern auch, um solche Wirkungen auch bei anderen hervorzubringen." (MacIntyre 1995, S. 26f.)[1]

---

[1] Es soll nicht bestritten werden, daß es einen Unterschied macht, ob jemand sagt: „Dies ist richtig" oder „Das Gesetz will es so" oder „Nach Meinung der großen Denker sollten wir so handeln" im Gegensatz zu „Ich stimme dem zu, mach es ebenso" oder gar „Es lebe hoch!". Der Unterschied ist aber einer, der letztlich von dem Glauben an Autoritäten und von dem generalisierenden Allgemeinen abhängt. In jedem Fall handelt es sich um den Versuch, den eigenen Gefühlen und Vorlieben Bedeutung verleihen zu wollen, damit das Gegenüber in seinen Gefühlen und Haltungen beeindruckt wird und zum Gebrauch der Normen, Werturteile und Handlungsaufforderungen neigt.

Die Konsequenz soll hier nur angedeutet werden: Wir benötigen in der Debatte um die Verteilungsgleichheit in den Initiativen zur Kooperation mit den Entwicklungsländern eine Theorie des *Gebrauchs* (als Theorie der Zwecke, Funktionen, Haltungen, Situationen) und nicht eine Theorie der *Bedeutung* (als Theorie des Sinns und der Referenz) der Idee der Gerechtigkeit. Wer sich auf ein Konzept der Verteilungsgleichheit versteift, weil er oder sie darin den höheren Sinn der Weltgemeinschaft oder der Agenda 21 sieht, wird einsam bleiben in diesem Land, in dem auch noch andere Formen der Gerechtigkeit für attraktiv gehalten werden. Wer nicht nur die Frage zuläßt, welchen Zweck, welche Funktion das Eintreten für (Verteilungs)gerechtigkeit hat, sondern auch noch deutlich machen kann, daß das Eintreten für Verteilungsgerechtigkeit attraktiv ist, wenn von den Personen in den Agenda-Initiativen Situationen vorgestellt werden können, die als solche einer gerechten Verteilung gelten können und anderen Personen attraktiv erscheinen, dann hat der Prozeß der Agenda 21 eine weitaus größere Chancen als dies heute der Fall ist. Zu sehr wird derzeit auf die Bedeutung der Verteilungsgleichheit für diese Welt hingewiesen und zu wenig der Nachweis gebracht, daß das auch ein brauchbares Konzept für alle ist.

Literatur:

AnSchUB - Das Forum für schulische Umweltbildung in Berlin 1995ff.

Beck, U.: Risikogesellschaft, Frankfurt a.M. 1986.

Beck, U.: Die Erfindung des Politischen, Frankfurt a.M. 1993.

Beck, U./E. Beck-Gernsheim: Individualisierung in modernen Gesellschaften. In: Dies. (Hrsg.): Riskante Freiheiten, Frankfurt a.M. 1994, S. 10-43.

Beck, U.: Das Zeitalter der Nebenfolgen und die Politisierung der Moderne. In: Beck, U./A. Giddens/S. Lash: Reflexive Modernisierung. Eine Kontroverse, Frankfurt a.M. 1996, S. 19-112 (Oxford 1994).

Bellah, R. N. a.o.: The Good Society, New York 1992.

Bellah, R.N. a.o.: Habits of the Heart. Individualism and Commitment in American Life, Updated Edition with a New Introduction, Berkeley/Los Angeles/New York 1996.

Bildungskommission NRW (Hrsg.): Zukunft der Bildung - Schule der Zukunft. Denkschrift der Kommission „Zukunft der Bildung - Schule der Zukunft" beim Ministerpräsidenten des Landes Nordrhein-Westfalen, Neuwied 1996.

Billig, A.: Ermittlung des ökologischen Problembewußtseins der Bevölkerung, Berlin 1994.

Bolscho, D./H. Seybold: Umweltbildung und ökologisches Lernen. Ein Studien- und Handbuch, Berlin 1996.

Botkin, D.D.: Discordant Harmonies: A New Ecology for the Twenty-First Century, New York 1990.

Brown-Weiss, E.: In Fairness to Future Generations. In: Environment 32 (1990), No. 3.

Brumlik, M.: Gerechtigkeit zwischen den Generationen, Berlin 1995.

Bryant, B. (ed.): Environmental Justice. Issues, Policies, Solutions, Washington D.C. 1995.

BUND/Misereor (Hrsg.): Zukunftsfähiges Deutschland. Ein Beitrag zu einer global nachhaltigen Entwicklung, Basel/Boston/Berlin 1996.

Calließ, J./R.-E. Lob (Hrsg.): Handbuch Praxis der Umwelt- und Friedenserziehung, 3 Bd. Düsseldorf 1987f.

Daschner, P./H.-G. Rolff/T. Stryck: Schulautonomie - Chancen und Grenzen. Impulse für die Schulentwicklung, Weinheim/München 1995.

DGU-Nachrichten, hrsg. v. d. Deutschen Gesellschaft für Umwelterziehung e.V. Hamburg, 1995ff.

Dieren, W. van (ed.): Taking Nature Into Account. Toward a Sustainable National Income. A Report to the Club of Rome, New York 1995.

Douglas, M.: Wie Institutionen denken, Frankfurt a.M. 1991.

Dowie, M.: Losing Ground. American Environmentalism at the Close of the Twentieth Century, Massachusetts (MIT) 1995.

Epstein, R.: Justice across the Generations. In: P. Laslett/J. Fishkin (eds.): Justice between Age Groups and Generations, New Haven 1992, pp. 84-106.

Fischer, A.: Nachhaltigkeit - Eine neue Verständigungsformel in der Umweltbildung? DGU Nachrichten 11 (1995), S. 9-12.

Fleck, L.: Entstehung und Entwicklung einer wissenschaftlichen Tatsache. Einführung in die Lehre vom Denkstil und Denkkollektiv, Frankfurt a.M. 1980.

Forst, R.: Kontexte der Gerechtigkeit. Politische Philosophie jenseits von Liberalismus und Kommunitarismus, Frankfurt a.M. 1994.

Frankenberg, G. (Hrsg.): Auf der Suche nach der gerechten Gesellschaft, Frankfurt a.M. 1994.

Gaulthier, D.: Morals by Agreement, Oxford 1986.

Giddens, A.: Beyond Left and Right, Oxford 1994.

Giddens, A.: Konsequenzen der Moderne, Frankfurt a.M. 1995.

Giradet, H.: Das Zeitalter der Städte. Neue Wege für eine nachhaltige Stadtentwicklung, Holm 1996 (engl. 1992).

Glasersfeld, E. von: Radikaler Konstruktivismus. Ideen, Ergebnisse, Probleme, Frankfurt a.M. 1996 (engl. 1995).

Gumin, H./H. Meier (Hrsg.): Einführung in den Konstruktivismus. Mit Beiträgen von H. von Foerster u.a., München/Zürich 1992.

Haan, G. de: Natur und Bildung. Perspektiven einer Pädagogik der Zukunft, Weinheim/Basel 1985.

Haan, G. de: Reflexion und Kommunikation im ökologischen Kontext. In: H. Apel/G. de Haan/H. Siebert: Orientierungen zur Umweltbildung, Bad Heilbrunn/Obb. 1993, S. 119-172.

Haan, G. de: Perspektiven der Umwelterziehung / Umweltbildung. In: DGU Nachrichten 12 (1995), S. 19-30 (1995a).

Haan, G. de: Sustainable City - Zukunftsfähige Bildung. In: AnSchUB Nr. 3 (1996), S. 24-32 (1996a).

Haan, G. de: Leitbildanalysen - Umriss eines Forschungskonzepts. Forschungsgruppe Umweltbildung FU Berlin, Paper 96-127, Berlin 1996 (1996b).

Haan, G. de: Naturverständnis und kulturelle Wahrnehmung. In: R. Stein/O. Brilling (Hrsg.): Ökologische Perspektiven für pädagogische Handlungsfelder, Schriftenreihe des Instituts für Schulforschung und Lehrerbildung (Festschrift für E.W. Kleber), Pfaffenweiler 1996, S. 95-106 (1996c).

Haan, G. de/U. Kuckartz: Umweltbewußtsein. Denken und Handeln in Umweltkrisen, Opladen 1996.

Haan, G. de u.a.: Leitbilder im Diskurs um Ökologie, Gesundheit, Risiko. In: G. de Haan (Hrsg.): Ökologie - Gesundheit - Risiko. Perspektiven ökologischer Kommunikation, Berlin 1996, S. 291-316.

Harenberg, D.: Pädagogik in Grenzen - Gedanken zu einer Umweltbildung der Nachhaltigkeit. In: AnSchUB Nr. 4 (1995), S. 8-11.

Hauff, V. (Hrsg): Brundtland-Bericht: Weltkommission für Umwelt und Entwicklung. Unsere gemeinsame Zukunft, Greven 1987.

Hentig, H. von: Die Schule neu denken. Eine Übung in praktischer Vernunft, München 1993.

Hentig, H. von: Bildung. Ein Essay, München/Wien 1996.

Huber, J.: Nachhaltige Entwicklung. Strategien für eine ökologische und soziale Erdpolitik, Berlin 1995.

Inglehart, R.: Kultureller Umbruch. Wertwandel in der westlichen Welt, Frankfurt a.M./New York 1989.

Johnston, B.R. (ed.): Who Pays the Price? The Sociocultural Context of Environmental Crisis, Washington D.C. 1994.

Kastenholz, H.G./K.-H. Erdmann/M. Wolff (Hrsg.): Nachhaltige Entwicklung. Zukunftschancen für Mensch und Umwelt, Berlin/Heidelberg 1996.

Klafki, W.: Neue Studien zur Bildungstheorie und Didaktik. Zeitgemäße Allgemeinbildung und kritisch-konstruktive Didaktik, Weinheim/Basel 1991.

Kuhn, T.S.: Die Struktur wissenschaftlicher Revolutionen, Frankfurt a.M. 1967.

MacIntyre, A.: Whose Justice? Which Rationality? Notre Dame (Indiana) 1988.

MacIntyre, A.: Der Verlust der Tugend. Zur moralischen Krise der Gegenwart, Frankfurt a.M. 1995 (engl. 1981).

Maturana, H./F. J. Varela: Der Baum der Erkenntnis. Die biologischen Wurzeln des menschlichen Erkennens, Bern/München 1987.

Maxeiner, D./M. Miersch: Öko-Optimismus, Düsseldorf/München 1996.

Mohr, H.: Wieviel Erde braucht der Mensch? Untersuchungen zur regionalen und globalen Tragekapazität. In: H.G. Kastenholz/K.-H. Erdmann/M. Wolff (Hrsg.): Nachhaltige Entwicklung. Zukunftschancen für Mensch und Umwelt, Berlin/Heidelberg 1996, S. 45-60.

Nozick, R.: Anarchy, State and Utopia, New York 1974.

Parfit, D.: Reasons and Persons, Oxford 1984.

Preisendörfer, P.: Umweltbewußtsein in Deutschland. Ergebnisse einer repräsentativen Bevölkerungsumfrage 1996. Eine Information des Bundesumweltministeriums, Berlin 1996.

Rawls, J.: Eine Theorie der Gerechtigkeit, Frankfurt a.M. 1988 (engl. 1971).

Reichel, N.: Von der Umweltbildung zur Bildung für nachhaltige Entwicklung - Die Agenda 21 im deutschen Bildungssystem, Manuskript 1996.

Reinhardt, K.: Öffnung von Schule. Community-Education als Konzept für die Schule der Zukunft? Weinheim/Basel 1992.

Rorty, R.: Hoffnung statt Erkenntnis. Eine Einführung in die pragmatische Philosophie, Wien 1994.

Sachs, A.: Menschenrechte und ökologische Gerechtigkeit. In: Worldwatch Institute (Hrsg.): Wordwatch Institute Report. Zur Lage der Welt - 1996. Daten für das Überleben unseres Planeten, Frankfurt a.M. 1996, S. 196-225.

Sandel, M.: Liberalism and the Limits of Justice, Cambridge 1982.

Schaar, K.: Motive für ein Engagement in der Umweltbildung. Eine Leitbildanalyse auf der Grundlage von Interviews mit Lehrerinnen und Lehrern. Forschungsgruppe Umweltbildung FU Berlin, Paper 96-126, Berlin 1996.

Schug, W./J. Léon/H.-O. Gravert: Welternährung. Herausforderung an Pflanzenbau und Tierhaltung, Darmstadt 1996.

Schulze, H.: Nachhaltige Entwicklung - Leitgedanken für das Lernen (in) der Zukunft. In: DGU Nachrichten 13 (1996), S. 22-34.

Schwenk, O.G. (Hrsg.): Lebensstil zwischen Sozialstrukturanalyse und Kulturwissenschaft, Opladen 1996.

Selznick, R.: The Moral Commonwealth. Social Theory and the Promise of Community, Berkeley/Los Angeles/London 1992.

Spiecker, H./K. Mielikäinen/M. Köhl/J.P. Skovsgaard (ed.): Growth Trends in European Forests, Berlin/Heidelberg/New York a.O. 1996.

Taylor, C.: Negative Freiheit? Frankfurt a.M. 1988.

Temkin, L. S.: Justice and Equality: Some Questions about Scope. In: E.F. Paul/F.D. Miller, Jr./J. Paul (eds.): The Just Society, Cambridge 1995, pp. 72-104.

Towards a Local „Agenda 21". An urban synthesis of agenda 21. A guide for local authorities, Paris 1994.

Walzer, M.: Sphären der Gerechtigkeit. Ein Plädoyer für Pluralität und Gleichheit, Frankfurt a.M./New York 1994 (engl. 1983).

Weizsäcker, E.U. von/A.B. Lovins/L.H. Lovins: Faktor Vier. Doppelter Wohlstand - halbierter Naturverbrauch. Der neue Bericht an den Club of Rome, München 1995.

Wenzel, M. u.a.: Funktionen von Gerechtigkeitsauffassungen und Gerechtigkeitsrhetoriken für Genese, Verlauf und Management von Konflikten. In: Zeitschrift für Sozialpsychologie 1996, S. 137-147.

WBGU (Wissenschaftlicher Beirat der Bundesregierung Globale Umweltveränderungen) (Hrsg.): Welt im Wandel. Wege zur Lösung globaler Umweltprobleme. Jahresgutachten 1995, Berlin/Heidelberg 1996.

Zeitschrift für berufliche Umweltbildung 1995ff.

„Veränderung ohne Änderung“?

Ralf Roth

Einleitung

In den 70er Jahren beginnt eine Entwicklung, deren Ergebnisse heute auf dieser Tagung erörtert werden. Während die Wirtschaft der Industrieländer auf dem Höhepunkt ihrer Entwicklung anlangt, der Glaube an Wachstum scheinbar universell belegt ist, melden sich bereits Ende der siebziger Jahre erste Stimmen und verweisen auf Signale, daß die Umweltbelastung zunehmend bedrohlicher wird und Fortschritt in dieser Form nicht unbegrenzt fortgesetzt werden kann. Der Club of Rome und der Philosoph Erich Fromm seien hier stellvertretend genannt. Nachdem in der Folgezeit verschiedene positive und negative Szenarien gezeichnet wurden, kam es zur Entwicklung von Strategien insbesondere für den Bereich der Umweltbildung.

Vorläufig letzter Schritt ist die Entstehung eines Sustainibility- Konzepts.

Als Gegenredner wurde ich gebeten, nicht nur die Konzeption von Herrn Professor Gerhard de Haan kritisch zu bewerten, sondern vielmehr aufgrund meiner Arbeitsschwerpunkte und Erfahrungen Perspektiven einer künftigen Umwelterziehung aufzuzeigen.

Dabei will ich den Versuch unternehmen, die Themen und Kritikpunkte der Umweltbildung unter diesen Gesichtspunkt aufzuwerfen bzw. um einige Aspekte zu erweitern.

Als Referent für „Fächerübergreifendes Lehren und Lernen in der Regelschule“ des Thüringer Instituts für Lehrerfortbildung, Lehrplanentwicklung und Medien (ThILLM) ist es eher eine pragmatische Position, welche ich, ausgehend von Lehrerfortbildung und Lehrplanarbeit , zugrunde lege. Es ist naheliegend, daß dabei die Situation in Thüringen eine wesentliche Rolle spielt.

Ich werde die drei Schritte meines Vorredners,

- Themen der Umweltbildung,
- Reform der Bildung und
- Intergenerationelle Gerechtigkeit,

in drei Abschnitten nachvollziehen und dabei jeweils in zwei Ebenen auf die aufgeworfenen Fragen eingehen. Neben einer allgemeinen bzw. Meta-Ebene werde ich die konkrete Situation in den neuen Bundesländern speziell in Thüringen einbeziehen.

Das erscheint mir insofern sinnvoll, als am Beispiel der neuen Bundesländer modellhaft denkbare, regionale oder großräumige Entwicklungen dargestellt werden können. Wie ich später noch ausführen werde, war die Situation in den neuen Bundesländern vor 1989 in bezug auf das Thema Umwelt, wenn sicherlich auf einem anderen Niveau, durchaus vergleichbar mit der vieler Staaten in Osteuropa und außerhalb Europas.

Ich habe meine Rede unter die Überschrift „Veränderung ohne Änderung?“ gestellt, weil alle Veränderungen zur Verbesserung der Umweltbildung ohne die erwünschte Wirkung bleiben werden, wenn sie sich nicht im Kontext mit den grundlegenden Änderungen im jeweiligen Bereich befinden. Ähnliche Aussagen finden sich in vielen Überlegungen zu Sustainable Development.

Stellvertretend seien hier der Brundtland-Bericht oder das Umweltgutachten 1987 der Weltkommission für Umwelt und Entwicklung genannt.

Bereits in diesen und in einer Reihe späterer Veröffentlichungen ist der gleiche Aspekt enthalten:

Eine Minderheit - die Industrienationen - greift seit Jahren auf den größten Teil der natürlichen Ressourcen und der Nettoprimärproduktion der gesamten Welt zurück. Dabei wurde die natürlich und kulturell bedingte Ungleichartigkeit auf der Welt weiter verstärkt. Die immer krasser werdenden Unterschiede zwischen Ländern bzw. ganzen Regionen bereitet zunehmend Probleme, und es werden Lösungen gesucht, um Begleiterscheinungen wie Auswanderung, Raubbau und zunehmende Zerstörung der Umwelt zu verhindern.

Die geforderten Änderungen sind jedoch kein leicht zu definierender Zustand der Koexistenz zwischen Ökonomie und Ökologie, sondern vielmehr ein komplizierter und konfliktreicher Prozeß des politischen und institutionellen Wandels, in dem traditionelle Positionen verändert und liebgewonnene Privilegien aufgegeben werden müssen.

1. Themen der Umweltbildung

Mein Vorredner hat im ersten Teil seiner Ausführungen den Verlauf und die Struktur von Formulierung und Auseinandersetzung mit ökologischen Problemlagen umrissen.

Er beschreibt dabei die typische Strategie. Ein Thema wird aufgebracht, identifiziert, aufgegriffen und aufbereitet (pädagogisch und didaktisch) und daraufhin im Unterricht bzw. in der Schule umgesetzt. Das alles wird von Empirikern und Kritikern argwöhnisch begleitet.

Zu fragen wäre, ob Lehrkräfte tatsächlich aufgrund der Schritte 1 bis 3 ein Thema in den Unterricht einbeziehen, oder ob nicht die mediale Widerspiegelung eines Themas den entscheidende Grund und die wichtigste Grundlage für deren Einbeziehung darstellt.

Das „Aufbringen“ von Themen, wie es im Schritt 1 erwähnt wird, ist aus meiner Sicht ein entscheidender Faktor für die Tatsache, daß ökologische Problemlagen und Umweltbildung im öffentlichen Diskurs zunehmend eine Rolle spielen und nicht die Domäne von Fachwissenschaftlern geblieben sind.

Wer, außer Fachleuten, würde überhaupt über das Thema Umwelt sprechen, wenn nicht von Zeit zu Zeit in den Medien und in der Öffentlichkeit umweltrelevante Themen aufgegriffen würden. Selbst auf die Gefahr hin, daß sie überzogen bzw. nicht sachgerecht dargestellt werden (siehe Beispiel Waldsterben).

Was in den Medien aufgegriffen und wie sachgerecht es aufbereitet bzw. dargestellt wird, liegt außerhalb der Einflußsphäre von Fachwissenschaftlern. Die Kriterien folgen aus der Art des Mediums und orientieren sich in der Regel an kausalen Abläufen.

Die Darstellung vernetzter, komplexer Problembereiche bereitet daher Schwierigkeiten. Die Ausbreitung der Wüsten in Afrika und die Lebensweise in Deutschland in ihrer Ursache - Wirkung Beziehung zu beschreiben ist viel aufwendiger, als die Einleitung giftiger Abwässer aufzugreifen. Während das eine umfangreiche Recherchen und ausführliche Erläuterungen erfordert, ist das andere innerhalb kurzer Sequenzen darstellbar.

Wie ich eingangs bereits sagte, soll damit angedeutet werden, daß neben den beschriebenen weitere Möglichkeiten existieren, wie Themen in die Umweltbildung gelangen und in welcher Art sie aufgegriffen werden.

Betrachtet man die Entwicklung in Thüringen unter diesem Aspekt, so kann man erkennen, daß sie drei Phasen hatte.

Bis 1989/90 gab es in der DDR einen nahezu unreflektierten Verbrauch von Energie und Umwelt. Das Thema wurde von Gruppen und Institutionen aufgegriffen, die sich in drei Kategorien einteilen lassen.

Zur ersten Kategorie gehörten die Behörden und Verbände, welche sich unter staatlicher Lenkung um Belange des Naturschutzes kümmerten: Landschafts- und Naturschutz auf ehrenamtlicher Basis, Bildungseinrichtungen ähnlich Naturschutzzentren und Lehrer. Charakteristisch war eine nahezu unkritische und jedoch keinesfalls gesellschaftskritische Auseinandersetzung mit dem Thema.

In der zweiten Kategorie befanden sich staatlich geduldete Gruppen, die meist durch kirchliche Aktivitäten entstanden. Ihr Zugang zum Thema leitete sich in der Regel von ethischen Positionen ab und war nicht das genuine Anliegen.

Die dritte Kategorie hatte öffentlich nur marginale Bedeutung, da sie keine staatliche Akzeptanz besaß und es sich in der Regel um lose Verbindungen engagierter Personen handelte. Sie entstanden meist spontan an Brennpunkten bzw. im Zusammenhang mit offensichtlichen Fehlentwicklungen. Selten wurden daraus Bürgerbewegungen im heutigen Sinne.

Ein weiterer Grund für den unreflektierten Umgang mit der Umwelt war neben der staatlichen Steuerung und der damit verbundenen fehlenden Information und Sensibilisierung der Öffentlichkeit der Umstand, daß es wenig sichtbare allgemeine Betroffenheit gab. Die Ursache lag im Fehlen der technischen und technologischen Möglichkeiten. Dort, wo diese Möglichkeiten eingesetzt wurden, geschah es mit aller Ignoranz eines autoritären Staates und mit den dementsprechenden Folgen. Der Teersee von Rositz, der Uranabbau durch die Wismut und das Industriegebiet Halle/Bitterfeld belegen dies hinreichend.

In dieser Phase wurde Umweltbildung zumeist ausgehend vom Aspekt „Naturverbundenheit“ ohne zusammenhängende Einordnung aufgegriffen bzw. in den Unterricht einbezogen. Naturverbundenheit wurde in der DDR abgeleitet von Vaterlandsliebe, hier verstanden als Loyalität.

Nach 1989/90 gab es eine Phase der Sprachlosigkeit und Umorientierung. Die Sprachlosigkeit hatte ihre Ursache in der Tatsache, daß eigene Konzepte gesucht, Lösungsvorschläge formuliert wurden und versucht wurde, adäquate Strukturen zu schaffen.

War eine allgemeine Betroffenheit aufgrund der fehlenden Voraussetzungen unmöglich, so hat sie heute Formen angenommen, die noch vor wenigen Jahren in den neuen Bundesländern unvorstellbar waren. Große Gebiete, die früher Ackerland oder Wiesen waren, sind heute bebaut. Autobahnen, Straßen und Eisenbahntrassen schlagen Schneisen in die Landschaft. Entwicklungen, welche in den Altbundesländern so nicht möglich gewesen wären.

Eine Vielzahl von Tagebauen ist in Thüringen entstanden. Es liegen noch über 1000 Anträge zur Eröffnung von Tagebauen vor, die alle noch nach DDR-Bergrecht bearbeitet werden müssen. Ein Bergrecht, das weder dem Besitzer noch der Gemeinde irgend ein Recht bei der Bewilligung einräumt.

Die Auswirkungen, das zeigen diese Beispiele, sind erst persönlich erlebbar, wenn es zu spät ist.

In dieser Phase wurde die Ökologie als Bildungsthema „entdeckt“ und in vielfältigen Formen aufgegriffen. Naturschutzzentren entstanden, umweltbezogene Projekte wurden durchgeführt, es erfolgten Auseinandersetzungen mit dem eigenen Verhalten. Dabei zeigten sich die Probleme recht schnell. Das scheinbar neutrale Thema Umwelt enthielt politische Brisanz.

Das belegt die Aussage der Umweltkommissarin der EU Ritt Bjerregaard, die die schleppende Umsetzung des EU-Umweltrechts durch die Mitgliedsstaaten beklagt, wenn sie zur Durchführung des fünften Umwelt-Aktionsprogramms sagt: „Das Programm ist durchführbar, die Voraussetzungen sind gegeben ; was fehlt ist die politische Entschlossenheit“.

Themen und Materialien der Umweltbildung sind nur bedingt übertragbar und methodische Defizite wurden deutlich. Projektarbeit, selbständiges Lernen, Freiarbeit, in den alten Bundesländern über viele Jahre entstanden, sollten relativ schnell in den Unterrichtsalltag Eingang finden. Das wiederum war nicht nur ein „handwerkliches“ Problem, sondern setzte eine veränderte Haltung zum Schüler, zur Schule, zum Lernen voraus.

Das ist die Ausgangssituation, vor deren Hintergrund ab 1992/93 eine Reflexionsphase eingesetzt hat. Offensichtlich ist es nicht gelungen, eigene Konzepte in den neuen Bundesländern umzusetzen. Fehler der Vergangenheit der alten Bundesländer wurden wider besseres Wissen wiederholt. Als Beispiele seien hier die Betonung des Individualverkehrs mit seinen Folgen, wie Abbau des Nahverkehrsnetzes und Ausbau von Straßen, und die Bebauung ganzer Landstriche außerhalb der Städte genannt.

Ich verweise auf diese Entwicklung nicht als Klage sondern, wie ich eingangs erwähnte, weil ich der Auffassung bin, daß sie modellhaft für Entwicklungen der Zukunft steht, wenn unter den derzeitigen Rahmenbedingungen Staaten und Regionen näher zusammenrücken bzw. ähnliche Lebensbedingungen angestrebt werden.

In dieser Phase wurde auch in Thüringen begonnen, die Umweltbildung zu systematisieren.

Das Thüringer Kultusministerium hat das Thüringer Institut für Lehrerfortbildung, Lehrplanentwicklung und Medien (ThILLM) beauftragt, für die Umweltbildung Empfehlungen zu erarbeiten, welche als Orientierung für schulische und außerschulische Bildungs- und Erziehungsarbeit dienen sollen. Am Institut wurde eine elektronische Infothek eingerichtet, welche den Schulen wichtige Informationen zur Umweltbildung zur Verfügung stellt. Neben Ansprechpartnern, Institutionen, Literatur und Medien enthält sie Informationen zu Projekten und Schulen, die besondere Erfahrungen auf dem Gebiet der Umweltbildung haben.

In diese Phase gehört auch ein neuer Abschnitt von Lehrplanarbeit in Thüringen. Auf der Grundlage einer Evaluation, an der ca. ein Drittel aller Thüringer Lehrer beteiligt waren, wurden unter Einbeziehung der aktuellen Curriculumdiskussion Leitlinien formuliert, welche die Orientierung bilden für eine neue Lehrplangeneration in Thüringen. Kernstück der Leitlinien ist der Ansatz, die Lehrpläne nicht nur fachwissenschaftlich zu konzipieren, sondern aufgrund eines Kompetenzmodells Kompetenzen als Ziele für den Unterrichts festzulegen.

Die Verwendung des Kompetenzbegriffs orientiert auf aktivierbare Fähigkeiten und den Einsatz von Wissen und Können in Handlungssituationen, und zwar nach eigenen oder gemeinsamen Vorstellungen und eigenem Willen (vgl. HAMEYER 1995).

Nach SEMBILL (1992) repräsentiert das Kompetenzprofil einer Person seine Verhaltensmöglichkeiten, die dazu erforderlichen Kenntnisse, Einstellungen und Problemlösestrategien, einschließlich der emotionalen Befindlichkeit, die entscheidend ist, ob Handlungen wirklich vollzogen werden oder nicht (vgl. HAMEYER 1995).

Diese Überlegungen sprechen für ein ganzheitliches Kompetenzmodell, das - dem Auftrag von Schule gemäß - auf die Entwicklung von Handlungsfähigkeit - im engen wie im weiten Sinne - zielt, für ganzheitliches Lernen steht und folgerichtig auf die Entwicklung von Lernkompetenz fokussiert ist, die gleichermaßen determiniert ist durch Sach-, Methoden-, Selbst- und Sozialkompetenz.

So gesehen hat Lernkompetenz integrative Funktion und ist konzipiert aus einem Bild von Schule.

Lernkompetent zu sein bedeutet demnach:

- individuelles und gemeinsames Lernen selbständig vorzubereiten, (interaktiv) zu gestalten, zu reflektieren, zu regulieren, zu bewerten und das Gelernte konsequent anzuwenden mit dem Ziel, Einsichten zu gewinnen und Lösungen für ein Problem zu finden.

Diese Anlage der Lehrpläne soll den Lehrern ermöglichen, ihren Unterricht situationsbezogen, eigenverantwortlich und frei von Top-Down- Zwängen zu gestalten.

Die Thüringer Schulen befinden sich in einem wichtigen Entwicklungsabschnitt, sie enthalten die Bilder der Vergangenheit und ihrer Zukunft, die Leitbilder von schulischer Gestaltung. Grundlage all dieser Vorstellungen sind die Hoffnungen, Wünsche und Ängste, die wir mit den sie besuchenden Kindern und Jugendlichen verknüpfen. Es sind die Bilder der Eltern, der Politiker, der Lehrer und der Schüler von sich, ihrer Zukunft und der Gegenwart.

Das umrissene Spannungsfeld kennzeichnet eine schwierige Situation, eine Gesellschaft, die über grundlegende Dokumente der inhaltlichen Gestaltung der Schule, über ihre Gegenwart und Zukunft nachdenken und handeln muß, ohne die Zukunft sicher zu kennen.

Schulisches Lernen ist ein wichtiger Prozeß, der transparent sein kann, weil er nichts verbergen muß, sondern ein Bekenntnis zu einer zukunftsfähigen lernorientierten Gesellschaft bedeutet. Der Lehrplan ist dabei ein wichtiges Kommunikationsmittel, d.h. Verständigungsmittel.

Ein innovatives Arbeitsmittel wird der Lehrplan nur dann, wenn er die Erkenntnisse aufnimmt, die das Nachdenken über die Entwicklung von Schulen erbracht hat. Ich glaube, daß der Lehrplan Arbeitsinstrument zur Gestaltung einer Schule wird, wenn in ihm die drei Entwicklungsdimensionen enthalten sind, die die Entwicklungsdynamik der Schule bezeichnen:

- der Unterricht, wobei Erziehung und Unterricht immer als siamesische Zwillinge auftreten, untrennbar sind, und Unterricht nicht an das Verständnis eines 45- Minuten- Taktes gebunden ist;
- die Zusammenarbeit von Lehrern, um den Unterricht in fächerübergreifenden und gemeinsamen pädagogischen Aspekten zu gestalten, Aspekte, die häufig mit Begriffen wie Schlüsselqualifikation, vernetztes Denken usw. assoziiert werden und drittens
- die Dimension einer Schule als Ganzes, die sich als sich entwickelnde, d.h. für mich, lernende Schule begreift und Antworten auf diskutierte Schlagworte wie Organisationsentwicklung, Schulkonzept bzw. -programm, etc. zu geben sucht.

Ein solches Arbeitsinstrument in Form des Lehrplans anzustreben - das ist ein großes Ziel von dem wir wissen, daß es wahrscheinlich erst in einer späteren Lehrplangeneration erreicht werden kann.

Wir wissen aber auch, daß man sich weite Ziele stecken muß, um diese in vielen kleinen Schritten anzustreben und dabei darauf zu achten, daß alle mitgenommen werden.

2. Reform der Bildung

Im zweiten Teil seiner Ausführungen hat Herr de Haan vor dem Hintergrund der theoretischen Defizite von Konzepten der Umweltbildung ein Modell für die Revision und Reform von Bildung und Erziehung skizziert.

Dringender Klärungsbedarf besteht hinsichtlich der Leitbilder der Umweltbildung.

Sie stehen mehr oder weniger deutlich sichtbar hinter den Konzepten, die dabei verfolgt werden. Neben der kleinteiligen, intakten Landschaft und Kleinstädten stehen hier als Leitbild die Großstadt und der Ballungsraum. Die „urbane“ Revolution hat in der Vergangenheit zur Beschleunigung bei der Abkehr vom Prinzip der Nachhaltigkeit in der Landwirtschaft geführt.

Die Landwirtschaft mußte neben der Eigenversorgung zunehmend die Aufgaben der Fremdversorgung übernehmen.

Dies bedeutete eine weitreichende Abweichung vom ursprünglichen Nachhaltigkeitsprinzip in der Landwirtschaft, weil die Stadt, d.h. der verdichtete Siedlungsraum prinzipiell kein nachhaltiges System sein kann. Nachhaltigkeit hat sich somit auf ein großräumiges Nutzungssystem Stadt - Umland verlagert.

Die Tatsache, daß immer mehr Menschen in Städten leben, muß nicht automatisch bedeuten, daß dieses Modell zukunftsfähig ist. Es hat in der Vergangenheit verschiedene Stadtkulturen gegeben, jedoch hat sich die heute dominierende „westliche" Industriekultur nur aus einer, der europäischen Stadtkultur entwickelt.

Die fortschreitende Urbanisierung ist eine Tatsache, mit welcher Zielrichtung das in Zukunft geschehen soll, müßte unter den Gesichtspunkten nachhaltiger Entwicklung in komplexer Form erörtert werden.

Es reicht jedoch nicht, Strategien zu entwerfen und Bildung zu konzipieren, parallel müssen Wege gefunden werden, diese Überlegungen in konkretes Handeln umzusetzen.

Im Bericht der Weltkommission für Umwelt und Entwicklung, wird gefordert: „Die wichtigen nationalen, ökonomischen und sektoralen Institutionen müssen direkt dafür verantwortlich und haftbar gemacht werden sicherzustellen, daß **ihre Politiken, Programme und Budgets** Entwicklungen unterstützen, die sowohl ökonomisch als auch ökologisch zukunftsfähig sind...".

Der Bericht der Europäischen Umweltagentur (EUA) über den Zustand der Umwelt in der EU und die Aussicht über zukünftige Entwicklung kommt zu einem ähnlichen Ergebnis: **alle bisherigen Maßnahmen haben nicht dazu geführt, daß ökologische Belange in die Wirtschaft einbezogen und das Prinzip der Nachhaltigkeit verwirklicht wird**.

Wenn Herr de Haan in seinen Ausführungen darauf verweist, daß Veränderungen als Top-Down Strategie wenig wirksam und heute nicht mehr opportun sind, kann ich dem zustimmen. Als Voraussetzung für Veränderungen nennt er deren Attraktivität und ihre Anschlußfähigkeit an den Alltag und bestehende Trends.

Dem möchte ich hinzufügen, daß dies alles nur bedeutsam wird, wenn darüber hinaus politischer Wille, politische Entschlossenheit gegeben ist.

Wenn es um das Thema nachhaltige Entwicklung geht, spielt diesbezügliche Umweltbildung eine große Rolle, und immer kommen schulische Curricula und Lehrer in das Blickfeld. Dabei gerät man sofort in das Spannungsfeld zwischen Anspruch und Wirklichkeit. Bisher sind alle Versuche, Curricula zukunftsorientiert anzulegen, mehr oder weniger gescheitert.

Gescheitert an der Wirklichkeit der Lehrer, die nicht mehr sein können als ein gesamtgesellschaftlicher Extrakt oder gescheitert an den Schülern, die nicht in der Lage waren, die entstehende Kluft zwischen Schule und Realität zu überbrücken.

Lernen muß in Zusammenhängen geschehen, „die auf fachlichen Strukturen aufbauen oder sie umfassen, auf die Lebenswelt der Kinder und Jugendlichen bezogen werden können und in der Gesellschaft langfristig relevante Problemstellungen aufgreifen.“ (Bildungskommission NRW, 1995)

Eine zukunftsorientierte Umweltbildung darf nicht vom Idealbild eines Lehrers und Schülers ausgehen, welches sich an den Zielen der nachhaltigen Entwicklung orientiert, sondern muß berücksichtigen, daß diese eingebettet sind in ein soziales Umfeld und die Lebenswirklichkeit, die sie nachhaltig prägt.

Zur gleichen Zeit wie wir hier tagen und nach einem vernünftigen, zukunftsorientierten Konzept für die Perspektiven der Menschheit suchen, sind Tausende von Menschen mit gigantischen Mitteln und Möglichkeiten damit beschäftigt, konsumorientierte und ressourcenverschwendende Entwicklungen zu legitimieren und Menschen dementsprechend zu manipulieren.

Die dabei transportierten Leitbilder sind auch ohne Sprachverständnis über Satellit weltweit zu sehen und sie sind es, nicht unser Denken, die das Handeln bzw. die Vorstellungen in großen Teilen der Welt bestimmen.

Wie die Erfahrungen der Vergangenheit zeigen, haben Schulen eine hohe Resistenz gegen fremdinitiierte Veränderungen entwickelt, wenn diese im Top-Down-Verfahren ohne ausreichende Realitätsbezüge angeregt wurden.

Nur wenn die Schule als ein Teil in einem gesellschaftlichen Gesamtkomplex gesehen wird und dementsprechend angelegt ist, hat sie eine Chance, in der Umweltbildung zu befriedigenden Ergebnissen zu kommen.

Alle diesbezüglichen Untersuchungen bescheinigen der Umweltbildung bisher eine unzureichende Effizienz.

Ziel müßte es sein, im Sinne des beschriebenen Kompetenzmodells nicht nur Wissen und die Fähigkeit zur Anwendung zu vermitteln, sondern auch die Bereitschaft, dies in konkretes, selbstbestimmtes Handeln umzusetzen.

Neben der Umweltbildung ist die Partizipation als kultureller Trend eines der Leitbilder, welches dem Development- Diskurs zugrunde liegen.

Partizipation ist Chance und Gefahr. Zunehmende Partizipation, verstanden als persönliche Auseinandersetzung mit Problemen wie z.B. ökologische

Fragen, bietet die Möglichkeit der Identifikation und Motivation für eigenes Handeln.

Als Gefahr sehe ich ein zunehmendes Zuständigkeitsdenken und somit die Legitimation für fehlendes persönliches Engagement.

Wie heute schon häufig zu beobachten, sind die „Grünen" für die Umwelt zuständig, die Frauenbeauftragte für Gleichstellungsfragen und Emanzipation, die Grauen Panther für die ältere Generation usw. In der Zwischenzeit gibt es für nahzu jedes Anliegen eine Interessenvertretung (Partei, Organisation, Verein...) mit einer dementsprechenden Spezialisierung. Diese Klientelpolitik kann zur Isolation führen und die dringend erforderlichen zusammenhängenden Lösungen verhindern.

Die auf diese Weise entstandenen Teile müssen später mühsam wieder zusammengeführt werden.

Eine ähnliche Entwicklung kann man in der Schule beobachten. Nachdem deutlich wurde, daß durch rein fachwissenschaftlich orientiertes Lernen zu wenig anwendungsfähiges Wissen erworben wird, wurde im fächerübergreifenden Lernen eine Lösung gefunden.

Junge Menschen müssen lernen, Zusammenhänge zu erkennen, zu überdenken und zum Ausgangspunkt eigener Entscheidungen zu machen. Unterrichtsfächer stellen eine wichtige Form dar, die Vielfalt des Möglichen lehr- und lernbar aufzubereiten.

Sie müssen aber zukünftig angesichts der zunehmenden Komplexität gesellschaftlicher Entwicklungen und der Vernetzung von Wissen wesentlich stärker als Teil eines Ganzen verstanden und unterrichtet werden (vgl. HOPMANN, 1992).

Für Lehrpläne bedeutet dies, den Zusammenhang von Wissensbeständen der Fächer und Bezugspunkte zu fächerübergreifenden Themenstellungen für die Auswahl und Abstimmung von Zielen und Inhalten zugrunde zu legen.

In diesem Sinne ist fächerübergreifendes Arbeiten mehr als eine bloße organisatorische oder unterrichtsmethodische Maßnahme.

3. Intergenerationelle Gerechtigkeit

Im Grundsatz stimme ich Herrn de Haans „verdrießlichen Hinweisen" zur intergenerationellen Gerechtigkeit zu.

Wir haben einen Punkt in der Entwicklung der Industrienationen erreicht, bei dem die erzeugten Gefährdungen ein Übergewicht erlangen. Für die Industriegesellschaft entsteht die Frage der Selbstbegrenzung ihrer eigenen

Entwicklung und die Aufgabe, Normen, Standards sowie Ziele neu zu bestimmen. Nicht alles was technisch und wirtschaftlich machbar ist, läßt sich unter den genannten Aspekten legitimieren.

Die Weltkommission für Umwelt und Entwicklung hat bereits 1987 in ihrem Bericht darauf verwiesen, daß eine zukunftsfähige Entwicklung sich im Spannungsfeld zwischen aktueller Bedürfnisbefriedigung und Gewährleistung der Bedürfnisbefriedigung zukünftiger Generationen befindet und sich diesem Anspruch stellen muß.

In der Zwischenzeit ist die Forderung nach Intergenerationalität eine Dimension des Leitbildes der nachhaltigen Entwicklung geworden (vgl. J. MAYER, 1995).

Die vergangene und die derzeitige Entwicklung lassen vermuten, daß bei den globalen industriellen und wirtschaftlichen Bedingungen die Voraussetzungen für eine nachhaltige und somit zukunftsfähige Entwicklung nicht mehr gegeben sind. Die kulturelle Bedingung der Menschheit, das industriell-technische Stadium, innerstaatliche Lebensbedingungen sowie die bestehende Weltordnung haben sich zu stark differenziert und dabei über die nachhaltige Organisation der Natur hinweggesetzt. Inwiefern dies reversibel ist, kann im Augenblick nicht eingeschätzt werden. Es muß befürchtet werden, daß ein Teil dieser Entwicklungen irreversibel ist.

Eine ökologische Umorientierung der Industriegesellschaft erscheint in diesem Zusammenhang als Möglichkeit, zukünftige und gegenwärtige Bedürfnisse konsistent zu machen. Die zunehmende Bereitschaft zum Diskurs, eine wachsende Aufgeschlossenheit für umwelt- und sozialethische Fragestellungen auch auf Seiten der Wirtschaft, Technik und Politik belegt, wie weit sich das Problembewußtsein auf diesem Gebiet entwickelt hat. Heute geht es zunehmend um die Formulierung von Kriterien, um ökologisch-ethische Urteilsbildung und Handlungsorientierung, welche von der Öffentlichkeit mitgetragen werden können.

Hinter dem Anspruch einer intergenerationellen Gerechtigkeit steht das Denken, daß die nachfolgende Generation von ähnlichen Wertevorstellungen ausgeht wie wir.

Ich habe persönlich erlebt, wie verhängnisvoll dieses Denken sein kann. Nach 1989 wurde nahezu alles pulverisiert - materielles und ideelles - was von einer vorausgegangenen Generation geschaffen wurde. In diesem Zusammenhang konnte man auch exemplarisch sehen, welche Wirkung Bildung und Erziehung hat, wenn sie sich nicht im Kontext mit der tatsächlichen Lebenssituation befindet.

In der DDR gab es ein durchkonstruiertes Bildungssystem vom Kleinkind bis zum Erwachsenen. Dafür wurden enorme Anstrengungen unternommen, deren Ergebnisse in keinem Verhältnis zum Aufwand stehen.

Das soll keine Legitimation für einen rücksichtslosen Umgang mit der Natur und natürlichen Ressourcen sein, sondern der Hinweis darauf, daß man nur bedingt Verantwortung oder besser Legitimation für eigenes Handeln in die Zukunft verlagern kann.

Woher sollen wir heute wissen, welche Werte und Normen das Leben der zukünftigen Generationen bestimmen. Die Geschichte belegt hinreichend , daß es immer andere waren als die, welche man selbst hatte oder erwartet hat.

Woher sollten wir heute wissen, welche Ressourcen die nachfolgenden Generationen benötigen. Vielleicht verbrauchen wir gerade die, die später benötigt werden.

Konsequent zu Ende gedacht verbietet intergenerationelle Gerechtigkeit jede derzeitige Entwicklung bzw. bleibende Veränderung.

Es ist ein entscheidender Vorzug des Konzepts der nachhaltigen Entwicklung, die raum-zeitliche Beziehung und die Relation von Ursache und Wirkung in ihrer gesamten Komplexität aufzugreifen. Andererseits gibt es noch keine Vorstellungen, wie man die Konsequenzen des Umwelthandelns, d.h. eine Rückkopplung, darstellen und die räumliche und zeitliche Distanz zwischen Verursachern und Betroffenen überwinden kann.

4. Abschließende Bemerkungen

In meinen Ausführungen habe ich bewußt eine kritische Haltung zur Umweltbildung eingenommen und unterschiedliche Aspekte aus der Sicht des Empirikers hinterfragt. Diese Anmerkungen sollen durch ihre Perspektiven (Lehrerfortbildung, Lehrplan und die der neuen Bundesländer) die Auseinandersetzung mit dem Thema bereichern und somit einen Beitrag zur Entwicklung einer Strategie und Didaktik zur Bildung im Sinne einer nachhaltigen Entwicklung leisten.

Meine Ausführungen lassen sich in folgende fünf Positionen zusammenfassen:

4.1 Modelle und Zielstellungen der Umweltbildung wurden mehr oder weniger unreflektiert übernommen

Die andersartige soziale Situation in den neuen Bundesländern, das derzeitige Tempo und die Tragweite von Veränderungen sowie die spezifischen Bedingungen sind die Ursachen für Probleme bei der Übernahme von Modellen und Zielstellungen der Umweltbildung. Demokratische Instrumentarien, Strukturen sowie die Wirtschaft müssen sich erst hinreichend entwickeln.

Veränderungen werden erst möglich sein, wenn sich die Bedingungen geändert haben.

4.2 Es wird keine Entwicklung in einem Top-Down-Verfahren geben

Wenn Umweltbildung effizient sein soll, braucht sie eine lebendige Schule. Schulen entwickeln sich nicht auf Weisung, sondern unter entsprechenden Rahmenbedingungen. Solange Schulen administrativ verwaltet und von einer Schulaufsicht dementsprechend überprüft werden, ist Innovation nur partiell möglich.

Veränderungen kann es nur geben, wenn es grundsätzliche Änderungen des rechtlichen Rahmens sowie des Verständnisses von Schule gibt.

4.3 Wege beschreiben ohne Ziele festzuschreiben

Bei der Formulierung zukünftiger Bedingungen und davon abgeleiteter Zielstellungen steht das Problem, daß sich Entwicklungen und Bedingungen nicht längerfristig vorhersehen lassen.

Konzepte zum Erreichen der Ziele des sustainable development und Lehrpläne sollten so angelegt sein, daß sie die selbständige Entwicklung anregen und verstärken aber auch entwicklungsbedingte Adaptionen zulassen. Veränderungen kann es nur geben, wenn Lehrpläne Änderungen zulassen.

4.4 Umweltbildung muß im Kontext mit der alltäglichen Lebenswirklichkeit stehen

Öffnung von Schule ist eine oft gestellte Forderung in der heutigen Zeit. Öffnung verstanden als grundsätzliche Neuorientierung unter anderem an den veränderten Lebens- und Lernbedingungen, soll Ausgangspunkt einer Reform der Schule sein. Diese Veränderungen kann es nur geben, wenn sich die Bildungs- und Erziehungsziele stärker an der Lebenswirklichkeit orientieren, d.h. ändern.

4.5 Es fehlt die Vereinbarung allgemein anerkannter Leitbilder

Hinter den alltäglichen Verhaltensweisen von Menschen, den Zielen der Umweltbildung im Sinne einer nachhaltigen Entwicklung und dem Engagement im Umweltbereich stehen immer Leitbilder. Diese Leitbilder sind oft unbewußt bzw. können nicht ohne weiteres formuliert werden. Die Formulierung allgemein akzeptierter Leitbilder ist eine elementare Voraussetzung für Akzeptanz und Wirksamkeit von Konzepten, wie sie das der nachhaltigen Entwicklung anstrebt.

Soll Umweltbildung erfolgreich sein, muß sie den Umgang mit ihren Leitbildern ändern.

Literatur:

Arbeitgeberverbände NRW: Bildungspolitische Stellungnahme zur Denkschrift der Kommission „Zukunft der Bildung - Schule der Zukunft", 1996

Bildungskommission NRW: Zukunft der Bildung - Schule der Zukunft, 1995

Bjerregaard, R.: EUR-OP News, Jahrgang 5, Nr.1, 1995, Seite 5

EUA-Bericht zum 5. Aktionsprogramm: Kat.: GH-91-95-689-EN-C, Brüssel 1995

Fromm, E.: Haben oder Sein, Deutscher Taschenbuchverlag 1993

Hameyer, U.: Entwicklung von Lernkompetenzprofilen in der Schule, 1995

Klafki, W.: Zur Behandlung von Schlüsselproblemen unserer Gesellschaft und zur Verantwortung des Lehrers, 1991

Mayer, J.: Nachhaltige Entwicklung - ein Leitbild zur Neuorientierung?, in DGU-Nachrichten, Oktober 1995

Postman, N.: Wir amüsieren uns zu Tode , Fischer 1990

Sembill, D.: Problemlösefähigkeit, Handlungskompetenz und emotionale Befindlichkeit. Zielgrößen forschenden Lernens, 1992

Nachhaltigkeit - (k)ein Leitbild für Umweltbildung

Dietmar Bolscho

Einleitung

In Zeiten, in denen das Konzept der Nachhaltigkeit[1] in Politik und Gesellschaft und zunehmend im Bildungsbereich hoch im Kurs steht - von der "Wunderformel" und dem "neuen kategorischen Imperativ" ist die Rede[2] -, fällt eine Abhandlung in der amerikanischen Zeitschrift *Journal of Environmental Education* allein deshalb auf, weil der (sicherlich etwas effekthaschende) Titel Skepsis gegenüber dem Konzept der Nachhaltigkeit signalisiert: *Why I don't want my children to be educated for Sustainable Development* (Jickling 1991). Die Pointe der Abhandlung besteht in zwei Worten: Jickling möchte nicht, daß seine Kinder ***for*** *Sustainable Development*, sondern ***on*** *Sustainable Development* erzogen werden. Erziehung sei nämlich nicht Training für von Politik und Gesellschaft vorgegebene Ziele, sondern strebe Selbstbestimmung an, die in der Auseinandersetzung mit Theorie und Praxis von Phänomenen, die für Lernende bedeutsam sind, anzubahnen sei.

Wäre Jickling gezwungen, sich mit den im deutschen pädagogischen Sprachgebrauch traditionellen Begriffen *Erziehung* und *Bildung* auseinanderzusetzen, so würde er möglicherweise mit Hartmut von Hentig argumentieren, nicht das "Ableiten" von Bildungszielen aus für richtig gehaltenen Menschenbildern sei der Weg auf der Suche nach zeitgemäßer Allgemeinbildung, sondern das Nachdenken über "geeignete Anlässe", denen (man) "die gewünschte Bildung, den *Anlaß zum Sich-Bilden* zutraue" (Hentig 1996, S.103).

Vertrauen und Hoffnung in die Methode des "Ableitens" von Bildungszielen aus "Leitbildern" sind in Zeiten der "reflexiven Modernen" (Ulrich Beck), in der angeblich "alles geht" (anything goes), verständlich, zumal, wenn wie im Fall der Nachhaltigkeit, jener "neue kategorische Imperativ"

---

1 Der Einfachheit halber spreche ich verkürzend von "Nachhaltigkeit" und schließe damit andere verwendete Begriffe ein, etwa Nachhaltige Entwicklung, Dauerhaft-umweltgerechte Entwicklung, Zukunftsfähige Entwicklung oder global nachhaltige Entwicklung (vgl. Bolscho, Seybold 1996, S.65). Auf Differenzierungen und Kontext in der Verwendung dieser Begriffe komme ich noch zu sprechen.

2 So der als Philosoph im Umweltbundesamt tätige Stefan Summerer (vgl. Vorholz 1995). auf der anderen Seite geben in der neuesten Umfrage des Bundesumweltministeriums nur 11% der Befragten im Westen und 7% im Osten an, daß ihnen der Begriff "Nachhaltigkeit" schon einmal begegnet sei.

zur Lösung der bedrängenden Umweltprobleme gefunden zu sein scheint. Dennoch - und das ist die zu belegende Aussage meiner Ausführungen - sind Vorsicht und Differenzierung geboten!

Damit bin ich bei der Erklärung des sicherlich nicht sonderlich originellen Verfahrens, im Titel meiner Ausführungen Nachhaltigkeit zum einen als *kein Leitbild* für Umweltbildung zu deklarieren, zum anderen aber eine Hintertür offenzulassen: Doch *ein Leitbild*? Ich werde dann aber von "*Plattform*" für Umweltbildung sprechen.[1)]

Kein Leitbild - aber eine Plattform! Diese Argumentation bedarf der Begründung. Sie werde ich zu geben versuchen, indem ich auf einer ersten Ebene argumentiere, *daß Nachhaltigkeit historisch und gegenwärtig seine Wurzeln in anderen theoretischen und praktischen Zusammenhängen hat als denen von Bildung.* Es sind vor allem ökologische, ökonomische und umweltpolitische Zusammenhänge (vgl. 1). Die aus diesen Zusammenhängen ins Gespräch gebrachten Handlungskonsequenzen sind für Bildung differenziert zu betrachten, in manchen Punkten stehen sie einer auf Selbstbestimmung ausgerichteten Bildung eher entgegen.

Auf einer zweiten Argumentationsebene versuche ich, aufzuzeigen, daß Nachhaltigkeit gerade in den Bereichen erhebliche Defizite hat, die für Umweltbildung eine besondere Herausforderung darstellen, nämlich der Frage: "Warum sollten die Menschen sie wollen" (Sachs 1996, S. 21). Ich fasse diese Defizite unter umweltpsychologischen Aspekten zusammen (vgl. 2).[2)]

Alles in allem möchte ich also ein wenig Essig in den Wein der Nachhaltigkeit schütten, so wie Ulla Peters es mit der Frage "Im Westen nix Neues - oder doch? " im Hinblick auf die Rezeption der Nachhaltigkeit getan hat, wobei im folgenden Zitat "soziale Bewegungen" nur durch "Umweltbildung" ersetzt werden muß: "Nach den erfolglosen Mühen der sozialen Bewegung [hier also: Umweltbildung] für eine - nicht nur global - gerechte und ökologische Gesellschaft, taucht nun eine Theorie auf, die ihre zentralen Motive vereint und Hoffnung auf Veränderung befördert" (1995/96, S. 16).

---

[1] Diesen Begriff verwenden De Haan/Kuckartz (1996, S.275) in ihrem neuen Buch über Umweltbewußtsein. Dort diskutieren sie u.a. die Möglichkeit, Nachhaltigkeit als Leitbild für Umweltbewußtsein heranzuziehen

[2] Neben umweltpsychologischen Aspekten könnten gleichermaßen Einwände gegenüber Nachhaltigkeit aus historischer, religiöser oder ethischer Sicht vorgebracht werden.

1. Komponenten von Nachhaltigkeit

Wenn ich im folgenden "*Komponenten*" (statt Theorien) von Nachhaltigkeit darlege, um die ökologischen, ökonomischen und umweltpolitischen Wurzeln des Nachhaltigkeit-Konzeptes zu skizzieren, so soll damit ausgedrückt werden - angesichts der Tatsache, daß 60 unterschiedliche Definitionen von Nachhaltigkeit zusammengetragen worden sind (vgl. Van Dieren 1995) und zahlreiche Hindernisse in der praktischen Umsetzung diskutiert werden (vgl. Reid 1995) -, daß Reduzierungen unumgänglich sind. Ebenso ist es in der Sache bedingt, daß "Komponenten" sich nur idealtypisch separieren lassen, während sie in der Praxis durch vielfältige Überschneidungen gekennzeichnet sind. Im Überblick stellen sich diese Komponenten wie folgt dar:

ABB. 1.1 DIE MEHRDIMENSIONALITÄT VON NACHHALTIGKEIT

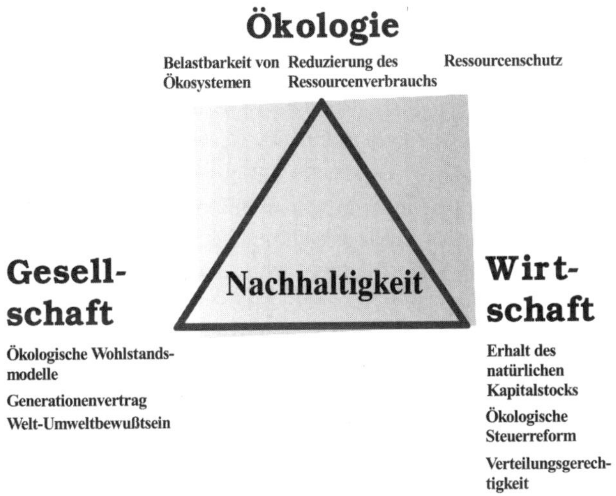

A. Die ökologische Komponente

Nachhaltigkeit ist, wie Weizsäcker, Lovins und Hunter (1995) feststellen, unter ökologischen Aspekten "ein uraltes Prinzip menschlicher Kulturen". Mit einem wohl nicht unbeabsichtigten ironischen Unterton betonen die Autoren: "Für Deutsche steht fest, daß sie es waren, die der Welt das Konzept der Nachhaltigkeit geschenkt haben, und zwar über die nachhaltige Forstwirtschaft. Schon im Mittelalter war die nachhaltige Nutzung des Allmendewaldes ein wichtiger Bestandteil des Landfriedens" (S. 240).

In der (technologischen) Sprache heutiger Sachverständigen-Gutachten, in diesem Fall der Enquete-Kommission "Schutz des Menschen und der Umwelt", wird diese ökologische Komponente von Nachhaltigkeit in "vier grundlegenden Regeln" operationalisiert (vgl. Deutscher Bundestag 1994, S. 29 ff.):

"1. Die Abbaurate erneuerbarer Ressourcen soll ihre Regenerationsrate nicht überschreiten. Dies entspricht der Forderung nach Aufrechterhaltung der ökologischen Leistungsfähigkeit, d.h. (mindestens) nach Erhaltung des von den Funktionen her definierten ökologischen Realkapitals" (S. 29).

"2. Nicht-erneuerbare Ressourcen sollen nur in dem Umfang genutzt werden, in dem ein physisch und funktionell gleichwertiger Ersatz in Form erneuerbarer Ressourcen oder höherer Produktivität der erneuerbaren sowie der nicht-erneuerbaren Ressourcen geschaffen wird" (S. 30).

"3. Stoffeinträge in die Umwelt sollen sich an der Belastbarkeit der Umweltmedien orientieren" (S. 32).

"4. Das Zeitmaß anthropogener Einträge bzw. Eingriffe in die Umwelt muß im ausgewogenen Verhältnis der für das Reaktionsvermögen der Umwelt relevanten natürlichen Prozesse stehen" (S. 32).

Die Bedeutung dieser Grundregeln für die Umsetzung von Nachhaltigkeit besteht zweifelsohne in der Einsicht, daß natürliche Ökosysteme nur begrenzt belastbar ist.

In unserem Frageinteresse bleibt hingegen festzuhalten, daß diese ökologische Komponente von Nachhaltigkeit eine von Problemen nicht freie naturwissenschaftliche Perspektive ist. Ein Blick in die Geschichte des Umgangs der Menschen mit natürlichen Ökosystemen zeigt, daß die "lebendige Natur" mit der "dynamischen Stabilität" von Ökosystemen zwar *"nicht schlecht gefahren ist; sie hat fast 4 Milliarden Jahre nicht nur überdauert, sondern sie ist in unaufhaltsamer Höherentwicklung von der Amöbe über den Wurm und den Fisch nicht nur auf den Hund, sondern auch auf den Menschen gekommen"* (Markl 1983, S. 77), aber die Geschichte zeigt auch, daß Nachhaltigkeit im ökologischen Sinne stets von Brüchen und Problemen gekennzeichnet war. Um im Beispiel der nachhaltigen Forstwirtschaft zu bleiben: Sie war im Mittelalter auch ein hervorragendes Instrument der geistlichen und weltlichen Herrscher, sich Nutzungsrechte über den Wald zu sichern (vgl. Struss 1986, S. 100). Insofern ist die *"Baum-pflantz-Ordnung"* des Landgrafen von Hessen aus dem Jahre 1739, der um die Erhaltung seiner Jagdreviere und seines Nutzungswaldes besorgt war, eine bezeichnende historische Quelle, aus der die Ambivalenz des auf den ersten Blick objektiven ökologischen Nachhaltigkeitsaspektes ersichtlich wird:

Daß alle Jahr an die Ufer derer Bäche, um die Anger und wo es sonst thunlich, Weiden angepflanzt werden/Wer solches zur Ungebühr unterlässet, muß 5 Rthl. Strafe zahlen" (zit. nach Schreier 1980).

Die ökologische Komponente der Nachhaltigkeit wird im Kontext von Bildung erst dann interessant, wenn die Objektivität der naturwissenschaftlichen Ökologie überschritten wird.[1] Wer entscheidet in wessen Interessen über die Belastbarkeit von Ökosystemen? Welche Handlungskonsequenzen ergeben sich für Menschen in unterschiedlichen Regionen und Kontinenten, um der Überlastung von Ökosystemen zu begegnen? Wie kann der ökologisch nachhaltige Umgang mit der natürlichen Umwelt in Wertsystemen von Menschen verankert werden? Dies sind nur einige Fragen, die darauf hindeuten, wie differenziert die 'ökologische Wurzel' des Nachhaltigkeit-Konzeptes zu betrachten ist.

B. Die ökonomische Komponente

Der "Eigennutz" des homo oeconomicus ist bis heute gesellschaftlich legitimiert und zwar beginnend mit *Adam Smith: Der Wohlstand der Nationen* (1776).

> Adam Smith hat in seinem philosophischen Hauptwerk "Theorie der ethischen Gefühle" (1759) dem Menschen zwar ausdrücklich altruistisches Verhalten zugebilligt: "*Mag man den Menschen für noch so egoistisch halten, es liegen doch offenbar gewisse Prinzipien in seiner Natur, die ihn dazu bestimmen, an dem Schicksal anderer Anteil zu nehmen, und die ihm selbst die Glückseligkeit dieser anderen zum Bedürfnis machen, obgleich er keinen anderen Vorteil daraus zieht, als das Vergnügen, Zeuge davon zu sein*". Aber auch: "*Wir hegen nicht leicht gegen irgend jemand den Argwohn, daß es ihm an Egoismus fehle.*" In seinem ökonomischen Hauptwerk stellt er den Eigennutz der Menschen in den Mittelpunkt: *"Nicht vom Wohlwollen des Metzgers, Brauers und Bäckers erwarten wir das, was wir zum Essen brauchen, sondern davon, daß sie ihre eigenen Interessen wahrnehmen. Wir wenden uns nicht an ihre Menschen - sondern an ihre Eigenliebe, und wir erwähnen nicht die eigenen Bedürfnisse, sondern sprechen von ihrem Vorteil"* (vgl. Kirchgässner, 1991, S. 47 f. und S. 180). Die oft zitierte "Unsichtbare Hand des Marktes" bändigt allerdings den Eigennutz: "Man gestalte ein gesellschaftliches System so, daß die einzelnen Bürger auch dann im - wie auch immer definierten - allgemeinen Interesse handeln, wenn sie sich eigennützig verhalten. In einem solchen System würde sich die Vernunft nicht nur dann einstellen können, wenn alle sich 'vernünftig' verhalten, sondern vielmehr sind die Regeln des Zusammenlebens so gestaltet, daß sich ein vernünftiges Ergebnis auch bei 'unvernünftigen' Individuen ergeben kann... Dabei ist der Markt eine, allerdings nicht die einzige Institution, die dazu führen kann, daß bei rationalem Verhalten

---

1 Um Mißverständnissen vorzubeugen: Die wissenschaftliche Beschäftigung mit Daten über zurückgehende Artenvielfalt - von etwa 1,5 bis 1,7 Mio. wissenschaftlich bekannten Arten, die nur einen Bruchteil aller vorhandenen Arten ausmachen, sterben im Jahr 27.000 aus (vgl. Wilson 1995) - ist nicht zuletzt aus im berechtigten Interesse der Menschen stehenden Nützlichkeitserwägungen notwendig.

der Individuen ein im obigen Sinne vernünftiges Ergebnis erzielt werden kann" (Kirchgässner, 1991, S. 179).

Die Erkenntnis ist heute zum Allgemeingut geworden, daß sowohl nationale als auch globale Umweltentwicklungen nicht mehr jener *Unsichtbaren Hand des Marktes* als Regulator des Ressourcenverbrauchs und der damit einhergehenden Umweltzerstörungen überlassen werden können. Die Fakten sind bekannt: Durch "Eigennutz" - oder auf die Gegenwart bezogen: den dominierenden Wirtschaftsstil der Industrieländer und der zunehmenden Zahl von Ländern, die diesem Stil nacheifern - wird die natürliche Umwelt, vor allem Luft, Wasser, Boden, als weitgehend frei im Sinne einer unbeschränkten Verfügbarkeit für den Einsatz in wirtschaftlichen Produktionsvorgängen und für die Beseitigung von dabei anfallenden Abfällen angesehen. Obwohl Gesetze und Maßnahmen des Staates diesen "Eigennutz" einschränken, "profitieren" sowohl Produzenten als auch Konsumenten davon: Sie haben den kurzfristigen Vorteil und müssen für die Kosten nicht in dem Maße aufkommen, wie es langfristig zur Vermeidung oder Beseitigung der verursachten Umweltschäden notwendig wäre. Ökonomen nennen dies "Externalisierung". Die bekannte Formel "*Die Preise müssen die ökologische Wahrheit sagen*" drückt aus, daß die Nutzung des "Faktors Natur" nicht weiterhin (nahezu) unentgeltlich sein kann, sondern daß Verbraucher für die wahren Kosten mit aufkommen müssen ("Internalisierung"), bei finanzieller Entlastung im Hinblick auf den "Faktor Arbeit". Ernst-Ulrich von Weizsäcker, dessen Name für diese "Ökologische Steuerreform" steht, mahnt: "Wenn wir uns nicht rasch und gemeinsam auf den Pfad zu einem dauerhaften Wohlstand begeben, dann ist der Verlust- und verzichtreiche Zusammenbruch der alten Wohlstandsidylle vorprogrammiert" (1992, S. 259).

Im Kontext von Bildung eröffnet die ökonomische Komponente von Nachhaltigkeit auf den ersten Blick überzeugende Perspektiven: Menschen müssen nicht mit hohem moralischen Aufwand überzeugt werden; man muß nur ihren rationalen individuellen Kosten-Nutzen-Erwägungen (rational choice) Raum geben, sich für die "billigeren", d.h. weniger umweltbelastenden Verhaltensoptionen zu entscheiden. Dies läßt sich durch entsprechende infrastrukturelle Maßnahmen stützen und verstärken. Auf den zweiten Blick ist gegenüber der ökonomischen Komponente von Nachhaltigkeit Skepsis angebracht: Verhalten sich Menschen wirklich so rational, wie es ökonomische Erklärungsmuster nahelegen? Spielen nicht auch andere Faktoren hinein, z.B. das subjektive Wohlbefinden oder die soziale Norm wichtiger Bezugsgruppen? Oder auf das eingangs bereits angedeutete Bildungsverständnis bezogen: Sind ökonomische Verhaltenstheorien unter dem Anspruch, Bildung als "Sich-Bilden" zu verstehen, nicht Konditionierungen eines gewünschten Verhaltens? [1)]

D. Die umweltpolitische Komponente

Die umweltpolitische Komponente von Nachhaltigkeit verdichtet sich in den Dokumenten und Nachfolgeaktivitäten der vom 3. bis 14. Juni 1992 in Rio de Janeiro durchgeführten *Konferenz der Vereinten Nationen für Umwelt und Entwicklung* (UNCED= *United Nations Conference for Environment and Development*", verkürzt auch "Erdgipfel" genannt: In Rio wird Nachhaltigkeit, in Anknüpfung und Fortführung früherer internationaler Aktivitäten, vor allem der UN-Konfernez "On Human Environment" (Stockholm 1972) und des Brundlandt-Berichtes "Our common future", 1987) in einen globalen Zusammenhang gestellt (vgl. Bolscho, Michelsen 1996).

Die Ziele von Nachhaltigkeit sind in der Erklärung von Rio zu Umwelt und Entwicklung, der sog. *Rio-Deklaration*, in Fortführung früherer Konzepte und Verlautbarungen in insgesamt 27 Grundsätzen zusammengefaßt (vgl. Bundesminister für Umwelt, o.J., S. 45-47).

Im *Grundsatz 1* wird ausgedrückt, daß "die Menschen im Mittelpunkt der Bemühungen um eine nachhaltige Entwicklung (stehen). Sie haben das Recht auf ein gesundes und produktives Leben im Einklang mit der Natur". Dabei wird der "Beseitigung der Armut als unabdingbare Voraussetzung für eine nachhaltige Entwicklung" "grundlegende Bedeutung" beigemessen (*Grundsatz 5*). Als Weg wird gefordert, "nicht nachhaltige Produktions- und Verbrauchsstrukturen (abzubauen und zu beseitigen) und eine geeignete Bevölkerungspolitik (zu) fördern" (*Grundsatz 8*). Die aktuelle und künftige Bedeutung des Nachhaltigkeitskonzeptes wird im *Grundsatz 3* formuliert: "Das Recht auf Entwicklung muß so erfüllt werden, daß den Entwicklungs- und Umweltbedürfnissen heutiger und künftiger Generationen in gerechter Weise entsprochen wird."

Diese Ziele findet man in fast gleichlautender Formulierung bereits im *Brundtland-Report*. Doch die in diesem Bericht und in der sich an ihn anschließenden Umweltpolitik und -entwicklung ungelösten Probleme bleiben auch in der Rio-Deklaration weitgehend offen. Es geht vor allem um das Grundproblem, ob nachhaltige *Entwicklung* bei dauerhaftem *Wachstum* möglich und vertretbar ist. Diese Frage umfaßt das zwischen Entwicklungs- und Industrieländern strittige und auch in Rio offen gebliebene Problem, ob Nachhaltigkeit einer "nachholenden Entwicklung" im Wege steht,

---

1 De Haan/Kuckartz (1996) halten diesen Einwand, allerdings im Zusammenhang mit Umweltbewußtsein, "im Kontext der Sustainable-Development-Diskussion" für "nicht mehr stichhaltig" (S. 284)

d.h. dem Recht von Entwicklungsländern, zunächst Wachstum 'nachzuholen', um damit die Voraussetzungen für Nachhaltigkeit zu schaffen. Die Rio-Deklaration spricht sich für jenes Recht der Entwicklungsländer aus, indem die von keiner Position zu bestreitende Argumentation der Armutsbekämpfung an vorderste Stelle gesetzt wird. Politisch offen bleibt, ob Armutsüberwindung mit einem (wie immer operationalisierten) Wohlstandsstandard in den Industrieländern gleichgesetzt werden kann. Aus ökologischer Sicht wird immer wieder darauf hingewiesen, wenn der Konsum- und Wohlstandsstandard reicher Industrieländer auf die Welt ausgeweitet würde, benötigte man dafür die fünffache Tragfähigkeit des Planeten Erde. Wer Ansprüche und Erwartungen modifizieren müßte - die Entwicklungsländer im Abrücken von einer (am Maßstab der Industrieländer orientierten) nachholenden Entwicklung oder die Industrieländer im Überdenken ihres Standards - ist eine politisch offene Frage. Somit sind Verteilungs- und Gerechtigkeitsprobleme im globalen Maßstab durch das Konzept der *Nachhaltigkeit* ungelöst (vgl. Sachs 1994). Im Hinblick auf diesen Anspruch ist Nachhaltigkeit ein "Formelkompromiß" (E. U. v. Weizsäcker). Das Kompromißhafte wird um so deutlicher je spezifischer man sich auf die Ebene der konkreten Umsetzung begibt. Dies zeigt sich an den nach Rio im Kontext globaler Umweltpolitik geführten Auseinandersetzungen um Nachhaltigkeit.

Wenn man vor dem Hintergrund der umweltpolitischen Komponente also den Versuch unternehme, Bildungsziele aus dem Nachhaltigkeitskonzept "abzuleiten", so verfiele Bildung in die Rolle einer "nachsorgenden Sozialwissenschaft": "Die Naturwissenschaftler und Technologen entwerfen Lösungen und die Sozialwissenschaften kümmern sich um die Akzeptanz beim Publikum" (Sachs 1996, S. 23). Erkennbar wird diese 'Nachsorge-Funktion' im Zusammenhang mit der Effizienz- und Suffizienzstrategie: Bei der Effizienzstrategie - also mit dem technisch und wirtschaftlich geringsten Einsatz einen möglichst hohen Nutzen zu erzielen - richtet sich der Appell weitgehend an Experten und ihre Kompetenz, während bei der Suffizienzstrategie - also der Einsicht, daß "erst der Verzicht eine angemessene Konsequenz aus der Endlichkeit der Ressourcen" ist (Dahl 1995, S. 205) - Menschen in ihren Bedürfnissen und Verhaltensweisen in den Blick kommen. Hier gelte es dann durch Bildung und andere 'Sozialtechniken', für "Akzeptanz beim Publikum" zu sorgen.

Erste Zwischenbetrachtung

Die ökologischen, ökonomischen und umweltpolitischen Komponenten von Nachhaltigkeit reichen als Grundlage eines Bildungskonzeptes nicht aus: Die Kontexte der Komponenten, ihre theoretischen Prämissen sowie ihre handlungsleitenden Konsequenzen lassen zu viele Fragen offen, um eine zeitgemäße Allgemeinbildung, verstanden als Prozeß des "Sich-

Bildens" zu fundieren. Insofern kann Nachhaltigkeit *kein Leitbild* für Umweltbildung sein.

2. Umweltpsychologische Defizite des Nachhaltigkeit-Konzeptes

Nachhaltigkeit hat konsequenterweise ein "*Sustainability-Ethos*" zur Folge, das zum Maßstab eines neuen *Umweltbewußtseins* werden soll. In den Leitbildern der "Wuppertal-Studie" (BUND/Misereor 1996) ist ein am "*Sustainability-Ethos*" gemessenes Umweltbewußtsein operationalisiert worden. Damit muß sich Nachhaltigkeit an den Erkenntnissen der Umweltbewußtseinsforschung messen lassen, also zum Beispiel an Fragen, durch welche Faktoren Umweltbewußtsein bestimmt ist, durch welche Interventionsstrategien es erreicht werden kann oder wie Umweltbewußtsein sich in einer Gesellschaft der "reflexiven Moderne" (Ulrich Beck) darstellt.

Die Umweltbewußtseinsforschung (vgl. Bolscho 1995; de Haan, Kuckartz 1996) ist auf der langen Suche nach Zusammenhängen zwischen individuellen Dispositionen und makrosozialen Merkmalen zu der Erkenntnis gelangt, daß Umweltbewußtsein ein mehrdimensionales Konstrukt ist, das sich monokausalen Erklärungen versperrt, etwa der immer noch gängigen (in pädagogischen Zusammenhängen oft latenten) Annahme, Umweltbewußtsein „ergebe sich irgendwie" aus Wissen und Einstellungen, was insgesamt dann zum veränderten Handeln führe.

Die Mehrdimensionalität von Umweltbewußtsein läßt sich in folgender Darstellung aufzeigen:

Grafik 2.1: Die Mehrdimensionalität von Umweltbewußtsein

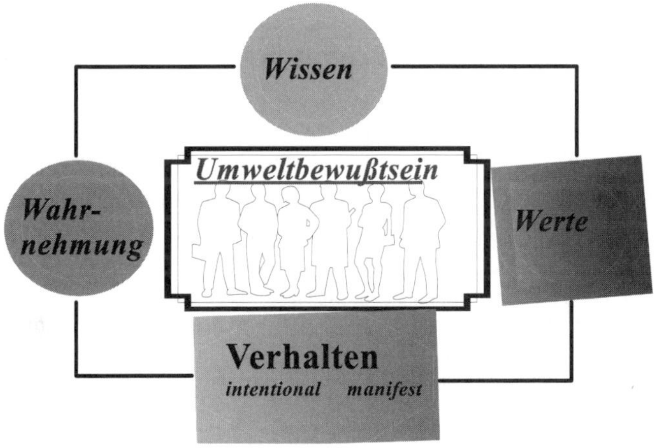

Es ist vor allem die Dimension *Wahrnehmung*, die in der neueren Umweltbewußtseinsforschung zu einer differenzierten Betrachtung, untermauert durch empirische Erkenntnisse, geführt hat.[1)]

Für Menschen stellt sich Umwelt, im Unterschied zur naturwissenschaftlichen und technischen Perspektive, nicht als objektiver Tatbestand, sondern als *soziales Konstrukt* dar, d.h. Menschen nehmen ihre Umwelt im jeweiligen sozialen und biographischen Kontext unterschiedlich wahr. Insofern wird es kein für verschiedene Lebenswelten gleichermaßen geltendes Umweltbewußtsein geben. Dazu gibt es verschiedene empirische Hinweise.

Es hat sich gezeigt, daß in der Wahrnehmung der Menschen Umweltprobleme durch unterschiedliche Merkmale gekennzeichnet sind, z.B. im Hinblick auf die Bedrohung des Lebensstandards, die Gefährdung der eigenen Gesundheit, die Intensität des Kontaktes mit Umweltproblemen oder die Informationsquelle, durch die man etwas über Umweltprobleme erfährt (vgl. Lehmann, Gerds, 1991). Ebenso stellen sich Umweltprobleme, gruppiert man sie nach "Nähe" und "Ferne", in der Wahrnehmung unterschiedlich dar. So wird überraschenderweise ein "Bedrohungspotential" eher "Globalen Problemen" und weniger regionalen/lokalen Umweltschutzproblemen zugeschrieben (vgl. Karger, Wiedemann, 1994). De Haan, Kuckartz sprechen von einem "ferninduzierten Umweltbewußtsein" (1996, S. 184 ff.).

Der Bezug zur Lebenswelt von Individuen ist also der bestimmende Faktor der Wahrnehmung von Umweltproblemen. Diese Erkenntnis schlägt sich in einer verstärkten Beachtung der *Lebensstil-Forschung* im Zusammenhang mit Umweltbewußtsein nieder (vgl. Reusswig 1994; De Haan, Kuckartz 1996, S. 230 ff.). Die Quintessenz dieser Forschung ist: Es gibt so viele Ausprägungen von Umweltbewußtsein wie es Lebensstile gibt. Und die Anzahl von Lebensstilen schwankt in neueren Untersuchungen zwischen vier und sechs Lebensstilen mit entsprechen Differenzierungen.

Ebenso wie die Wahrnehmung der Umwelt sich in unterschiedlichen Lebensstilen differenziert, ist gleichermaßen davon auszugehen, daß ein "Welt-Umweltbewußtsein", das ja durch die Globalität des Sustainable-Ethos erwartet werden muß, sich aufgrund kultureller Entwicklungen und Hintergründe ähnlich differenziert darstellt (vgl. Dunlap, Mertig 1996).

---

[1] Die Dimension "Werte" ist im Zusammenhang mit der Postmaterialismus-These von Ronald Inglehart und daran anschließend in der Konsumforschung empirisch bearbeitet worden (vgl. Scherhorn 1993). Auch hier hat sich gezeigt - und insofern der Differenzierungsbedürftigkeit der Wahrnehmungsdimension verwandt -, daß man nicht von der Annahme zum postmaterialistischen Konsumverhalten ausgehen kann. Bei Scherhorn ließ sich postmaterielles Konsumverhalten lediglich (oder immerhin?) bei 20% der Bevölkerung feststellen. Neben Mischgruppen ließen sich 30% der Gruppe von "teil-sensibilisierten Wohlsstandsbürgern" zuordnen.

Zweite Zwischenbetrachtung

Das Nachhaltigkeits-Konzept kann aus umweltpsychologischer Sicht kein Leitbild für Umweltbildung in dem Sinne sein, daß sich umweltgerechtes Handeln aus diesem Konzept "ableiten" ließe: Die Kontextabhängigkeit von Nachhaltigkeit, ersichtlich in Lebensstilen und kultureller Eingebundenheit, erfordert eine Differenzierung des *Sustainability-Ethos.*

Wolfgang Sachs, als Kulturwissenschaftler im Wuppertal-Team tätig, hat diese Problematik in einige, allerdings offene Fragen gefaßt: Es werde aus den "Fakten und Zahlen" der Nachhaltigkeits-Szenarien "nicht sichtbar, wie die quantitativen Reduktionsziele in die Lebenswelten der Menschen eingehen könnten. In welchen sozialen Innovationen, in welchen geistigen Entwürfen, in welchen Verhaltensmodellen, in welchen institutionellen Umbauten könnte sich die Suche nach einem maßvollen Naturverbrauch ausdrücken? Welche Art von Gesellschaft soll denn im Verfolg der Reduktionsziele entstehen? Hat die zukunftsfähige Gesellschaft über einen stofflich-quantitativen Umriß hinaus auch eine sozial-qualitative Gestalt?" (1996, S. 23).

An diese Fragen lassen sich pädagogische Konsequenzen anschließen, die, wie eingangs angesprochen, Nachhaltigkeit nicht als Leitbild, sondern als Plattform für Umweltbildung zum Ausgangspunkt haben.

3. Nachhaltigkeit als Plattform für Umweltbildung

Die Rede von *Nachhaltigkeit als Plattform für Umweltbildung* impliziert zunächst eine grundlegende Konsequenz für Umweltbildung, nämlich wie Pädagogen *nicht* mit dem Nachhaltigkeits-Konzept umgehen sollten.

Es verbieten sich Vorhaben, die zum Ziel haben, vorliegende und in nächster Zukunft sicherlich noch folgende Studien und Szenarien zur Nachhaltigkeit für Umweltbildung in der Weise "umsetzen" wollen, daß die in Studien und Szenarien dargelegten Problem- und Inhaltsbereiche das curriculare Grundmuster eines "Nachhaltigkeits-Curriculum" abgeben. Dieses Vorgehen käme einer Funktionalisierung von Umweltbildung gleich:

> Umweltbildung sollte demgegenüber - auch in Zeiten, in denen mit dem Nachhaltigkeits-Konzept ein überzeugendes ökologisches, ökonomisches und politisches Modell zur Umweltentwicklung vorliegt - an Überlegungen und Konzepte einer zeitgemäßen Allgemeinbildung anknüpfen, verdichtet in den von Klafki ([4]1994, S. 56 ff.) formulierten "epochaltypischen Schlüsselproblemen", zu denen Klafki die "*Umweltfrage*" zählt, "d.h. die in globalem Maßstab zu durchdenkende Frage nach Zerstörung oder Erhaltung der natürlichen Grundlagen menschlicher Existenz und damit nach der Verantwortbarkeit und Kontrollierbarkeit der wissenschaftlich-technischen Entwicklung" (S. 58). Heid hat "eine Denkrichtung und 'erste Schritte' ei-

ner den Namen rechtfertigenden 'Umweltbildung'" skizziert, nämlich das Bemühen, "zu einer kritisch sondierenden Aufklärung über die komplexen Gründe für das Erfordernis umweltpädagogischen Handelns und deren Beeinflußbarkeit beizutragen" (1992, S. 132 f.). Diese "Aufklärung" meint, "daß ökologisch wünschenswertes Handeln zwar konkretes und unmittelbares Ziel *praktischen* und pädagogisch *zu ermöglichenden*, nicht aber direktes Ziel pädagogischen Handelns sein kann. Wer das Tun des Richtigen konkret inhaltlich zum Zwecke pädagogischer Intervention macht, der legt den Adressaten pädagogischer Praxis auf das Muster eines jeweils als gut oder richtig geltenden Handelns fest. Damit instrumentalisiert er nicht nur Bildung, sondern auch Gebildete" (S. 133).

Um der Funktionalisierung von (Umwelt-)Bildung im Hinblick auf Nachhaltigkeit zu entgehen, erscheint mir eine andere Richtung angemessener, die im übrigen in der Didaktik der Umweltbildung nicht neu, allerdings von ihrer praktischen Realisierung immer noch weit entfernt ist.[1)] Damit soll auch gesagt werden, daß Theorie und Praxis der Umweltbildung 'nicht neu geschrieben werden müssen', sondern daß in vorliegenden Konzeptionen ebenso wie in den zahlreichen 'Beispielen guter Praxis', etwa Modellversuchen, hinreichend "nachhaltigkeits-kompatible" Anregungen vorliegen. Diese 'andere Richtung' läßt sich in die Aussage bringen:

> *Nachhaltigkeit als Plattform für Umweltbildung* bedeutet, "geeignete Anlässe"[2)], die für die Lebenswelt von Lernenden von Bedeutung sind, in einem situations-, handlungs- und problemorientierten Unterricht aufzugreifen.[3)]

"Geeignete Anlässe" sind kaum in lernzielorientierten Unterrichtsarrangements zu planen: Sie entfalten sich in offenen Unterrichtssituationen, die von den Bedürfnissen und Erfahrungen der Lernenden bestimmt sind. Daß "geeignete Anlässe", die mit Nachhaltigkeit im Zusammenhang stehen, in

---

1 Diese Aussage scheint mir vor dem Hintergrund der von uns durchgeführten empirischen Studien zum status quo schulischer Umweltbildung gesichert zu sein (vgl. Bolscho et al. 1993; Eulefeld et al. 1988 und 1993). Es hat sich in diesen Studien gezeigt, daß Umweltbildung sich qualitativ zwar verbessert hat, ihr Stellenwert jedoch nachwievor eher als mariginal zu bezeichnen ist.

2 Diesen Begriff verwendet Hartmut von Hentig in seinem bereits zitierten Buch "Bildung" (1996). Von Hentig schlägt zehn "geeignete Anlässe" vor (vgl. S. 104 ff.): Geschichten, das Gespräch, Sprache und Sprachen, Theater, Naturerfahrung, Arbeit, Feste feiern, die Musik, Aufbruch. Er hält diese geeigneten Anlässe für "zehn ganz normale Lebenstätigkeiten", denen er "die gewünschte Bildung, den Anlaß zum Sich-Bilden" zutraut" (S. 103). Und er hält es auch für möglich, "daß sie in der Schule veranstaltet werden können" (ebd.).

3 Diese Begriffe haben wir bereits vor fünfzehn Jahren (vgl. Bolscho, Eulefeld, Seybold 1980 und aktualisiert in Bolscho, Seybold 1996) als didaktische Kriterien für Umweltbildung dargelegt.

Lernprozesse eingebracht werden, ist nicht nur die reformpädagogische Prämisse des Vorschlages, sondern auch die bildungstheoretische Grundlage, indem Bildung als "*Sich Bilden*" - und nicht "Gebildet werden" - verstanden wird. Im Kontext von Nachhaltigkeit wird neuerdings wieder als Fundament von Bildung *Partizipation* eingefordert, d.h. wenn wir die Frage ernstnehmen "*Warum sollten die Menschen sie* (die Nachhaltigkeit) *wollen*?" (Sachs), müssen wir die Menschen teilhaben lassen.

Dies hat Aurelio Peccei, der Begründer des Club of Rome, bereits 1979 in "Zukunftschance Lernen" betont. Er hatte dabei Lernprozesse im Blick, die auf Erkennen globaler Zusammenhänge zielen, wie es im Zusammenhang mit Nachhaltigkeit unumgänglich ist.

> "Wenn man von Partizipation in bezug auf globale Probleme spricht, muß man notwendigerweise gleichzeitig mehrere Ebenen berücksichtigen. Einerseits ist das Schlachtfeld globaler Probleme auf lokaler Ebene zu finden: in den Reisfeldern und Bewässerungssystemen, in dem knappen oder überreichen Nahrungsangebot, in der Schule an der Ecke oder in den Mannbarkeistriten. Es ist in der Gesamtheit persönlicher und gesellschaftlicher Lebensmuster zu finden. Deshalb ist Partizipation notwendigerweise in den lokalen Gegebenheiten verankert. Dennoch kann sie nicht darauf beschränkt werden ... (Darüber hinaus) muß man mit dem Verhalten großer Systeme vertraut sein" (1979, S.60 f.). Letzteres wird neuerdings in den Begriff "Retinität", also die Vernetzheit lokaler und globaler Prozesse, gefaßt (vgl. Michelsen 1994, S. 71)

Vor diesem Hintergrund - Nachhaltigkeit als Plattform für Umweltbildung, die durch Partizipation gekennzeichnet ist - möchte ich den Bogen der Argumentationen schließen: *That's why I want future generations to be educated* ***on*** *and* ***not for*** *Sustainable Development.*

4. Literatur

BUND/Misereor (Hrsg.): Zukunftsfähiges Deutschland. Ein Beitrag zu einer global nachhaltigen Entwicklung. Basel: Birkhäuser. 1996.

Bolscho, Dietmar: Umweltbewußtsein zwischen Anspruch und Wirklichkeit. Frankfurt/Main: Verlag für Akademische Schriften. 1995.

Bolscho, Dietmar; Eulefeld, Günter; Seybold, Hansjörg: Umwelterziehung. Neue Aufgaben für die Schule. München: Urban & Schwarzenberg. 1980.

Bolscho, Dietmar; Michelsen, Gerd: Globale Umweltentwicklungen als Herausforderung an Umweltbildung. Gutachten für den Wissenschaftlichen Beirat der Bundesregierung: Globale Umweltveränderungen. Bielefeld: Bertelsmann. 1996.

Bolscho, Dietmar; Rode, Horst; Rost, Jürgen; Seybold, Hansjörg: Schulische Umwelterziehung in Deutschland. Zentrale Ergebnisse einer empirischen Studie. In: Seybold, Hansjörg; Bolscho, Dietmar (Hrsg.): Umwelterziehung: Bilanz und Perspektiven. Kiel: Institut für die Pädagogik der Naturwissenschaften. 1993. S. 213-233

Bolscho, Dietmar; Seybold, Hansjörg: Umweltbildung und ökologisches Lernen. Berlin: Scriptor. 1996.

Bundesminister für Umwelt, Naturschutz und Reaktorsicherheit (Hrsg.): Bericht der Bundesregierung über die Konferenz der Vereinten Nationen für Umwelt und Entwicklung im Juni 1992 in Rio de Janeiro. Bonn: Bundesministerium. o.J.

Bundesministerium für Umwelt, Naturschutz und Reaktorsicherheit (Hrsg.): Umweltbewußtsein in Deutschland 1996. Ergebnisse einer repräsentativen Bevölkerungsumfrage. Bonn: 1996.

Dahl, Jürgen: Papiertaschentuch und Atomreaktor. Aspekte der Dauerhaftigkeit, auch im weiteren Sinne. In: Steffen, Dagmar (Hrsg.): Welche Dinge braucht der Mensch? Gießen: Anabas-Verlag. 1995. S. 199-205.

Deutscher Bundestag (Hrsg.): Bericht der Enquete Kommission "Schutz des Menschen und der Umwelt - Bewertungskriterien und Perspektiven für umweltverträgliche Stoffkreisläufe in der Industriegesellschaft. Bonn: Drucksache 12/8260. 1994.

Dunlap, Riley E.; Mertig, Angela G.: Weltweites Umweltbewußtsein: Eine Herausforderung für die sozialwissenschaftliche Theorie. In: Kölner Zeitschrift für Soziologie und Sozialpsychologie, 36 (1996) Sonderheft, S. 193-218.

Eulefeld, Günter; Bolscho, Dietmar; Rode, Horst; Rost, Jürgen; Seybold, Hansjörg: Entwicklung der Praxis schulischer Umwelterziehung in Deutschland. Ergebnisse empirischer Studien. Kiel: Institut für die Pädagogik der Naturwissenschaften (IPN). 1993.

Eulefeld, Günter; Bolscho, Dietmar; Rost, Jürgen; Seybold, Hansjörg: Praxis der Umwelterziehung in der Bundesrepublik Deutschland. Kiel: Institut für die Pädagogik der Naturwissenschaften (IPN). 1988.

Haan, Gerhard de; Kuckartz, Udo: Umweltbewußtsein. Denken und Handeln in Umweltkrisen. Opladen: Westdeutscher Verlag. 1996.

Heid, Helmut: Ökologie als Bildungsfrage?. In: Zeitschrift für Pädagogik, 38 (1992) 1, S. 113-138.

Hentig, Hartmut von: Bildung. München: Hanser. 1996.

Jickling, Bob: Why I Don't Want My Children To be Educated for Sustainable Development. In: Journal of Environmental Education, 23 (1991) 4, 5-8.

Karger, Cornelia R.; Wiedemann, Peter M.: Wir sehen nur, was uns betrifft. In: Politische Ökologie,(1994) 37, S. 16-20.

Kirchgässner, Gebhard: Homo Oeconomicus. Tübingen: J.C.B. Mohr . 1991.

Klafki, Wolfgang: Neue Studien zur Bildungstheorie und Didaktik. Zeitgemäße Allgemeinbildung und kritisch-konstruktive Didaktik. Weinheim und Basel: Beltz. 4. Aufl., 1994.

Lehmann, Jürgen; Gerds, Ivo: Merkmale von Umweltproblemen als Auslöser ökologischen Handelns. In: Eulefeld, Günter; Bolscho, Dietmar; Seybold, Hansjörg (Hrsg.): Umweltbewußtsein und Umwelterziehung. Ansätze und Ergebnisse empirischer Forschung. Kiel: IPN. 1991. S. 23-35.

Markl, Hubert: Die Dynamik des Lebens. Entfaltung und Begrenzung biologischer Populationen. In: Markl, Hubert (Hrsg.): Natur und Geschichte. München, Wien: Oldenbourg. 1983. S. 71-100.

Michelsen, Gerd: Bildungspolitische Instrumentarien einer dauerhaft-umweltgerechten Entwicklung. Stuttgart: Metzler-Poeschel. 1994.

Peccei, Aurelio: Zukunftschance Lernen. München: Goldmann. 1979.

Peters, Ulla: Im Westen nix Neues - oder doch? Zu den Möglichkeiten gesellschaftlicher Veränderung in einem sozial-ökologischen Sinne. In: Wechselwirkung, 76 (1995/96) 76, S. 15-19.

Reusswig, Fritz: Lebensstile und Ökologie. Gesellschaftliche Pluralisierung und alltagsökologische Entwicklung unter besonderer Berücksichtigung des Energiebereichs. Frankfurt/Main: Verl. für Interkulturelle Kommunikation. 1994.

Sachs, Wolfgang: Globale Umweltpolitik im Schatten des Entwicklungsdenkens. In: Sachs, Wolfgang (Hrsg.): Der Planet als Patient. Über die Widersprüche globaler Umweltpolitik. Berlin, Basel, Boston: Birkhäuser. 1994. S. 15-42.

Sachs, Wolfgang: Zählen oder Erzählen? Natur- und geisteswissenschaftliche Argumente in der Studie "Zukunftsfähiges Deutschland". In: Wechselwirkung, 17 (1996) 79, S. 21-25.

Scherhorn, Gerhard: Die Notwendigkeit der Selbstbestimmung. In: Politische Ökologie, 11 (1993) 33, S. 24-29.

Schreier, Helmut: Umweltproblematik und Lebensnähe im Unterricht. In: Die Grundschule, 12 (1980) 4, S. 156-160.

Struss, Dieter: Reisen in die Tiefe des Waldes. Die Geschichte der Bäume unter der Herrschaft des Menschen. München: Schönberger. 1986.

Van Dieren, Wouter: Mit der Natur rechnen. Der neue Club-of-Rome-Bericht. Basel: Birkhäuser. 1995.

Vorholz, Fritz: Die letzte Party. In: Die Zeit, Nr.42, 1995), S. 25.

Weizsäcker, Ernst-Ulrich von: Erdpolitik. Ökologische Realpolitik an der Schwelle zum Jahrhundert der Umwelt. 3., aktualisierte Auflage - nach dem Erdgipfel von Rio de Janeiro. Darmstadt: Wissenschaftliche Buchgesellschaft. 1992.

Weizsäcker, Ernst-Ulrich von; Lovins, Amory B.; Lovins, L. Hunter: Faktor vier. Doppelter Wohlstand - halbierter Naturverbrauch. der neue Bericht an den CLUB OF ROME. München: Droemer Knaur. 1995.

Wilson, Edward O.: "Wir werden einsam sein". In: DER SPIEGEL, 48, 1995.

Gesamtkonzept Umweltbildung

Umsetzungsstrategien für pädagogische Ansätze in der Sustainable Development-Debatte

Hans H. Wilhelmi

Ich gliedere meinen Beitrag in drei Abschnitte. Erstens werde ich den politischen Kontext aus Bundessicht schildern, zweitens werde ich auf konzeptionelle und theoretische Grundlagen hinweisen, die der Arbeit zugrunde liegen, drittens werde ich die Anlage des Gesamtkonzepts in einer Reihe von Punkten näher umreißen.

Politischer Kontext aus Bundessicht

Nicht alle werden sich erinnern, daß eine nationale Umweltschutzpolitik zu Anfang der 70er Jahre begonnen hat. Schon 1971 ist in einem Umweltprogramm der Bundesregierung die Forderung enthalten, „umweltbewußtes Verhalten muß als allgemeines Bildungsziel in die Lehrpläne aller Bildungsstufen aufgenommen werden“. Aber auch die internationalen Bezüge dürfen nicht vergessen werden. Ich denke vor allem an die Konferenzen der Vereinten Nationen in Stockholm 1972 und in Rio 1992 sowie der UNESCO 1977 in Tiflis und 1987 in Moskau.

Eine wirksame Politik zur Umweltbildung begann jedoch auf Bundesebene erst mit Jahr 1986. Im Jahr 1987 veröffentlichte das Bundesministerium für Bildung und Wissenschaft seine „Zukunftsaufgabe Umweltbildung“ und schlug in der Bund-Länder-Kommission für Bildungsplanung und Forschungsförderung vor, einen neuen Förderbereich „Umwelterziehung“ einzurichten. Hierfür wurde dann auch ein Kriterienkatalog entwickelt.

In den 90ern nahm sich auch die wissenschaftliche Politikberatung der Umweltbildung an. Dies geschah in der Stellungnahme des Wissenschaftsrats zum Stand der Umweltforschung 1994, im „Gutachten 1994“ des Sachverständigenrats für Umweltfragen und im Jahresgutachten des Wissenschaftlichen Beirats der Bundesregierung Globale Umweltveränderungen von 1995. Dies dürfte nicht zuletzt die Auswirkung der öffentlichen Debatte sein, die sich nach der Konferenz von Rio entzündet hat, zumal in der Agenda 21 in ihrem Kapitel 36 die Umweltbildung als Querschnittsaufgabe hervorgehoben wird.

In diesen Zusammenhang gehört denn auch der Beschluß des Deutschen Bundestags vom 23.6.1994. Er thematisiert „Umweltbildung und Umweltwissenschaften" und ist - ein seltener Fall - fraktionsübergreifend formuliert und gefaßt worden. Punkt 1 dieses Beschlusses sieht vor, daß die Bundesregierung gemeinsam mit den Ländern ein Gesamtkonzept Umweltbildung in die Beratungen der Bund-Länder-Kommission für Bildungsplanung und Forschungsförderung einbringen möge.

Parallele Aktivitäten zu dieser Arbeit sind auf Bundesebene:

- eine Neukonzeption der Umweltbildung im BMBF, sie ist inzwischen abgeschlossen
- ein Programm der Bundesregierung zur Umweltforschung; es wird im Frühjahr 1997 präsentiert werden
- ein Bericht der Bundesregierung an den Deutschen Bundestag zum Stand der Umweltbildung; er geht auf Punkt 10 des o.g. Beschlusses vom Juni 1994 zurück
- eine Antwort der Bundesregierung auf eine Große Anfrage der SPD-Fraktion zur Umweltbildung, die im Sommer 1996 eingebracht worden ist
- die Überarbeitung des Kriterienkatalogs der BLK zum nach wie vor gültigen Förderschwerpunkt Umwelterziehung.

Konzeptionelle und theoretische Grundlagen

Welche Dokumente, Konzepte, Erkenntnisse etc. betrachtet das BMBF als Grundlagen, die für die Erarbeitung des Gesamtkonzepts heranzuziehen sind?

Die wesentlichen Dokumente sind die Agenda 21 und die soeben genannten Stellungnahmen und Gutachten der wissenschaftlichen Politikberatung.

Daneben spielen Erkenntnisse eine Rolle, die aus Forschungs- und Gutachtenaufträgen des BMBF der letzten Zeit herrühren. Dabei denke ich vor allem an folgende Vorhaben, von denen die ersten drei allerdings noch fortlaufen:

- Umweltbewußtsein, Umwelthandeln, Werte und Wertewandel (Schorfheide-Chorin)
- Empirische Wirkungsstudie zur schulischen Umwelterziehung (IPN)
- Globales Lernen (Tübingen)

- Dimensionen der nachhaltigen Entwicklung
- Umweltbildung in anderen Ländern und Kontinenten: Stand und Erfahrungen des Auslandes

Von besonderer Bedeutung ist die „Evaluationsstudie“. Das frühere BMBW hatte 1994 den Auftrag an sechs Experten vergeben, alle bis dahin geförderten Vorhaben zur Umweltbildung, also primär Modellversuche und Forschungsvorhaben, gemeinsam auszuwerten. Es handelte sich um rund 100 Vorhaben. Diese Auswertung ist inzwischen abgeschlossen. Es liegt ein veröffentlichungsreifer Text vor. Im Februar 1997 soll die Studie im Springer-Verlag Berlin-Heidelberg erscheinen. Ich kann den Inhalt dieser umfangreichen Studie an dieser Stelle nicht näher schildern und benenne daher nur die Überschriften der wichtigsten Kapitel:

- Rahmenbedingungen (Umweltpolitik, Umweltbildung, Umweltbewußtsein)
- Stand der Ökologisierung des Bildungswesens
- Auswertung anhand inhaltlich-konzeptioneller Kriterien
- Auswertung im Hinblick auf Verbreitung und Anwendung
- Innovationseffekte
- Institutionelle Barrieren
- Bildungspolitische Empfehlungen.

Bei den Modellversuchen zur Umweltbildung ist ein erster Höhepunkt - jedenfalls quantitativ - offenbar überschritten. Einige noch laufende Vorhaben erweitern jedoch die Sicht der Dinge, z.B. Umweltbildung als Medium der Umweltgestaltung oder der Zusammenhang von Umwelt und Entwicklung.

Anlage des Gesamtkonzepts Umweltbildung

Mancher wird fragen, wozu ein solches Gesamtkonzept eigentlich gebraucht wird. Ich sehe drei Funktionen. Es muß ein Konzept geben, das auf allen staatlichen Ebenen Wirkungen auslöst und auf die Durchsetzung des von Rio und der Agenda 21 vorgegebenen Paradigmas der nachhaltigen Entwicklung zielt. Dieses Konzept dient dann als Referenzrahmen, um konkret beurteilen zu können, welche Vorhaben und Maßnahmen aller Art zur Verwirklichung der Paradigmas beitragen und welche nicht. Nicht zuletzt kann das Gesamtkonzept dazu genutzt werden, die bisher sichtbar gewordenen Defizite der Umweltbildung aufzugreifen und durch bessere Lösungen zu überwinden.

Damit ist schon die Frage weitgehend beantwortet, an wen sich das Konzept denn richten soll. Adressaten sind alle Ebenen der Bildungsverwaltung und alle Bildungseinrichtungen.

Besteht Klarheit in der Terminologie? Das ist bisher nicht unbedingt der Fall. Der einfache Begriff „Umweltbildung" reicht wohl nicht mehr aus. „Bildung für nachhaltige umweltgerechte Entwicklung" ist etwas umständlich. Vielleicht müßte es heißen „Bildung für Nachhaltigkeit". In diesem Sinne setzt sich im Ausland schon der Begriff Education for Sustainable Development (ESD) durch. Es ist leider nicht ganz einfach, die maßgeblichen Dimensionen der nachhaltigen umweltgerechten Entwicklung in einem Begriff einzufangen, nämlich die ökonomische, die ökologische, die soziale und die kulturelle Dimension.

Die Pädagogen interessiert verständlicherweise vor allem, welche didaktischen Ziele und Prinzipien in diesem Gesamtkonzept niedergelegt werden. Hierzu hat Herr Reißmann ausführlich vorgetragen. Ich verweise insofern auf seinen Beitrag. Was das Gesamtkonzept allerdings leisten muß, ist die Konkretisierung für die einzelnen Stufen des Bildungssystems, also für den Elementarbereich mit den Kindertagesstätten, für den Primar- und Sekundarbereich mit den Schulen aller Art, für die berufliche Bildung im dualen System von Schule und Betrieb, für die Hochschulen und für die Weiterbildung. Hierbei ist jeweils die Qualifizierung des lehrenden Personals mit zu bedenken.

Ein letztes Kapitel des Gesamtkonzepts wird sich mit Maßnahmen zur Innovation und zur Vernetzung befassen müssen. Es gilt, Kooperationen im nationalen wie internationalen Rahmen zur fördern und zu stärken. Es gilt ferner, die Infrastruktur auszubauen und zu sichern. Es wird notwendig sein, von Anfang an Strukturen der Evaluation der künftigen „Bildung für Nachhaltigkeit" vorzusehen. Und nicht zuletzt wird es darauf ankommen, die neuen Medien bis hin zum Internet für die Umsetzung des Gesamtkonzepts dauerhaft nutzbar zu machen.

Insgesamt handelt es sich also um ein recht anspruchsvolles Vorhaben, das die Fähigkeit zur Kooperation zwischen Bund und Ländern auf eine ernsthafte Probe stellt. Viel Zeit ist nicht mehr verfügbar. Der Entwurf des Gesamtkonzepts soll im Frühjahr 1997 in die BLK eingebracht werden. Wann er von der Kommission verabschiedet werden wird, das ist heute nicht vorherzusagen.

Umweltbildung und „dauerhaft-umweltgerechte Entwicklung“ im internationalen Zusammenhang Zum Stand in ausgewählten Ländern[1]

Gerd Michelsen

1. Umweltbildung international

Auf internationaler Ebene spielt Umweltbildung seit 1970 eine Rolle. Seitdem haben eine Reihe internationaler Konferenzen stattgefunden, die mit dem Ziel durchgeführt wurden, Umweltbildung in verschiedenen Bildungsbereichen zu etablieren. Eine Verzahnung von Umweltbildung mit der „Sustainable Development-Idee“ wurde auf der Weltumweltkonferenz in Rio de Janeiro 1992 vorgenommen. Dies hat in der Agenda 21 ihren Niederschlag gefunden, wobei insbesondere im Kapitel 36 die Frage „Bildung, öffentliches Bewußtseins und Ausbildung“ thematisiert wird.

Die zuvor stattgefundenen Bildungskonferenzen wurden meist von der UNESCO initiiert. Zu erwähnen sind u.a. die Tagungen von Nevada (1970), Stockholm (1972), Belgrad (1975), Tiflis (1976) und Moskau (1987). Auf der Nevada-Konferenz wurde folgende Definition von Umweltbildung eingeführt:

„Environmental education is the process of recognising values and clarifying concepts in order to develop skills and attitudes necessary to understand and appreciate the inter-relatedness among man, his culture, his biological surroundings. Environmental education also entails practice in decision-making and self-formulation of a code of behaviour about issues concerning environmental quality.“

Danach wird Umweltbildung als ein Prozeß verstanden, Werte zu erkennen und Begriffe zu klären, um Fertigkeiten und Einstellungen zu entwickeln, die nötig sind, um die Wechselbeziehungen zwischen dem Menschen, seiner Kultur und seiner natürlichen Umwelt verstehen und schätzen zu können. Umweltbildung erfordert weiterhin auch praktische Erfahrungen im

---

1 Grundlage dieses Beitrags bildet eine Untersuchung, die an der Universität Lüneburg durchgeführt wurde: „Umweltbildung in anderen Ländern und Kontinenten - Auswertung einer schriftlichen Umfrage in ausgewählten Ländern unter Berücksichtigung weiterer Unterlagen“, im Auftrag der BMBF (1996). Die Arbeit enthält umfangreiche Literaturhinweise zur Umweltbildung in den betrachteten Ländern. Die Liste kann angefordert werden.

Treffen von Entscheidungen und in der Selbstfindung von Verhaltensweisen in Bezug auf Fragen, die die Umweltqualität betreffen. Das war 1970.

Wie und wohin hat sich Umweltbildung im internationalen Vergleich in den letzten Jahren und besonders nach der Umweltkonferenz von Rio entwickelt? Hat die Idee des Sustainable Development Einzug in die Umwelt- und Bildungspolitik gehalten? Welche staatlichen Bemühungen gibt es in diesem Bereich, und welche Rolle spielen die nichtstaatlichen Organisationen?

Die folgenden Ausführungen basieren auf einer Kurzerhebung bei Deutschen Botschaften in ausgewählten Ländern, um erste Informationen zum Stand und zu den Perspektiven der Umweltbildung in verschiedenen Ländern einzuholen. Dabei wurden folgende Aspekte berücksichtigt: Rechtliche Rahmenbedingungen sowie staatliche Programme, Pläne und Aktivitäten zur Umweltbildung, Aktivitäten von nationalen und internationalen Nichtregierungsorganisationen (NRO) in dem jeweiligen Land im Bereich Umweltbildung, die Kooperationen zwischen staatlichen Institutionen und NRO sowie das Vorhandensein von Initiativen zur Umsetzung des Konzepts der nachhaltigen Entwicklung im Bildungsbereich speziell seit der UNCED-Konferenz in Rio de Janeiro 1992.

Die Auswertung der Informationen aus der Botschaftenumfrage konzentrierte sich zunächst auf die schriftlichen Angaben der Botschaften und auf die Sichtung der verschiedenen von ihnen zusammengetragenen und zur Verfügung gestellten Materialien. Zusätzlich wurden weitere Informationen aus den Ländern und über die Länder hinzugezogen, so daß sich ein etwas vollständigeres Bild über die Umweltbildungsaktivitäten in jedem der befragten Länder ergab. In einem weiteren Schritt wurden internationale und vorrangig deutsche Umwelt- und Entwicklungsorganisationen um Informationen zu ihrem Engagement in den betreffenden Ländern gebeten, um in diesem Zusammenhang die Rolle der nichtstaatlichen Organisationen für Umweltaktivitäten und besonders für die Umweltbildung einschätzen zu können. Nachfolgend werden einige Ergebnisse und Einschätzungen zur Auswertung der verschiedenen Informationen vorgestellt.

2. Einige Ergebnisse in der Zusammenfassung

Bei den rechtlichen Rahmenbedingungen zur Umweltbildung ist festzustellen, daß in der Umwelt- wie auch der Bildungsgesetzgebung in der Mehrzahl der Länder Hinweise auf den Bereich Umweltbildung zu finden sind. Vielfach hat es jedoch den Anschein, daß gerade bei sehr ausgefeilten rechtlichen Rahmensetzungen die Umsetzung diesen Vorgaben nur selten gerecht werden kann. Dies ist häufig bei den jüngeren Staaten festzustellen, deren gesamte Gesetzgebung im Entstehen begriffen oder erst in letzter Zeit entstanden ist.

Diese Situation ist an einem konkreten Beispiel zu verdeutlichen: Im November 1994 wurde die erste regionale Nachfolgekonferenz nach Rio für den Mittelmeerraum in Tunesien abgehalten. Hierzu wurde von tunesischer Seite in einer Zusammenfassung der tunesischen Umweltstrategie auch die Bedeutung der Umweltbildung hervorgehoben. Mit Hilfe von Umweltbildung die Bürger zu aktiven Teilnehmern beim Schutz der Umwelt zu machen, ist eines der fünf Hauptziele der tunesischen Umweltstrategie. Dazu wurde ein eigener Bericht erstellt, der Vorgehen, Programme und Umsetzung der wichtigsten Umweltbildungsaktivitäten enthält.

In der Regel am weitesten auch in ihrer Umsetzung sind die rechtlichen Rahmenbedingungen bisher in den entwickelten Industrienationen fortgeschritten - dort werden in den Programmen neben dem schulischen Bereich häufig auch explizit die außerschulische und berufliche Umweltbildung angesprochen -, während in den Entwicklungsländern vorrangig der schulische Bereich thematisiert wird. Was diese staatlichen Pläne und Programme zur Umweltbildung betrifft, ist auffällig, daß seit der Rio-Konferenz in einigen Staaten, insbesondere in den Entwicklungsländern, neue Aktivitäten bzw. überhaupt erste Aktivitäten entstanden sind. Die Philippinen sind zum Beispiel eines der wenigen asiatischen Länder, in denen ein spezieller Aktionsplan für Umwelterziehung existiert. 1992 wurde hier ein nationaler Umwelterziehungs-Aktionsplan aufgestellt, in dem die Schwerpunkte der Agenda 21 die Richtung für Maßnahmen vorgeben. Auch eine Reihe von Industriestaaten haben Anregungen der Umweltkonferenz in ihren Richtlinien berücksichtigt.

Das Engagement von Nichtregierungsorganisationen (NRO) im Umweltschutz allgemein und besonders in der Umweltbildung ist in den einzelnen Ländern unterschiedlich ausgeprägt. Insgesamt wird aber aus den Aktivitäten der NRO deutlich, daß sich eine Reihe unterschiedlichster Organisationen im Bereich Umweltbildung engagiert. Es ist auch festzustellen, daß die Bildungsinitiativen der NRO in der Regel stärker handlungsorientiert, kooperativ und partizipativ angelegt sind. Es hat sich herauskristallisiert, daß das Engagement von unabhängigen NRO in eher föderal strukturierten Staaten größer ist als in stärker zentral ausgerichteten Ländern.

Es läßt sich die folgende Tendenz ablesen: je höher das Niveau der Umweltbildung in den einzelnen Ländern, desto höher ist in der Regel auch das Engagement von NRO in diesem Bereich. Es ist auch zu erkennen, daß besonders in den Ländern, die weniger entwickelt sind und in der Umweltbildung kaum Aktivitäten entfalten, Bildungsinitiativen von NRO häufig mit internationaler Unterstützung entstehen und manchmal nur von diesen am Leben erhalten werden. Als Beispiel kann die Arbeit der NRO in Kamerun dienen. Hier gibt es bisher kaum staatliche Unterstützung, und nur vereinzelt existieren Programme, die eine finanzielle Förderung aus dem Ausland erhalten. Das Umweltministerium bemüht sich allerdings vor allem im Rahmen der Erarbeitung eines nationalen Umweltplans um eine Zusammenarbeit mit nichtstaatlichen Organisationen, die insbesondere auf dem Gebiet der Förderung des Umweltbewußtseins arbeiten. Bei solchen Projekten ist dann meist vorrangig die lokale oder regionale Verankerung der Arbeit von Bedeutung, wobei versucht wird, die Bevölkerung aus ihrer Lebenswelt direkt in die jeweiligen Projekte einzubinden. Hier spielen dann auch Aspekte wie Partizipation und Handlungsorientierung eine besondere Rolle.

Ein weiterer Punkt betrifft die Zusammenarbeit zwischen staatlichen und nichtstaatlichen Einrichtungen. Auch hier zeigt sich erwartungsgemäß kein einheitliches Bild: Einerseits ist festzustellen, daß eine solche Zusammenarbeit in den entwickelten Ländern durchaus stattfindet, daß aber diese Kooperationen häufig wenig systematisch und geplant vonstatten gehen. Andererseits wird gerade in den sich entwickelnden Ländern von staatlichen Einrichtungen die Kooperation mit den NRO gesucht. Da die NRO in diesen Ländern vielfach in den internationalen Kontext eingebunden sind, liegt die Vermutung nahe, daß sich die kooperationswilligen staatlichen Organisationen auf diese Weise zusätzliche Ressourcen erschließen wollen. Auch die Kooperation der nichtstaatlichen Organisationen untereinander befinden sich in zahlreichen Ländern noch im Anfangsstadium. In Ghana gibt es beispielsweise etwa 300 NRO, von denen viele den Umweltschutz zu ihrer Aufgabe gemacht haben. Einige sind über eine zentrale Organisation und Netzwerke überregional miteinander verbunden. Eine organisierte Zusammenarbeit zwischen NRO und staatlichen Stellen im Umwelterziehungsbereich gibt es allerdings bislang nur ansatzweise.

Hinsichtlich der Bereitstellung von Arbeitsmaterialien für die Umweltbildung - etwa Geräte oder Handreichungen - ist ein deutliches Gefälle zwischen entwickelten und sich entwickelnden Staaten festzustellen. Während in den hochentwickelten Ländern eine kaum zu überblickende Anzahl und Vielfalt an Literatur, Arbeitsgeräten und -materialien für die Umweltbildung zur Verfügung steht, können entsprechende Materialien in den Entwicklungsländern häufig nur mit Unterstützung z.B. von Entwicklungshilfeorganisationen bereitgestellt werden. Dies geschieht in der Regel projektbezogen, da so am ehesten gewährleistet ist, daß die entsprechenden Materialien auch am Zielort ankommen und dort ihren Einsatz finden. Auf diese Weise können nicht selten auch bestimmte Adressaten, etwa die Kooperationspartner, bereits bei der Erarbeitung der Lehrmaterialien einbezogen werden können.

3. Zum Stand der Umweltbildung in ausgewählten Ländern

Die Bewertung der Ergebnisse zum Stand der Umweltbildung erfolgt tabellarisch, wobei die unterschiedlichen Niveaus von Aktivitäten im Umweltbildungsbereich abgebildet werden. Der Bewertungen bewegen sich von einem fortgeschrittenen (+++) über ein mittleres Niveau der Umweltbildung sowohl im staatlichen wie im nichtstaatlichen Bereich (++) über die Stufe mit einem beginnenden Engagement in der Umweltbildung (Konzepte liegen vor, sollen in der nächsten Zeit umgesetzt werden) (+) bis hin zu einem eher begrenztem Engagement in diesem Bereich (+/-).

Land	+++	++	+	+/-
Europa				
Dänemark				
Finnland				
Frankreich				
Großbritannien				
Italien				
Niederlande				
Norwegen				
Polen				
Rumänien				
Rußland				
Schweden				
Spanien				
Ukraine				
Nordamerika				
Kanada				
USA				
Mittel-/Südamerika				
Argentinien				
Brasilien				
Chile				
Costa Rica				
Mexiko				
Nicaragua				
Peru				

Afrika				
Agypten			█	░
Gabun				█
Ghana				█
Kamerun				█
Kenia			█	░
Nigeria			░	█
Südafrika		░	█	
Sudan			░	█
Tunesien			█	░
Zimbabwe			░	█
Asien				
China		█	░	
Indien		█	░	
Indonesien			█	░
Japan	░	█		
Korea		█		
Malaysia			█	░
Philippinen			█	░
Ozeanien				
Australien		█		
Neuseeland		█		

Tab. 1: Stand der Umweltbildung in den ausgewählten Ländern

Erläuterung der Bewertung:

+++ fortgeschrittenes Niveau von UB im staatlichen und nichtstaatlichen Bereich

++ mittleres Niveau im staatlichen und nichtstaatlichen Bereich

\+ Engagement in UB in den Anfängen; Konzepte liegen vor, sollen in der nächsten Zeit umgesetzt werden

+/- begrenztes Engagement

Zelle dunkel = aktueller Stand; Zelle hell = dieser Stand wird bald erreicht oder wurde gerade erst verlassen

Aus der Übersicht läßt sich folgendes Bild zeichnen: Die hochentwickelten Länder Europas, Nordamerikas und Ozeaniens sowie Japan und Korea entfalten die am weitesten fortgeschrittenen Aktivitäten in der Umweltbildung. Eine feinere Differenzierung zwischen den nord- und west-, und den zentral- und südeuropäischen Ländern, die eine etwas weniger ausgebaute Umweltbildung haben, erscheint angebracht, wobei genauer zu untersuchen wäre, ob diese Unterschiede z.B. mit dem jeweiligen Stand von Umweltbewußtseins in den entsprechenden Ländern oder auch mit deren ökonomischer Entwicklung korrespondieren. Augenfällig ist weiterhin, daß besonders die noch jungen osteuropäischen „Transformationsstaaten“ deutlich weniger Umweltbildungsaktivitäten entfalten als alle anderen europäischen Staaten.

Für den asiatischen Raum zeigt sich, daß sich die Umweltbildung in den einzelnen Ländern auf einem uneinheitlichen Niveau befindet. Einige Länder sind weiter fortgeschritten, andere wiederum haben gerade das Anfangsstadium überwunden: sogenannte Schwellenländer, wozu u.a. China, Indien, Korea oder auch Malaysia zu rechnen sind, scheinen auch einen neuen „Schub“ in der Umweltbildung zu entfachen. Hier ist der Zusammenhang von wirtschaftlicher Entwicklung, der Entstehung von Umweltbewußtsein und dem Entwicklungsstand der Umweltbildung auffallend, wobei eine genauere Analyse dieser Verknüpfung interessant wäre.

Aus der Situation in den mittel- und südamerikanischen Staaten läßt sich ein gewisser Aufbruch in der Umweltbildung ablesen; zumindest sind konzeptionelle Ansätze erkennbar, die darauf hindeuten, daß Umweltbildung als ein Bestandteil von Umweltpolitik verstanden wird. Allerdings wird auch deutlich, daß ein stärkeres Engagement in der Umweltbildung vor allem in den südamerikanischen Schwellenländern, aber auch in den mittelamerikanischen Ländern wohl nur mit Unterstützung von außen möglich sein wird. Es ist gerade hier ganz offensichtlich, daß projektbezogene Hilfe auf sehr fruchtbaren Boden fallen würde. Sinnvoll scheint es daher zu überlegen, ob in der entwicklungsbezogenen Projektarbeit verstärkt Initiativen, in denen Umweltbildung eine Rolle spielt, zu unterstützen sind, oder ob grundsätzlich gar alle Entwicklungsvorhaben, die im weitesten Sinne auch die Umwelt betreffen, nur noch unter einer expliziten Einbeziehung von Umweltbildung zu fördern sind.

Am schwierigsten stellt sich die Situation auf dem afrikanischen Kontinent dar: mit Ausnahme von Südafrika und in Ansätzen einiger nordafrikanischer Länder scheint Umweltbildung von staatlicher Seite eine nachgeordnete Rolle zu spielen, und auch in diesen genannten Ländern genießt die Umweltbildung keine höchste Priorität. Auch wenn die These „je ärmer ein Land, desto weniger wichtig ist der Umweltschutz“ nicht grundsätzlich Bestätigung findet, ins Auge springt zumindest die Tatsache, daß der Stand der Umweltbildung in den afrikanischen Ländern allgemein nicht sehr hoch ist und in der Regel nur in Form von entwicklungspolitischer Projektarbeit und damit mit massiver Unterstützung von außen stattfindet. Allerdings haben einige Länder nach der Rio-Konferenz Aktivitäten im Umweltschutz und der Umweltbildung zumindest auf der programmatischen Ebene entfaltet und dabei auch den Anspruch von „sustainable development" formuliert. Es sind allerdings Zweifel zu äußern, ob diese Programme und Konzepte ohne fremde Hilfe auch tatsächlich realisiert werden können. Aus eigener Kraft erscheint dies momentan kaum möglich.

Auch eine noch so vorsichtige Einschätzung der Informationen zu Stand und Perspektiven der Umweltbildung in den untersuchten Ländern zeigt letztlich, daß auch und gerade in der Umweltbildung ein deutliches Gefälle zwischen hochentwickelten und sich entwickelnden Ländern besteht. Auch die Verknüpfung von ökonomischer Entwicklung, Umweltbewußtsein und Umweltbildung erscheint offensichtlich, wobei hier u.a. den Thesen von R. Inglehart zum Wertewandel und seine dazu angestellten Untersuchungen oder auch dem Maslowschen Überlegungen zur Bedürfnisentwicklung nachzugehen wäre. Daß in der genannten Verknüpfung auch länderspezifische, kulturelle oder politische Besonderheiten eine Rolle spielen, versteht sich von selbst. Sie müßten natürlich bei einer differenzierten Analyse eine entsprechende Berücksichtigung finden.

4. Umweltbildung in Projekten unterschiedlicher Organisationen

Im Rahmen der Arbeit über Umweltbildungsaktivitäten in ausgewählten Ländern ist weiterhin von Interesse, in welchem Rahmen internationale und deutsche Organisationen Initiativen im Umweltbildungsbereich, etwa im Zuge der Entwicklungsarbeit, in diesen Ländern entfalten. Hierzu wurde eine Auswahl von überwiegend deutschen Organisationen um Informationen zu ihrem Tätigkeitsbereich gebeten. Die Bandbreite der befragten Organisationen erstreckt sich von Umwelt- und Naturschutzorganisationen über Entwicklungshilfeorganisationen, Kirchen mit ihren karitativen Organisationen und Stiftungen bis hin zu staatlichen Organisationen, die offiziell für den Bereich „Umwelt und Entwicklung" zuständig sind. Dabei zeigt sich, daß bei der Mehrzahl der Organisationen der Umweltgedanke in den von ihnen betriebenen oder unterstützten Projekten im Ausland eine Rolle spielt. Es zeigt sich außerdem, daß der Schwerpunkt der Aktivitäten deutscher Organisationen in den Ländern Afrikas und Lateinamerikas liegt. Umweltbildung hat hier in verschiedenen Ausprägungen und auf verschiedenen Ebenen - auf offizieller und institutioneller Ebene ebenso wie in einzelnen Projekten kleiner, nur einen niedrigen Organisationsgrad aufweisenden NRO auf lokaler Ebene - Einzug in die Projekte gehalten. Sie scheint generell mehr Gewicht in Entwicklungshilfeprojekten zu erhalten. Es erscheint daher sehr sinnvoll, die Rolle der Umweltbildung in der Entwicklungszusammenarbeit in weiteren Vorhaben näher zu spezifizieren.

In einem Überblick zeigt Tabelle 2 alle ausgewählten Organisationen, die in der einen oder anderen Form Aktivitäten im Umweltschutz und in der Umweltbildung im Ausland betreiben. Im Anschluß erfolgt eine kurze Beschreibung beispielhafter Projekte, in denen Umweltbildung unterschiedlich gewichtet ist. Ohne auf feinere Abstufungen eingehen zu können, erfolgte unter Zugrundelegung der vorhandenen Materialien und Informationen eine dreistufige Bewertung der Projekte: Projekte, in denen der Aspekt Umweltbildung anderen Zielen untergeordnet ist (A), Projekte, in denen der Aspekt Umweltbildung anderen Zielen gleichgewichtet ist (B) und schließlich Projekte, in denen die Umweltbildung als Ziel genannt wird (C). Die meisten der befragten Organisationen führen im Ausland mehrere Projekte mit Umweltbezug durch, so daß nicht selten eine Organisation mit ihren verschiedenen Projekten in mehr als einer der drei Kategorien Aktivitäten entfaltet. Um einen Eindruck über die sehr verschiedenen Vorhaben, in denen der Bereich Umweltbildung jeweils seinen ganz speziellen Stellenwert hat, zu bekommen, werden exemplarisch verschiedene Projekte mit unterschiedlichen Umweltbildungskomponenten kurz charakterisiert.

Name der Organisation	**Umweltbildung**			**Organisation aktiv in**						
	hat Priorität	ist Teilziel	ist untergeordnet	Afrika	Asien	Australien	Europa	Nordamerika	Lateinamerika	"Entwicklungsländer"*
Arbeitsgemeinschaft Regenwald und Artenschutz e.V. (ARA)		X							X	
Ausschuß für entwicklungsbezogene Bildung und Publizistik (ABP)			X	X	X				X	
Brot für die Welt		X	X	X	X				X	
Bund der deutschen katholischen Jugend		X	X							X
Bundeskongreß entwicklungspolitischer Aktionsgruppen (BUKO)		X	X	X	X				X	
Bundesministerium f. wirtschaftliche Zusammenarbeit u. Entwicklung			X							X
Bündnis entwicklungspolitischer Initiativen in Schleswig-Holstein	X	X	X							X
Bund für Umwelt und Naturschutz Deutschland e.V.		X	X				X		X	
Deutsche Gesellschaft für technische Zusammenarbeit (GTZ)		X	X	X	X					
Deutsche Stiftung für internationale Entwicklung (DSE)		X	X	X	X				X	
Deutsche Gesellschaft für Umweltbildung e.V. (DGU)	X						X			
Deutsche Welthungerhilfe e.V.		X	X	X	X				X	
Deutscher Entwicklungsdienst (DED)		X	X	X	X				X	

Eine Welt Netzwerk Hamburg	X	X	X	X	X				X	
Forum Umwelt & Entwicklung	X	X	X	X	X		X	X	X	
Friedrich-Ebert-Stiftung			X	X	X	X	X	X	X	
Friedrich-Naumann-Stiftung			X	X	X		X	X	X	
Gesellschaft für bedrohte Völker		X	X	X		X	X	X	X	
Greenpeace e.V.	X		X				X			
Heinrich-Böll-Stiftung	X	X		X	X		X		X	
Kirchlicher Entwicklungsdienst		X	X							X
Klima-Bündnis e.V.		X					X		X	
Kommission der Europäischen Gesellschaften		X	X	X	X				X	
Konrad-Adenauer-Stiftung e.V.	X	X	X							X
Misereor		X	X	X	X				X	
Naturschutzbund Deutschland			X						X	
Project Sustainable Europe	X						X			
Regenwälder Kampagne		X	X	X			X			
Rettet den Regenwald e.V.		X	X	X	X				X	
Stiftung Europäisches Naturerbe (Euronatur)		X	X	X			X			
Terre des Hommes				X					X	X
The International Council for Lokal Environmental Initiatives	X	X		X	X		X	X		
Unesco-Institut für Pädagogik, Hamburg			X	X						
Verein z.Förder. entwicklungspol. Init.u.Entwicklungszus.i.Nds. e.V.	X	X	X							
World Wide Found for Nature (WWF) Deutschland		X	X				X			
World Wide Found for Nature (WWF) International	X	X	X	X	X	X	X	X	X	
* = Angabe „Entwicklungsländer“ nicht weiter differenziert										

Tab. 2: Aktivitäten ausgesuchter Organisationen im Ausland zur Umweltbildung

Als Beispielprojekt, in denen Aspekte der Umweltbildung anderen Zielen untergeordnet sind, sollen Vorhaben in Ghana und Brasilien erwähnt werden, die vom Deutschen Entwicklungsdienst (DED) durchgeführt werden.

Trotz nationaler und internationaler Bemühungen schwinden die Bestände des Primärurwaldes in der Regenwaldzone Ghanas weiter. Auch die traditionellen Brandrodungen und jährlich auftretende Buschfeuer in der Trokkenzeit tragen zu der Degradierung bei. Zusammen mit anderen Trägern versucht der DED, geschützte Waldbestände zu erhalten und Aufforstungsmaßnahmen voranzutreiben. Durch die Förderung einer angepaßten Landwirtschaft soll der Wald auch außerhalb geschützter Bestände erhalten werden. Die Bildungskomponente in dem Projekt dient dem Ziel der Walderhaltung, ihr kommt aber keine übergeordnete Bedeutung zu.

In Brasilien unterstützt der DED aktiv die Förderung der Bürgerbeteiligung bei der Stadtentwicklung, die Entwicklung von Konzeptionen zur Abfallentsorgung und die Berücksichtigung von Umweltbelangen in der Stadtplanung einer landesweit tätigen Beratungsinstitution für Kommunalverwaltungen. Der Aspekt Umweltbildung finden insofern Eingang in diese Projekte, als in umweltrelevanten Fragen Bürgerbeteiligung und eigenverantwortliche Mitbestimmung gefördert wird.

Als Vorhaben, in dem Umweltbildung mit anderen Projektzielen gleichgewichtet ist, kann das Regenwaldprojekt der „Arbeitsgemeinschaft Regenwald und Artenschutz e.V.“ (ARA) in Costa Rica gelten. Im Mittelpunkt dieses Projekts steht die Erhaltung eines Biosphärenreservats (La Amistad). Gleichzeitig soll durch Unterstützung und Wiedereinführung der traditionellen Landnutzungsmethoden die indianische Urbevölkerung gestärkt werden. Dabei spielt die Umweltbildung neben anderen wichtigen Maßnahmen eine tragende Rolle. Das Biospärenreservat, dessen Kernzone von einer Pufferzone aus Waldschutzgebieten und festgeschriebenen Lebensräumen für die Indianer umgeben ist, ist mehrfach bedroht: durch die Auflösung der traditionellen umweltschonenden Bewirtschaftungsformen in den Randzonen, durch den geplanten Abbau von Bodenschätzen, durch Straßenbau und durch geplante Staudämme. In Zusammenarbeit mit einer örtlichen Stiftung hat ARA folgende Projektziele formuliert: Umweltbildung in den Schulen; Aufbau von Baumschulen; Aufforstung von Wassereinzugsgebieten mit einheimischen Baumarten; Ernährungs- und Hygieneprogramm; Ausarbeitung von Managementplänen durch die Dorfbevölkerung.

Der Bereich Umweltbildung steht dabei gleichwertig neben anderen praktischen Maßnahmen. Es ist vorgesehen, in der Pufferzone in den Dorfschulen Umwelterziehungsprogramme durchzuführen. Zusammen mit Lehrern und Schülern sollen Unterrichtsmaterialien entwickelt werden, die allen Dorfbewohnern die Bedeutung der Wassereinzugsgebiete und ihrer nachhaltigen Bewirtschaftung verständlich machen und so den praktischen Prozeß wirkungsvoll unterstützen. Die Erfahrungen aus diesem Projekt sollen außerdem helfen, Umwelterziehung zu einem festen Bestandteil des Curriculums an den Schulen Costa Ricas zu machen.

Als Beispiel eines Projekts, in dem Umweltbildung vorrangiges Ziel ist, kann ein Vorhaben der Heinrich-Böll-Stiftung gelten, mit dem in Äthiopien eine nationale NRO bei der Gründung von Umweltclubs unterstützt werden soll. Im äthiopischen Bildungssystem sind gemeinsame Aktivitäten außerhalb der regulären Unterrichtsstunden weitverbreitet. Das Gelernte wird so in die Praxis umgesetzt. Die Heinrich-Böll-Stiftung unterstützt in diesem

Kontext die „Environment and Development Society of Ethiopia" bei ihrem Bemühen, in den Schulen Umweltclubs zu gründen. Zu diesem Zweck wurde eigens ein Programm entwickelt. Durch diese Clubs soll die Beschäftigung mit Ökologie an Schulen verankert werden. Dahinter steht die Überzeugung, daß nachhaltige Entwicklung nur durch entsprechende Bildung und Bewußtseinsentwicklung bei der jüngeren Generation möglich ist. Zwei Seminare in Äthiopien haben bereits erste Erfolge dokumentiert. Nach der Gründung von Umweltclubs wurden als erste Aktivitäten Exkursionen zu umliegenden Dörfern durchgeführt und zusammen mit der Bevölkerung Probleme Bodenerosion und Wasserverschmutzung analysiert und Handlungsmöglichkeiten diskutiert.

Die von der Heinrich-Böll-Stiftung unterstützte Organisation führt darüber hinaus weitere Aktivitäten zu Naturschutz und Entwicklungsfragen durch. Neben Schreib- und Malwettbewerben ist die Erstellung eines „Umweltclub-Pakets" in Vorbereitung, das Informationsmaterial und Geräte für ökologisch sinnvolle landwirtschaftliche Aktivitäten enthält.

5. Mögliche Konsequenzen

Die Praxis der Umweltbildung hängt heute in erster Linie von der jeweiligen Situation des Bildungssystems eines Landes ab. Ist ein Bildungssystem von grundlegenden strukturellen Problemen - wie unzureichender materieller Ausstattung oder ungenügender Aus- und Fortbildung des Lehrpersonals - bestimmt, was in Entwicklungsländern in der Regel der Fall ist, kommt der Umweltbildung meist eine nachgeordnete Rolle zu. Vor diesem Hintergrund stellen sich für die Weiterentwicklung von Umweltbildung in Entwicklungsländern drei grundlegende Fragen: Besteht ein gesellschaftliches und bildungspolitisches Interesse an Umweltbildung, können sich die formalen Bildungssysteme der Umweltbildung öffnen und sollte die Umweltbildung als kritisches Korrektiv zu gesellschaftlichen Entwicklungen nicht eher außerhalb des formalen Bildungssystems angesiedelt sein?

Hinter der ersten Frage steht das aus der internationalen Umweltpolitik bekannte Problem, daß in Entwicklungsländern der ökonomischen Entwicklung oberste Priorität eingeräumt wird, weil vorrangig hierin der Schlüssel zur Erlangung von Wohlstand gesehen wird. Beeinträchtigungen der Umwelt sind vorerst hinzunehmen, um sie anschließend, nach Erreichen eines gewissen technologischen Standards, durch technischen Umweltschutz soweit möglich zu beheben. Dieses Denken scheint heute vielfach auch die Integration von Umweltbildung im Rahmen staatlicher Bildungssysteme zu beeinflussen. Dazu kommt, daß Umweltbildung in Entwicklungsländern in der Regel nur dann wirkungsvoll sein kann, wenn sie für die Menschen in ihrem Alltag bedeutsam wird. Sie muß sich vor dem Hintergrund der Traditionen und Interessen der Betroffenen selbstbestimmt entwickeln können und darf nicht über die Bedürfnisse ihrer Zielgruppe hinweggehen.

Wie und wo kann Umweltbildung greifen? Ist hierzu das formale Bildungssystem geeignet? Das Bundesministerium für wirtschaftliche Zusammenarbeit (BMZ) hat 1992 ein „Sektorenkonzept" zur Förderung der Grundbildung in Entwicklungsländern verabschiedet. Darin gehört zur Grundbildung neben Rechnen, Schreiben und Lesen *„der Erwerb von Grundkenntnissen und -fertigkeiten, die Menschen brauchen, um ihre Lebensbedingungen zu verbessern und ihre Fähigkeiten zu entwickeln, und die sie in die Lage versetzen, die Entwicklung der Gesellschaften, denen sie angehören, zu verstehen und mitzugestalten. Dazu gehören auch die Motivation und Fähigkeit zur Selbsthilfe, zur Gestaltung der Umwelt und zum sorgfältigen Umgang mit natürlichen Ressourcen"*. Umweltbildung muß nach diesem Verständnis Teil der Grundbildung sein. Gerade in Entwicklungsländern ist die Grundschule der Bereich des staatlichen Bildungswesens, in dem die meisten Kinder und Jugendlichen elementare Fähigkeiten erwerben. In diesem Kontext kann auch die Lehreraus- und -weiterbildung im Bereich Umweltbildung einen besonderen Stellenwert einnehmen.

Ist es nicht Aufgabe von Umweltbildung, kritisch korrigierend auf gesellschaftliche Entwicklungen einzuwirken, und sollte sie daher nicht vielmehr außerhalb des formalen, also staatlichen Bildungswesens ihren Schwerpunkt haben? Im umweltpolitischen Zusammenhang kommt Nichtregierungsorganisationen (NRO) zweifelsohne eine wachsende Bedeutung zu. Ein wichtiger Grund hierfür dürfte sein, daß für diese „Kleinräumigkeit, Überschaubarkeit, lebensweltnahe Problemlagen" wichtige Eckpunkte von Umweltbildung sind, während sich der Schulstoff für die Lernenden häufig als lebensweltfern und abstrakt darstellt. Die Rolle von NRO hängt allerdings entscheidend von der gesellschaftlichen und politischen Situation eines Landes ab. Sie sind vom Umweltbewußtsein und -interesse im Umfeld ihrer Arbeit abhängig. Häufig arbeiten NRO und staatliche Bildungsinstitutionen Hand in Hand. Trotz prinzipieller Vorbehalte - etwa der Angst vor einer Vereinnahmung durch den Staat oder vor dem Verlust der Korrektivfunktion - erweist sich die Zusammenarbeit in vielen Bereichen als sehr fruchtbar.

Angesichts der Bedeutung von Umweltaspekten in Entwicklungsländern ist es sehr sinnvoll, Umweltbildung in möglichst viele Entwicklungshilfeprojekte zu integrieren. Dabei ist es wichtig, die bereits laufenden und die geplanten Aktivitäten in diesem Bereich sowohl von staatlichen wie von nichtstaatlichen Initiativen in Deutschland - und in einem zweiten Schritt in den anderen Industrieländern wie auch in Entwicklungsländern - zu koordinieren, um insgesamt effektiver in diesem Bereich zu arbeiten.

Bildungsaktivitäten finden in Entwicklungsländern im jeweiligen spezifischen Umfeld statt, das sich aus historischen, sozialen wie auch nicht zuletzt ökologischen Komponenten zusammensetzt. Umweltbildung muß sich daher immer auch mit diesen Kontexten auseinandersetzen. Ein wünschenwertes Ergebnis der Auseinandersetzung kann der Blick der Betroffenen für ihre Situation vor Ort und gleichzeitig die Erkenntnis ihres Eingebundenseins in globale Umweltzusammenhänge und -entwicklungen sein. Über die Prozesse der Umweltwahrnehmung in unterschiedlichen Kontexten liegen heute noch zu wenig gesicherte wissenschaftliche Erkenntnisse vor, die zur Fundierung von Umweltbildungsprojekten geeignet wären. Es besteht ein weitreichender Forschungsbedarf, der gerade auch im Zusammenhang internationaler Bildungsaktivitäten abzudecken wäre. In seinem jüngsten Gutachten (1996) „Herausforderung für die deutsche Wissenschaft" unterbreitet der Wissenschaftliche Beirat der Bundesregierung Globale Umweltveränderungen einige interessante Vorschläge, die für die Umweltbildungsforschung sehr anregend sind.

Von der Umweltbildung zur Bildung für nachhaltige Entwicklung

- Die Agenda 21 im deutschen Bildungssystem -

Norbert Reichel

Umweltbildung kann inzwischen auf eine Tradition von rund 20 Jahren zurückblicken. Der Begriff wurde in einer UNESCO-Konferenz in Tiflis 1977 geprägt. In Deutschland wurde der englische Begriff „Environmental Education“ unterschiedlich mit „Umwelterziehung“ und „Umweltbildung“ übersetzt. In Schulen bürgerte sich mit der Zeit „Umwelterziehung“ ein, während in anderen Bildungsbereichen vorwiegend „Umweltbildung“ verwandt wurde. Nebenbegriffe wie „ökologische Bildung“ oder „Ökopädagogik“ sollten darüber hinaus verschiedene inhaltliche Akzente setzen, beispielsweise im Hinblick auf für notwendig erachtete gesellschaftliche Reformen, doch konnten sich diese Begriffe lediglich in der theoretischen Debatte profilieren. Um den die Bildungsbereiche übergreifenden Anspruch zu verdeutlichen, wird im folgenden von Umweltbildung gesprochen.

1. Grundlagen der Umweltbildung in Deutschland

In den 80er Jahren erlebte Umweltbildung in Deutschland einen Aufschwung, der vielleicht nur von dem etwa gleichzeitigen Ausbau der informationstechnischen Grundbildung und der Informatik in Schulen übertroffen worden ist. Die Kultusminister der Länder erklärten sich am 17.10.1980 verbindlich zu den Aufgaben der Schule im Bereich der Umwelterziehung, die Bund-Länder-Kommission für Bildungsplanung und Forschungsförderung (BLK) schuf im April 1987 einen eigenen Förderbereich zur „Einziehung vom Umweltfragen in das Bildungswesen“, in dem mittlerweile rund 50 Modellversuche gefördert werden konnten. Der Hauptausschuß des Bundesinstituts für Berufsbildung nahm sich zweimal, 1988 und 1991, der Umweltbildung an und sorgte dafür, daß Umweltschutz heute eigenständiger Eckwert beim Prüfverfahren zur Zulassung neuer Ausbildungsordnungen ist. Auch die Europäischen Gemeinschaften formulierten in einer Entschließung vom 24. Mai 1988 (dies auf Anregung der damaligen deutschen Präsidentschaft) die Notwendigkeit, daß die Mitgliedstaaten zum Teil mit eigenen Maßnahmen, zum Teil mit Brüsseler Unterstützung Umweltbildung förderten.

Inzwischen wurde das gesellschaftliche Interesse an einer vorsorgenden Umweltpolitik auch in Rechtsvorschriften, Erklärungen und gezielt geförderten Modellvorhaben im Bildungsbereich dokumentiert. So wurde die Erziehung zum „Schutz der natürlichen Lebensgrundlagen“ Bestandteil mehrerer Landesverfassungen und Schulgesetze, beispielsweise in Nordrhein-Westfalen und Schleswig-Holstein. In der Umsetzung dieses Anspruchs gab es jedoch unterschiedliche Akzentsetzungen:

- Wer sich mit umweltpolitischen Maßnahmen im engeren Sinne auseinandersetzte, beispielsweise Umweltministerien und -verbände, forderte von der Umweltbildung unmittelbare Hilfe zur Umsetzung von Gesetzen und Verordnungen. Vollzugsdefizite sollten durch Aufklärung, Information und schließlich Bildung so thematisiert werden, daß Bürgerinnen und Bürger sich dann auch umweltgerecht, d.h. im Sinne der jeweiligen Gesetze und Verordnungen, verhielten. Angesetzt wurde in der Regel bei Bürgerinnen und Bürgern in ihrer Rolle als Verbraucherinnen und Verbraucher, aber auch Fragen eines umweltorientierten Managements wurden thematisiert. Die einzelnen Bildungsmaßnahmen wurden sozusagen „top-down“ definiert.

- Die in den 80er Jahren sich entwickelnden Umweltzentren der Umwelt- und Naturschutzverbände sowie einige Kommunen forderten die Mitwirkung der Umweltbildung beim aktiven Umwelt- und Naturschutz ein. Inzwischen gibt es in Deutschland rund 200 sogenannte Umweltzentren, die sich vor allem um die Förderung von Naturerleben, naturkundliche Exkursionen, Anregungen zur ökologischen Gartengestaltung etc. verdient gemacht haben. Einzelne Verbände und Zentren haben sich darüber hinaus auch mit gesellschaftlichen Zusammenhängen der Umweltpolitik befaßt und gemeinsam mit Bürgerinitiativen dafür gesorgt, daß Umweltthemen durch Umweltbildung auch in zumindest lokale umweltpolitische Entscheidungsprozesse eingebracht wurden. Insbesondere groß angelegte Aufklärungskampagnen von Greenpeace, WWF und anderen Großverbänden bewirkten eine eigene Infrastruktur, in der Gruppen von Jugendlichen, aber auch von Erwachsenen, überregional gemeinsame ökologische Ziele durch Umweltbildung verfolgten. Besonders erfolgreich waren die sogenannten „Greenteams“. Hier wurden Bildungsmaßnahmen vorwiegend „bottom-up“ definiert.

- Zu Beginn der 90er Jahre wurde zunehmend der eigenständige Wert von Umweltbildung im Kontext des Bildungs- und Erziehungsauftrags von Schulen und anderen Bildungseinrichtungen thematisiert. Die Zusammenhänge der Behandlung von Umweltfragen mit Werteerziehung, Erziehung zu sozialer Verantwortung, Gesundheitserziehung, schließlich auch der Beschäftigung mit Wirtschaftsfragen sollten durch Umweltbildung u.a. in ihre globalen Zusammenhänge gestellt werden. Damit einher ging die Forderung, Umweltbildung nicht nur in naturwissenschaftlichen Zusammenhängen zu verwirklichen, sondern auch sozialwissenschaftliche Kontexte einzubeziehen.

Diese drei Akzentuierungen führten oft zu mitunter heftigen Auseinandersetzungen zwischen denen, die sich der Umweltbildung verschrieben hatten. Während die einen vorwiegend auf Bewußtseinsbildung durch Aufklärung und Information setzten, sorgten sich andere vornehmlich um die Defizite von Jugendlichen und Erwachsenen bei ihrer Wahrnehmung und ihren Erlebnissen von und in Natur. Beide Gruppen handelten sich wiederum die Kritik ein, daß sie zu wenig die gesellschaftlichen Prozesse berücksichtigten, in denen sich Umweltpolitik vollziehe, womit sie entweder bei der Förderung nur scheinbar natürlicher, umgrenzter Räume (Biotope, Schulgärten, Umweltzentren) oder bei dem tatsächlichen Verhalten kaum beeinflussenden Appellen stehen blieben.

2. Der Erdgipfel in Rio und die Folgen

Seit 1992 hat Umweltbildung einen neuen Stellenwert erhalten. auf der Basis der beiden oben erstgenannten Ansätze wird der dritte zur notwendigen Synthese. Ausgangspunkt dieser Entwicklung war die Konferenz der Vereinten Nationen über Umwelt und Entwicklung (UNCED) in Rio de Janeiro vom 3. bis 14. Juni 1992. Das Schlußdokument dieser Konferenz, die „Agenda 21“, wurde von rund 180 Staaten, darunter auch Deutschland, unterzeichnet. Es gibt Stimmen, die - unbeschadet der schwierigen und schleppenden Umsetzung - die Agenda 21 für das wesentliche völkerrechtliche Dokument nach der Erklärung der Menschenrechte 1776 halten, und das mit international rechtsgültigem Charakter. Die Agenda enthält mit Kapitel 36 ein eigenes Aktionsprogramm für die Bereiche Bildung, Bewußtseinsbildung und Ausbildung (Education, Public awareness, Training).

Die Forderungen der Agenda 21 zum Bildungsbereich wurden in mehreren Folgekonferenzen, zuletzt in Kairo 1994 (Weltbevölkerung); Kopenhagen (Armut) und Peking (Frauen), beide 1995, Istanbul 1996 (Wohnen) und schließlich von der durch die UNCED eingesetzten Kommission für nachhaltige Entwicklung (CSD) in ihrer vierten Sitzung vom 18.04. bis 3.05.1996 in New York bestätigt und teilweise sogar konkretisierend ausgeweitet. 1977 befaßt sich die Sondergeneralversammlung der UNO voraussichtlich auf Regierungsebene mit einer Bestandsaufnahme zur Umsetzung der Agenda 21, d.h. auch mit Bildungsfragen.

Kern der New Yorker Beschlüsse von 1996 ist folgendes:

- Bildung kann die Implementation aller anderen Kapitel der Agenda 21 beeinflussen.
- Bildung umfaßt alle Strukturen formeller und nicht-formeller Bildung, einschließlich Fernunterricht, aber auch geeignete Aktivitäten gesellschaftlicher Gruppen (sogenannte major groups), d.h. Frauen, Jugend, Nicht-Regierungsorganisationen und andere, sowie Massenmedien und Werbeindustrie.
- Bildung knüpft daran an, daß sich die Lebensgewohnheiten der Menschen im Hinblick auf Konsum- und Produktionsweisen verändern müssen (sogenannter life-cycle approach, changes in unsustainable patterns of production and comsumption).
- Bildung muß „unten" ansetzten, d.h. vor allem bei den Organisationsformen, in denen Menschen vor Ort zusammenleben (bottom-up approach, local agenda).
- Die UNESCO wird als verantwortliche VN-Organisation (Task Manager) beauftragt, zur Sondergeneralversammlung der Vereinten Nationen 1997 einen Bericht vorzulegen, der wiederum folgende Elemente enthalten soll:
  - Maßnahmen des VN-Systems, der Regierungen und gesellschaftlichen Gruppen, die dringend gebeten sind, die Empfehlungen der Arbeitsprogramme aller größeren VN-Konferenzen und -Konventionen zur Umweltbildung umzusetzen.
  - Maßnahmen zur besseren Kooperation von UNESCO und Regierungen mit Nicht-Regierungsorganisationen sowie den für Bildung und Wissenschaft zuständigen Gruppen (educational and scientific communities).
  - Verknüpfung von Bildung mit Fragen der Bevölkerungsentwicklung, der Gesundheit, der Wirtschaft, der sozialen und menschlichen Entwicklung, von Frieden und Sicherheit.
  - Erfahrungsaustausch und Präsentation bester Praxis, insbesondere in Zusammenarbeit mit der lokalen Ebene.
  - Einrichten von neuen Partnerschaften zwischen Verantwortlichen in Bildung, Wissenschaft, Regierungen, Nicht-Regierungsorganisationen, Wirtschaft, Jugend, Medien und anderen gesellschaftlichen Gruppen.
  - Analyse der Investitionen der Bretton Woods-Institutionen (u.a. Weltbank, Internationaler Währungsfonds) im Hinblick auf ihre laufenden Investitionen in den Bildungsbereichen.

Zentrale und mit der vierten CSD unumstritten dokumentierte Botschaft von Kapitel 36 der Agenda 21 ist die Entwicklung der Umweltbildung zu einem wesentlichen Baustein einer Bildung für nachhaltige Entwicklung (Education for sustainable development). Umweltbildung soll sich somit in ein Gesamtkonzept einbetten, das dem Ethos der Nachhaltigkeit im Sinne der Agenda 21 folgt. Im internationalen Bereich, insbesondere bei VN-Organisationen, aber auch schon in der Europäischen Union und der OECD, geht der Begriff der Umweltbildung inzwischen nach und nach im Begriff einer Bildung für nachhaltige Entwicklung auf. Dies spiegelt sich auch in den Ergebnissen verschiedener von der Bundesregierung in Auftrag gegebenen Evaluationsstudien und Berichte zur Umweltbildung, insbesondere den vom Rat der Sachverständigen für Umweltfragen (RSU) 1994 und vom Wissenschaftlichen Beirat der Bundesregierung Globale Umweltfragen (WBGU) 1995 vorgelegten umfangreichen, alle umweltpolitischen Bereiche thematisierenden Dokumenten. Die Bundesregierung hat sich in einer gemeinsamen Presseerklärung des Ministers für Bildung, Wissenschaft, Forschung und Technologie, Herrn Jürgen Rüttgers, und der Ministerin für Umwelt, Naturschutz und Reaktorsicherheit, Frau Angela Merkel, vom 31.10.1995 weitgehend damit identifiziert: „Denn langfristig wird Umweltschutz nur funktionieren, wenn bestimmte Lebensweisen - und damit Wertvorstellungen - verändert werden. Damit wird Umweltbildung zu einem Faktor, der in nationaler und internationaler Umweltpolitik stärker beachtet werden muß. Entsprechend hat sich Herr Rüttgers auch 1997 in der der Umweltbildung gewidmeten Mai-Ausgabe der Zeitschrift „Politische Ökologie" geäußert.

3. „Die Wahrheit ist konkret" - „Zukunftsfähiges Deutschland"

Mit internationalen Vereinbarungen - dies hat bereits die Konferenz in Tiflis 1977 wirkungsvoll gezeigt - werden mittelfristig Entwicklungsprozesse in den Mitgliedstaaten internationaler Organisationen angestoßen. Die Konkretisierung findet jedoch in der Praxis statt. Zur Konkretisierung der inhaltlichen Seite der Agenda 21 haben Nicht-Regierungsorganisationen einen ersten bedeutsamen inhaltlichen Anstoß gegeben. Der Bund Umwelt und Naturschutz Deutschland (BUND) und das Hilfswerk der Katholischen Kirchen MISEREOR haben so im Anschluß an die Rio-Konferenz eine Studie mit dem Titel „Zukunftsfähiges Deutschland" beim von Ernst-Ulrich von Weizsäcker geleiteten Wuppertal-Institut für Klima, Umwelt und Energie in Auftrag gegeben (auch anderswo gibt es vergleichbare Studien: z.B. Sustainable Europe oder Sustainable Netherlands). Diese Studie hat acht Leitbilder formuliert, die zeigen, wie sich eine Gesellschaft zu einer nachhaltigen Gesellschaft, d.h. einer Gesellschaft, die es versteht, Umweltschäden von vornherein nach Möglichkeit zu vermeiden, entwickeln könnte. Die Leitbilder im einzelnen:

- Rechtes Maß für Raum und Zeit (Entschleunigung und Entflechtung, langsamere Geschwindigkeiten, kürzere Distanzen, Elektronik statt Verkehr),
- eine grüne Marktagenda (kein Grund zur Markteuphorie, der Markt: wo soll er gelten, und wo nicht, Markt und Zukunftsfähigkeit, offene und verdeckte Subventionen, Haftpflicht für Großrisiken, Wettbewerb im Dienste des Klimaschutzes: der Energiesektor, mit Steuern steuern),
- von linearen zu zyklischen Produktionsprozessen (unterschiedliche Zeitdimensionen von Ökonomie, Ökologie und Gesellschaft, Einstieg in eine zukunftsfähige Wirtschaftsweise, Stoff-Kreisläufe, Umweltmanagement und Wettbewerb, grüne Unternehmen, ökologische Produktpolitik),
- gut leben statt viel haben (zweideutiger Wertewandel, grüne Konsumenten, Überdruß am Überfluß, Wohlstand light, Zeitwohlstand statt Güterreichtum, Eleganz der Einfachheit),
- für eine lernfähige Infrastruktur (für bedarfsgerechte Dienstleistungen, das Versorgungsunternehmen von morgen und Aufgaben der öffentlichen Hand, sichere Energieversorgung mit weniger Kraftwerken, mobil mit weniger Straßen, Wohnen mit weniger Umweltverbrauch),
- Regeneration von Land und Forstwirtschaft (von den Städten als „Parasiten" zur Region als Lebensraum, von der Monokultur zurück zur Vielfalt ländlicher Räume, von der linearen Intensivproduktion zu organischen Kreisläufen, von der Produktion von Nahrungsrohstoffen zur Bereitstellung von gesunden Lebensmitteln),
- Stadt als Lebensraum (was eine Stadt braucht und verbraucht, städtische Eigenart schwindet, der Weg zur Stadt als lebenswerter Ort),
- internationale Gerechtigkeit und globale Partnerschaft (das eigene Haus in Ordnung bringen, den doppelten Standard aufheben, mehr Chancengleichheit herstellen, die Auswirkungen der ökologischen Erneuerung ausgleichen, Kooperation und gegenseitige Beratung suchen, globale Nachbarschaft - und wie sie entstehen kann),

Das Bundesministerium für Bildung, Wissenschaft, Forschung und Technologie hat 1995 eine Machbarkeitsstudie in Auftrag gegeben, um die Vermittlung dieser Ergebnisse im Bildungsbereich vorzubereiten. Die Studie knüpft u.a. bei den Ergebnissen einer Berliner Untersuchung zur Wirksamkeit von Umweltbildung an: „Wenn Fragen des Lebensstils eine so große Bedeutung haben, müssen sie auch in der Umweltbildung an die erste Stelle rücken. Das heißt, die Orientierung muß sich von der naturwissenschaftlichen Wissensvermittlung weg hin zum sozialwissenschaftlichen und pädagogischen Diskurs über Lebensstile verändern (de Haan/Kuckartz 1994). Anders gesagt: Menschen verhalten sich (noch) nicht auf Dauer umweltgerecht (sustainable, nachhaltig), wenn sie viel wissen, sondern in der Regel erst, wenn sie Bezüge zu und nach Möglichkeit Vorteile in ihren persönlichen Lebensgewohnheiten entdecken. Umweltbewußtsein ist somit nicht Voraussetzung, sondern Ergebnis von Umweltverhalten. Wesentlich für den Erfolg umweltfördernder Bildungsmaßnahmen ist somit die Gestaltung einer „ökologischen Alltagskultur", auch in den Bildungsinstitutionen selbst.

Wenn - so lautet die Botschaft - nachhaltige Entwicklung, d.h. eine Bildung, die befähigt, an Prozessen für eine nachhaltige Entwicklung mitzuwirken, das Ziel ist, dann muß das Lernen selbst erfahrbar nachhaltig, d.h. nicht in Einzelproportionen zergliedert, d.h. auf konkrete Wirkungen und Anwendungen des Gelernten hin orientiert gestaltet werden. Leitbilder, wie sie beispielsweise die Wuppertal-Studie vorgibt, könnten sich wie ein roter Faden durch Richtlinien, Lehrpläne und Unterrichtspraxis der verschiedenen Bildungsgänge ziehen. Dazu bedarf es nicht einmal einer großen Änderung von Lehrplänen und Richtlinien selbst, sondern vor allem einer veränderten Stoffauswahl sowie einer möglichst konkreten Verknüpfung globaler und lokaler Themen in der täglichen Praxis des Lehrens und Lernens. Dies heißt nichts anderes als daß auch global Themen so thematisiert werden sollten, daß sie für die Lernenden im Alltag erfahrbar werden und diese darüber hinaus selbsttätig Perspektiven zur Bewältigung der erfahrenen Problemlagen gestalten lernen.

4. Drei Beispiele

An einigen Begriffen aus der Agenda 21 und den Beschlüssen der vierten CSD soll im folgenden deutlich werden, wie die von der Wuppertal-Studie formulierten Leitbilder ganz konkret in Schulen, aber auch in anderen Bildungseinrichtungen, beispielsweise Volkshochschulen und Umweltzentren, erfahrbar werden können:

4.1 Life-cycle approach, changes in production and consumption patterns:

Globale Umweltthemen sind im Alltag überall erfahrbar, beispielsweise beim Kaffeegenuß, beim Fischverzehr, beim Spielzeugkauf und vielem mehr. Es können ganz einfache Themen wie beispielsweise der Kaffeepreis, der Transport des Kaffees, die Bezahlung derjenigen, die ihn pflükken, vertreiben etc., der Schadstoffgehalt im Fisch, die Praxis des Fischfangs, vielleicht auch in historischer Sicht vom Angeln zur Schleppnetzfischerei, die Materialien des Spielzeugs, sein Energieverbrauch oder auch die Frage von Quantität und Qualität relativ einfach für Schülerinnen und Schüler aufbereitet werden. Mit all diesen Dingen kommen Schülerinnen und Schüler im Alltag in Berührung, ohne daß sie sich dessen bewußt sind, daß ihr eigenes Konsumverhalten mit der wirtschaftlichen oder ökologischen Lage in anderen Ländern der Welt zusammenhängt.

Der einschlägige Fachbegriff ist die Produktlinienanalyse von Stoffkreisläufen. Dies bedeutet nicht mehr und nicht weniger, als daß man die Wege nachvollzieht, die ein Produkt, der Kaffee, der Fisch, das Spielzeug, nehmen, bis sie von Verbraucher und Verbraucherin konsumiert, verwendet und schließlich im Ganzen oder in Teilen entsorgt werden. Dabei wird beispielsweise Energie nicht nur bei der Herstellung und Verarbeitung verwendet, sondern dann beim Transport und allen weiteren Tätigkeiten, die Menschen mit diesen Dingen ausüben. So wird schnell deutlich, daß es große Unterschiede macht, was so alles mit dem Fisch auf seinem Weg vom Meer über Fischfang, Fischverarbeitung, Transport, Verzehr bis hin zu seiner eventuellen Rückkehr ins Meer, vielleicht auf dem Umweg über ein Kläranlage geschieht.

Die Auswertung der Produktlinienanalyse kann zu einer Kosten-Nutzen-Rechnung führen. Umweltverbrauch, Energieverbrauch etc. können jetzt beziffert werden. Verhaltensänderungen sollten konzipiert und im Hinblick auf ihre Durchführbarkeit diskutiert werden. Denn auch hier liegt wieder der Teufel im Detail. Vieles, was als notwendig für ein nachhaltiges Verhalten angesehen wird, läßt sich aufgrund verschiedenster Rahmenbedingungen nicht immer sofort in die Tat umsetzen. Aber grüne Marktagenda, gut leben statt viel haben oder Regeneration von Land und Landwirtschaft, nicht zuletzt internationale Gerechtigkeit und globale Nachbarschaft erscheinen als Leitbilder am Horizont von Lehren und Lernen.

4.2 Traditional knowledge:

Wenn wir von Wäldern reden, denken wir in erster Linie an den sauren Regen, der viele europäische Wälder zerstört. Wir denken auch an die Abholzung von Tropenwäldern und glauben, durch die Vermeidung des Kaufs von Tropenholzmöbeln bereits einen Beitrag zu leisten, daß diese Wälder erhalten bleiben. Ein thailändisches Projekt hat jedoch gezeigt, daß alle in Europa gängigen Maßnahmen für eine nachhaltige Forstbewirtschaftung in Entwicklungsländern wenig fruchten. Dort gibt es Menschen, denen man zeigen wollte, daß sie nur bestimmte Bäume für die direkte Nutzung fällen sollten, die aber diese in Industrieländern ausgedachte Praxis kaum annehmen wollten. Sie wußten immer schon, daß man nach Möglichkeit nur herabfallendes Holz aufzusammeln brauchte, um den bestehenden Bestand nicht zu gefährden. Und davon gab es genug.

Die Analyse solcher Erfahrungen, die in einschlägiger Fachliteratur, aber auch in Veröffentlichungen der Gesellschaft für technische Zusammenarbeit (GTZ) in Eschborn nachlesbar, möglicherweise über eine Schulpartnerschaft nachprüfbar sind, reicht schon für einen ersten Einstieg aus. Jetzt kann man darüber nachdenken, wie vielleicht Wälder früher in Europa aussahen und was Menschen taten, bis die heutigen europäischen Wälder wurden, was sie heute sind, nämlich fast ausschließlich Plantagen. Kontexte zwischen der Zucht von Rinderherden in Brasilien und dem Fleischverzehr in Industrieländern sowie der dadurch notwendigen Brandrodung werden deutlich. Man kann auch lernen, daß Brandrodung an sich nicht das Problem ist. Wenn ein Indianerstamm vor 200 Jahren durch Wanderlandbau weiterzog und dabei immer wieder Flächen rodete, konnte sich die Natur regenerieren. Die heutige Praxis des Holzeinschlags in Tropenwäldern wird dadurch problematisch, daß breite Straßen auf dem Weg zu den wenigen brauchbaren Bäumen geschlagen werden, auf denen dann Zehntausende, die keinen Landbesitz und daher auch keine Grundlage für eine gesicherte Ernährung haben, nachziehen, um Waldgebiete in Massen zu roden, die sie nach wenigen Jahren nicht mehr nutzen können, weil auf der nur noch vorhandenen dünnen Sandschicht, auf der die Tropenwälder wachsen, auf absehbare Zeit nichts mehr wachsen kann. Aber hier gibt es wiederum Wissen in den Entwicklungsländern um nachhaltige Landnutzung, das selbst Entwicklungsexperten und -expertinnen im Norden noch verschlossen ist. Und auch in Deutschland wissen vor allem ältere Menschen manches über umweltgerechtes Verhalten, was jüngere erste wieder lernen müssen. Der Zusammenhang mit den Leitbildern des „Zukunftsfähigen Deutschland“ wird deutlich.

4.3 Bottom-up approach, major groups, round tables:

Bereits kurz nach Vorliegen der Agenda 21 haben viele Kommunen damit begonnen, sogenannte „lokale Agenden“ zu gründen. Dies geht zurück auf Kapitel 28 der Agenda, in dem die Rolle der Gemeinschaften, in denen Menschen vor Ort zusammenleben, auf dem Weg zu einer nachhaltigen Entwicklung beschrieben sind. Ein wesentliches Instrument sind sogenannte „runde Tische“ (round tables), in denen sich Regierungsvertretungen und gesellschaftliche Gruppen (major groups) über die weitere Entwicklung verständigen sollen. Skeptiker werden zwar darauf hinweisen, daß die „runden Tische“ wiederum ein weiteres Gremium seien, das möglicherweise Verwaltungsprozesse unnötig aufhielte, doch weiß jeder, der sich mit der Organisation klassischer Verwaltung beschäftigt hat, wie notwendig es ist, daß neue effektive Kommunikationsprozesse zwischen Ressorts und gesellschaftlichen Gruppen auf allen Ebenen, lokal, regional und national, angestoßen werden. Beim Deutschen Städtetag gibt es bereits eine Koordinierungsstelle für „lokale Agenden".

Die Frage, die sich hier konkret für Bildungsinstitutionen, beispielsweise Schulen und Volkshochschulen stellt, zielt darauf ab, inwieweit diese selbst an solchen „lokalen Agenden" teilnehmen oder partizipieren könnten. Wesentliche Fortschritte haben hier Kommunen in Deutschland im Bereich der Energieversorgung gemacht. Es gibt inzwischen mehrere Städte, die - zum großen Teil Mitglied des internationalen Klimabündnisses (die deutsche Geschäftsstelle ist in Frankfurt am Main) - sich auf den Weg gemacht haben, Energiesparprojekte an Schulen zu entwickeln. Niedersachsen und Hamburg, teilweise auch Mecklenburg-Vorpommern und Schleswig-Holstein haben versucht, dies auch weitgehend zu systematisieren, doch sind vor allem die Kommunen die entscheidenden Auftraggeber von Projekten, in denen Schulen Energie sparen und von den eingesparten Mitteln auch einen Teil wiederum zurückerhalten sollen, damit sie in diesem Kontext erfahren können, welche positiven Konsequenzen Verhaltensänderungen haben. Umweltzentren könnten sich als Motor solcher entstehenden lokalen Agenden profilieren. Auch so werden Leitbilder wie eine grüne Marktagenda, Stadt als Lebensraum, von linearen zu zyklischen Produktionsprozessen, erfahrbar. Besonders erfolgreich sind solche Vorhaben, wenn die Lernenden auch an der Konzeption und der Umsetzung der Energiesparprojekte beteiligt werden.

Was Kommunen zu Energiesparplänen erreichen, läßt sich auch auf andere Umweltbereiche (Müll, Verkehr etc.) übertragen. Für den Erfolg ist es von Bedeutung, daß die beteiligten gesellschaftlichen Gruppen mit ihren jeweiligen Institutionen, d.h. auch Schulen und Jugendverbände, Möglichkeiten erhalten, sich ganz konkret zu äußern. Modellversuche in Neu-Brandenburg, Leipzig und Frankfurt am Main haben gezeigt, daß dies am ehesten gelingen kann, wenn Schulen sich im Verbund zusammentun, um gemeinsam das nach Lehrplänen und Richtlinien Mögliche mit lokal erfahrbaren Lernstoffen und Themen systematisch in den Unterricht zu integrieren und so nachhaltige Schulprogramme zu entwickeln. Schwierigkeiten machten diese Konzepte immer dann, wenn die Beteiligung von Schülerinnen und Schülern nicht durch konkrete Anreize sichergestellt werden konnte. In Ratingen soll dieser Webfehler im Konzept in einem weiteren vergleichbaren Modellversuch abgestellt werden.

5. Das Komplexitätsdilemma

Zumindest die heimlichen Lehrpläne aller Bildungseinrichtungen gehen von der Voraussetzung aus, daß das, was man lerne, auch in irgendeiner

Form von den Lernenden im Alltag in Handeln verwandelt werden könne. Zugrunde liegt in der Regel ein lineares Lernmodell.

Die Agenda 21 verlangt mehr. Wer sich daran gibt, ökologische und entwicklungspolitische Themen zu lehren oder zu lernen, gerät in ein Komplexitätsdilemma. Die Studie „Zukunftsfähiges Deutschland" weist darauf hin, daß die für Lehrende relativ leicht zugängliche Methode der Produktlinienanalyse auf der Basis von Stoffkreisläufen auf einem noch erheblich zu differenzierenden Reiz-Reaktions-Modell beruht. Die OECD hat mit ihrem Modell zur Ermittlung von Indikatoren umweltgerechter Entwicklung Vergleichbares vorgelegt: auf Druck (pressure) folgt eine Änderung im Zustand (state), was wiederum Reaktionen (response) hervorruft. Es genügt, den letzten Indikator (response) näher zu betrachten, um zu verstehen, wie vielschichtig ökologische und unökologische Handlungen sind.

Ein Beispiel: Deutschlands Energiesektor wird „zukunftsfähig". Schon viele Energieträger werden durch regenerative Energien ersetzt. Öl-Importe werden überflüssig. Ein relativ einfaches Szenario, das aber auch eine schwere Wirtschaftskrise in Nigeria bewirken könnte, denn 94 Prozent der Exporte dieses Landes sind Öl. Das ist noch kein Grund, einer energiepolitischen Wende hin zu regenerativen Energien in Industrieländern abzuschwören: Wer jedoch Folgewirkungen für andere bei seinen Planungen auf dem Weg zu einem nachhaltigen Land außer acht läßt, denkt und handelt weder komplex noch nachhaltig. Dasselbe gilt übrigens für internationale Folgewirkungen einer ökologischen Steuerreform.

Ein anderes Beispiel: Die Zahl der Leukämiefälle im Umfeld nuklearer Wiederaufbereitungsanlagen ist überproportional hoch. Dies ist nachweisbar. Eine Korrelation zwischen Krankheit und Standort ist wissenschaftlich jedoch nicht mit letzter Sicherheit beweisbar. Und so geraten wir in ein Entscheidungsdilemma: Nachhaltige politische Entscheidungen sind ebenso wie viele Entscheidungen im Alltag nicht mehr und nicht weniger als ein Als-Ob, weil im Grunde nie alle für eine nachhaltige Entscheidung notwendigen Informationen vollständig vorliegen. Wer verantwortlich handeln will, muß daher Risiken einkalkulieren, nicht abwiegeln, nicht beruhigen, sondern klar und deutlich sagen, worauf man sich mit welcher Entscheidung einlassen könnte. Bedenkt man, daß sich um jede umweltpolitische Entscheidung ebenso wie um jedes umweltbezogene Handeln nach der Studie „Zukunftsfähiges Deutschland" rund dreihundert verschiedene Indikatoren lagern, die wiederum Umweltschäden oder Umweltschutz implizieren, wird deutlich, daß eine wesentliche Aufgabe einer Bildung für Nachhaltigkeit, also auch für die Umweltbildung darin besteht, Lernende zum Umgang mit Wahrscheinlichkeiten und Risiken, d.h. Komplexität - soweit das möglich ist - zu befähigen.

Die Vielzahl und Komplexität der eine nachhaltige Entwicklung beeinflussenden Indikatoren war schon Thema eines internationalen Umweltprojektes, bevor die Agenda 21 auf der Tagesordnung stand. Die OECD entwikkelte 1987 bis 1994 in dem Projekt „Environment and School Initiatives“ (ENSI) eine Strategie für schulische und außerschulische Umweltbildung unter dem Schlagwort „teaching complexity“.

„Teaching complexity“ knüpft an einen in der politischen Bildung gängigen Ansatz an. Wer sich beispielsweise mit anderen Kulturen und anderen Sichtweisen auseinandersetzen will, verfolgt in der politischen Bildung einen multiperspektivischen Ansatz. Der Perspektivwechsel der Lehrenden und Lernenden wird im Unterricht geradezu initiiert, damit die Lernenden ihre eigenen Sichtweisen und Entscheidungen relativieren und damit mehr Toleranz leben lernen. „Teaching complexity“ geht darüber hinaus. Konsensbildung und die Gestaltung von konfliktträchtigen Prozessen bzw. der unmittelbare Umgang mit bestehenden Konflikten werden wesentliches Thema von Bildung für Nachhaltigkeit und Umweltbildung. Wissenschaftlerinnen und Wissenschaftler, die sich der Umweltpsychologie verschrieben haben, haben hierzu didaktische Modelle vorgelegt. Insbesondere die von Dörner in „Die Logik des Mißlingens“ vorgelegten Modelle der Computersimulation und von Rollenspielen zeigen, wie jemand sich in eine Entscheidungslage, sei es im eigenen Haushalt, sei es als Regierungschef oder Bürgermeister, versetzen kann, um dann in den verschiedenen Dilemmata, die sich in seinen Entscheidungen auftun, zurechtzufinden. Gerade aus dem Scheitern kann man dabei Wesentliches lernen, vor allem, wenn solche Simulationen in Gruppen gespielt werden. Letztlich handelt es sich hier um ein differenziertes Modell dessen, was Vester in seinem Spiel „Ökolopoly“ bereits sinnfällig entwickelt hat. Wer dieses Spiel gespielt und dabei selbst erlebt hat, wie man in vier Jahren ein Land wie Frankreich in eine Hungersnot treiben kann, begreift, was sich alles hinter „Komplexität“ verbirgt und wie notwendig es ist, ein „lineares“ Lernmodell durch ein „vernetztes Denken“ zu ersetzen. Die Qualität didaktischer Modelle ist daher daran zu messen, wie weit sie neben der notwendigen Konkretisierung globaler Zusammenhänge im lokalen Alltagskontext das Komplexitätsdilemma berücksichtigen

6. Formen der internationalen Zusammenarbeit

In den kurz beschriebenen Beispielen zeigte sich bereits, daß der Weg zu einer nachhaltigen Entwicklung, die auch durch Bildungsmaßnahmen unterstützt werden kann, „vernetztes Denken“ (Vester) bzw. die Kooperation zwischen verschiedenen Einrichtungen (das gängige Schlagwort lautet „Netzwerkbildung“) voraussetzt. Der Sachverständigenrat für Umweltfragen fordert in diesem Kontext ein „Ethos der Retinität". Das damit verknüpfte Komplexitätsdilemma fordert organisatorisch die Zusammenarbeit zwischen allen Beteiligten. Im internationalen Bereich hat die Agenda 21 entsprechende Vorschläge formuliert. Beispielsweise wird das sogenannte „Twinning", die bilaterale Partnerschaft zwischen Universitäten, Schulen, teilweise sogar ganzen Ländern angeregt. Pilotvorhaben für eine nachhaltige Entwicklung sollten nach Möglichkeit paarweise zwischen Industrie- und Entwicklungsländern durchgeführt werden. Dabei ist es natürlich oft sehr schwierig, sich auf die unterschiedlichen Bedingungen in den Ländern einzustellen.

Schwierigkeiten entstehen in der Regel schon bei der Kommunikation. Während in Industrieländern Telefon, Fax und inzwischen auch weitgehend E-mail und Internet zur Standardausstattung gehören, ist dies in Entwicklungsländern bei weitem nicht der Fall. Hier gibt es - wenn überhaupt - oft lediglich ein einziges Fax am Ort, das dann, wenn es einmal ausfällt, den Ort von jeder Kommunikation abschneidet. Was an Universitäten funktionieren mag, wird in Schulen nach wie vor schwierig sein, zumal, wenn man darauf Rücksicht nehmen muß, daß in Entwicklungsländern in der Regel nur die gebildete und damit sozial arrivierte Schicht lesen und schreiben kann. Dies ist nicht zuletzt ein Dilemma etablierter Netzwerke wie z.B. UNESCO-Projektschulen oder GLOBE. Die Entdeckung von lokalen Nicht-Regierungsorganisationen, von den Möglichkeiten lokaler Radiostationen etc. können manchen vermeintlichen Experten bzw. manche vermeintliche Expertin im Norden der Welt jedoch regelrecht zu Aha-Erlebnissen führen. Wenn es gelingt, die entscheidenden Multiplikatorinnen und Multiplikatoren in Entwicklungsländern zu finden, der kann relativ schnell auch breite Bevölkerungsgruppen erreichen. Daher ist es zwar richtig, daß nachhaltige Entwicklung lokal bottom-up organisiert wird, die überregionale und internationale Kommunikation über solche Prozesse muß jedoch zunächst auf einer mittleren Ebene ansetzen.

Diese Schwierigkeiten gelten nicht nur für die Zusammenarbeit zwischen Industrie- und Entwicklungsländern, sondern auch in den Industrieländern selbst. Besonders deutlich wird dies bei dem zur Zeit weitest entwickelten „Netzwerk" in Europa, dem Projekt New Steps, das die Generaldirektion XI (Umwelt, nukleare Sicherheit) der Europäischen Kommission in 7 Ländern mit 17 Einrichtungen fördert. In diesem Netzwerk haben sich Einrichtungen zusammengetan, die alle miteinander gemeinsam haben, daß sie in irgendeiner Weise Schulen bei der Umweltbildung unterstützen und darüber hinaus bestrebt sind, nach Möglichkeit Partner in einer lokalen Agenda zu werden. Ziel dieses Vorhabens ist es letztlich, einschlägige europäische Lehrerfortbildungsmaßnahmen auf den Weg zu bringen und durchzuführen, doch zeigt sich, daß in der Anfangsphase erst einmal eine sehr intensive, das persönliche Engagement der teilnehmenden Personen mehr noch als das Finanzbudget beanspruchende Vorbereitung erforderlich ist. Mittlerweile ist es gelungen, sich auf eine gemeinsame Bestandsaufnahme zu verständigen. Mit einem gemeinsam erarbeiteten, die unterschiedlichen Rahmenbedingungen und das gemeinsame Ziel einer nachhaltigen Entwicklung im Kontext lokaler Agenden thematisierenden Fragebogen im Gepäck besuchen jeweils zwei Zentren aus verschiedenen Ländern ein drittes aus einem weiteren Land. Die Ergebnisse der Berichte werden in einem Abschlußbericht zusammengefaßt, der wiederum Elemente für gemeinsame Projekte in den Folgejahren enthält. Die bisher erarbeiteten Elemente gehen auf die oben konkret genannten Beispiele zurück. Sie thematisieren sie immer in der Weise, daß gerade die Unterschiedlichkeiten in der Sichtweise und der schulischen Behandlung von ganz konkreten Dingen, beispielsweise Kaffee, Fisch, Spielzeug, Wald etc. deutlich werden. Auch die unterschiedlichen Kommunikations- und Organisationsstrukturen lokaler Agenden und teilweise zentralistischer Verwaltungen werden so thematisiert, daß Schulen tatsächlich Anregungen erhalten, wie sie das gemeinsame Ziel möglichst wirkungsvoll lokal umsetzen können.

7. Und wer bezahlt das alles?

Vieles von dem, was oben beschrieben wurde, läßt sich ohne weiteres in den bestehenden Strukturen verwirklichen. Wer sich auf den Weg begibt, eine lokale Agenda aufzubauen, wird merken, daß er zumindest mittelfristig Geld spart. Kostenintensiv ist hingegen die Kooperation zwischen Entwicklungs- und Industrieländern. Da reicht es nicht, sich auf moderne Kommunikationstechniken zu verlassen. Hier sind Reisen erforderlich. Eben diese werden oft nur von öffentlichen Trägern relativ schwerfällig bewilligt. Da in der Regel die Meinung vorherrscht, daß das Geld vor Ort ausgegeben werden müsse, weil es dort verdient worden sei, haben diejenigen, die sich mit hohem persönlichen Aufwand international engagieren, oft Schwierigkeiten. In der Europäischen Union hat man hierfür mit groß angelegten Programmen wie SOCRATES und LEONARDO DA VINCI einen Weg gefunden, der - unbeschadet eines relativ hohen bürokratischen Aufwands - immerhin eine Fülle von internationalen Kontakten ermöglicht. Für Kooperation zwischen Industrie- und Entwicklungsländern steht dies noch aus. Vielleicht wird die Analyse der Investitionen der Bretton Woods-Institutionen in Bildung, die die 4. CSD gefordert hat, einen Weg weisen, mit dem möglicherweise die UNESCO Kontakte ermöglichen kann, in denen Bildungseinrichtungen in Entwicklungs- und Industrieländern voneinander lernen.

Die größten Förderer der Umweltbildung in Deutschland sind das Bundesministerium für Bildung, Wissenschaft, Forschung und Technologie und die Deutsche Bundesstiftung Umwelt. Langsam stellen beide ihre Förderung soweit um, daß weniger Umweltbildung im traditionellen Sinne als Bildung für Nachhaltigkeit, somit immer auch mit einem starken kommunalen, lokale Agenden befördernden Bezug, Grundlage einer Förderentscheidung wird. Stiftungen und Versicherungen ergänzen dieses Tableau. Insbesondere Versicherungen, die schon jetzt für manchen ökologischen Folgeschaden (z.B. Hochwasserschäden) Milliardenbeträge aufbringen müssen, sind an vorbeugenden Maßnahmen, zu denen eben auch die Bildung gehört, interessiert und beginnen, Projekte und Bildungseinrichtungen finanziell im Sinne einer Bildung für Nachhaltigkeit zu fördern. Auch hier gilt, was zur Struktur der sogenannten runden Tische gesagt wurde: Die Verständigung über eine gemeinsame Förderlinie im Sinne der Agenda 21 ist eine wichtige Aufgabe der nächsten Jahre, damit die an die Bretton Woods-Institutionen gerichtete Forderung der CSD auch national und regional wirksam wird.

Literatur

Bundesministerium für Bildung und Wissenschaft (Hrsg.): Schutz der Erdatmosphäre - eine Herausforderung an die Bildung, Bonn 1990

BUND/MISEREOR (Hrsg.): Zukunftsfähiges Deutschland - Ein Beitrag zu einer global nachhaltigen Entwicklung, Basel 1996

Bundesministerium für Umwelt, Naturschutz und Reaktorsicherheit: Schritte zu einer nachhaltigen, umweltgerechten Entwicklung: Umweltziele und Handlungsschwerpunkte in Deutschland, Bonn 1996

Bundesministerium für Umwelt, Naturschutz und Reaktorsicherheit: Bericht der Bundesregierung über die Konferenz der Vereinigten Nationen für Umwelt und Entwicklung im Juni 1992 in Rio de Janeiro, Bonn 1992

Lucien Criblez/Phillip Gonon (Hrsg.): Ist Ökologie lehrbar?, Bern 1989

Dietrich Dörner: Die Logik des Mißlingens, Reinbek 1989

Andrea Kneip-Bauckholt u.a.: Vom Reden zum Tun - Institutionen lernen umweltgerecht wirtschaften, Frankfurt/Main 1989

Earth Summit 1992 - The United Nations Conference on Environment and Development, London 1992

Günter Eulefeld u.a.: Entwicklung der Praxis schulischer Umwelterziehung in Deutschland, Kiel 1993

Greenpeace: Neue Wege in der Umweltbildung, Göttingen 1995

Landesinstitut für Schule und Weiterbildung - Schulstelle Dritte Welt/Eine Welt: „Eine Welt“ im Unterricht - Anregungen für einen handlungsorientierten Unterricht zum Themenbereich „Eine Welt“ in den Sekundarstufen, Tübingen 1996

OECD/CERI: Umwelt, Schule und Handelndes Lernen, Frankfurt/Main, Berlin, Bern, New York, Paris, Wien 1993

Politisches Ökologie, Themenheft Umweltbildung, Mai 1997

Cyril Poster/Angelika Krüger: Community Education in the Western World, London/New York 1990

Cyril Poster/Jürgen Zimmer: Community Education in the Third World, London/New York 1992

Der Rat der Sachverständigen für Umweltfragen (RSU): Umweltgutachten 1994 für eine dauerhaft-umweltgerechte Entwicklung, Stuttgart 1994

Hansjörg Seybold/Dietmar Bolscho (Hrsg.): Umwelterziehung: Bilanz und Perspektiven, Kiel 1993

Horst Speichert: „Zukunftsfähiges Deutschland“ Machbarkeitsstudie zur Vermittlung der Ergebnisse der „Wuppertal-Studie“ im Bildungsbereich, unveröffentlichtes Manuskript

Ernst-Ulrich von Weizsäcker: Erdpolitik, Darmstadt 1989

Wissenschaftlicher Beirat der Bundesregierung Globale Umweltveränderung (WBGU): Welt im Wandel - Wege zur Lösung globaler Umweltprobleme - Jahresgutachten 1995, Berlin, Heidelberg, New York, Barcelona, Budapest, Honkong, London, Mailand, Paris, Santa Clara, Singapur, Tokio 1996

Autorenverzeichnis

Beyer, Axel

Geschäftsführer, Deutsche Gesellschaft für Umwelterziehung e.V., Hamburg

Bolscho, Dietmar, Prof. Dr.

Universität Hannover, Fachbereich Erziehungswissenschaften I

de Haan, Gerhard, Prof. Dr.

Leiter der Arbeitsstelle für Ökologie und Pädagogik, Freie Universität Berlin, Vorsitzender, Deutsche Gesellschaft für Umwelterziehung e.V., Hamburg

Mayer, Jürgen, Dr.

Institut für die Pädagogik der Naturwissenschaften an der Universität Kiel

Merkel, Christine. M.

Referentin, Deutsche UNESCO-Kommission, Bonn

Michelsen, Gerd, Prof. Dr.

Leiter des Instituts für Umweltkommunikation, Universität Lüneburg

Reißmann, Jens, Dr.

Referent, Niedersächsisches Kultusministerium, Hannover

Reichel, Norbert, Dr.

Ministerialrat, Ministerium für Schule und Weiterbildung, Nordrhein-Westfalen, Düsseldorf

Roth, Ralf

Referent, Thüringer Institut für Lehrerfortbildung, Lehrplanentwicklung und Medien, Arnstadt

Schwarz, Wolf

Referent, Hessisches Kultusministerium, Wiesbaden

Wilhelmi, Hans H., Dr.

Ministerialrat, Bundesministerium für Bildung, Wissenschaft, Forschung und Technologie, Bonn

Umwelterziehung

Ökologisches Handeln in Ballungsräumen

Herausgeber:
Prof. Dr. Helmut Gärtner
Prof. Dr. Martin Hoebel-Mävers

Helmut Gärtner und
Martin Hoebel-Mävers (Hrsg)

Umwelterziehung - ökologisches Handeln in Ballungsräumen

UWE, Bd. 1, 228 Seiten
ISBN 3-926952-29-6
DM 38,—/öS 277/sFr 35,—

Ein Überblick über verschiedene Positionen zur Umwelterziehung.

Umwelterziehung

Martin Hoebel-Mävers (Hrsg.)

Ökologisches Gestalten im Ballungsraum

Verlag Dr. R. Krämer

Martin Hoebel-Mävers (Hrsg.)

Ökologisches Gestalten im Ballungsraum

UWE, Bd. 2, 288 Seiten
ISBN 3-926952-30-X
DM 38,—/öS 277/sFr 35,—

Ein Arbeitsbuch für die Schule und Ausbildung mit Übungsblättern, Checklisten und konkreten Analysen, wie Ökologie vermittelt werden kann.

Helmut Gärtner (Hrsg.)

Ökologische Partizipation im Ballungsraum

UWE, Bd. 3, 200 Seiten
ISBN 3-926952-32-6
DM 38,—/öS 277/sFr 35,—

Umweltkonflikte und wie sie von den Betroffenen gelöst werden können.

Monika Schwarzbach

OEKO-SIM
Ökologische Simulation mit dem Computer

ISBN 3-926952-64-4

Ein DOS-Klassiker (unerreicht!) jetzt zum Sonderpreis

Statt DM 98,— **nur noch DM 49,—.**

Mit diesem Programm ist eine schnelle Simulation ökologischer Veränderungen möglich. Das ausführliche Handbuch (76 Seiten) enthält eine umfassende Beschreibung und didaktische Hinweise für den Einsatz im Unterricht.

Regina Marek

Praxisnahe Umwelterziehung

Handreichungen für Schule und Lehrerfortbildung

UWE, Bd. 4, 208 Seiten
ISBN 3-926952-31-8
DM 38,—/öS 277/sFr 35,—

Umwelt mit allen Sinnen wahrnehmen und aktives Umwelt-Handeln.

Michael Rösler

Ökologische Verkehrsplanung im Ballungsraum

UWE, *Bd. 5*, 172 Seiten
ISBN 3-926952-33-4
DM 38,—/öS 277/sFr 35,—

Ökologische Verkehrsplanung aus gesellschaftlicher, juristischer, ethischer und pädagogischer Sicht.

Klaus Schleicher (Hrsg.)

Lernorte in der Umwelterziehung

Beiträge zur Schul- und Erwachsenenbildung

UWE, *Bd. 6*, 436 Seiten
ISBN 3-926952-62-8
DM 48,—/öS 350/sFr 44,50

Erschließung von Umweltwirklichkeit, Erfahrungen beim Umweltlernen und Veränderungen im Umweltbewußtsein.

Klaus Schleicher (Hrsg.)

Umweltbildung von Lehrern

Studien- und Fortbildungsaufgaben

UWE, *Bd 8*, 328 Seiten, mit vielen Abbildungen und Übersichtstabellen
ISBN-3-926952-78-4
DM 58,—/öS 423/sFr 52,50

Umweltbildung erfordert Umweltengagement bei Lehrenden und Lernenden, einen Dialog zwischen Schule und Hochschule sowie eine Ergänzung von Wissenschaft und Bildungspolitik.

Hans Baier/Erich Renner (Hrsg.)

Umwelterziehung in der frühen Kindheit

UWE, *Bd 9*, 236 Seiten, mit vielen Abbildungen und Tabellen
ISBN 3-89622-004-7
DM 48,—/öS 350/sFr 44.50

In diesem Band zur frühkindlichen Umwelt-erziehung soll mit fundierten Analysen und konkreten Beispielen gezeigt werden, wie Umwelterziehung im Kindergarten und in der Vor- und Grundschule aussehen sollte.

Helmut Gärtner (Hrsg.)

Umweltpädagogik in Studium und Lehre

UWE, *Bd. 10*, 444 Seiten
ISBN 3-89622-008-X
DM 98,—/öS 715/sFr 89,—

Ein umfassendes Werk zur Entwicklung einer umweltpädagogischen Studienkonzeption.

Klaus Schleicher/Christian Möller (Hrsg.)

Perspektivwechsel in der Umweltbildung

Erschließung und Bearbeitung komplexer Probleme

UWE, Bd. 11, 324 Seiten,
ISBN 3-89622-012-8
DM 58,—/öS 423/sFr 52,50

Umweltprobleme können nur durch ein Überschreiten der Fachgrenzen und im Zusammenwirken verschiedener Perspektiven angemessen bearbeitet werden.

Regula Kyburz-Graber
Lisa Rigendinger
Gertrude Hirsch Hadorn
Karin Werner Zentner

Sozio-ökologische Umweltbildung

UWE, Bd. 12, 334 Seiten,
ISBN 3-89622-015-2
DM 58,—/öS 423/sFr 52,50

Ein überzeugendes Konzept, wie sozio-ökologische Umweltbildung in der Schulpraxis realisiert werden kann.

Verlag Dr. Reinhold Krämer, Postfach 13 05 84, 20105 Hamburg